EL MAESTRO

ADULTOS

Tomo 4
marzo a agosto 2022

¡Usemos la Biblia!

Seguramente ya ha notado que La Guía no trae lecturas bíblicas y solo enumera las referencias bíblicas que se estudiarán.

¿Por qué?

Proyecto Compromiso Bíblico y Vida Nueva desafía a cada creyente a usar su Biblia, a leer cada pasaje como parte de la gran y trascendental historia que hemos recibido de Dios: la Biblia.

Sea usted alumno o maestro, enriquezca su experiencia de aprendizaje y profundice su conocimiento de la Palabra de Dios, estudiando la lección directamente de la fuente: la Biblia.

*Currículo para una vida
llena del Espíritu*

El Maestro adultos, Tomo 4
marzo a agosto 2022

Departamento de Redacción de Vida Nueva

Las lecciones bíblicas de Vida Nueva han sido desarrolladas según
los bosquejos de la Comisión de Currículum Pentecostal Carismático.

Traducido por Marcia Kenny

EL MAESTRO ES UNA PUBLICACIÓN SEMESTRAL

Artículo rústica 67-2371
ISBN 978-0-88243-355-4
Artículo tela 67-2379
ISBN 978-0-88243-356-1

© 2022 por Gospel Publishing House,
1445 N. Boonville Ave.,
Springfield, Missouri 65802.
Impreso en E.U.A.

Para pedir este libro en inglés, llame en los E.U.A. al 1.800.641.4310, o visite www.miiglesiasaludable.com
Para unidades 1 y 2: Adult Teacher Guide (Spring) 67CP1371. Para unidades 3 y 4: Adult Teacher Guide (Summer)
67CP1471. El currículo en inglés se publica cada tres meses (septiembre–noviembre, diciembre–febrero, marzo–
mayo, junio–agosto).

Índice

❤ Lecciones complementadas con video

Vida Nueva presenta
El Maestro
en su nueva presentación

Unidad 2: La historia del Nuevo Testamento

25 de octubre, 2020
ESTUDIO 8
La venida del Mesías

¡NUEVO!
Sugerencias
«Diga»
Una guía de
lo que puede
decir para
presentar cada
punto.

¡NUEVO!
Acitividad
para
comenzar
Prepara el
ambiente para
una clase
interactiva.

¡NUEVO!
Presentacion
en PowerPoi
Use recursos
visuales para
conectarse con
diversos estilos
aprendizaje.

Texto de estudio
Mateo 1:18-24;
Lucas 2:41–52; 3:21,22;
4:14–21,31–37; 5:17–26;
Juan 19:16–42; 20:1–22

Verdad central
Dios envió a su Hijo, Jesucristo, para salvarnos del pecado.

Versículo clave
Mateo 1:23
He aquí, una virgen concebirá y dará a luz un hijo, y llamarás su nombre Emanuel, que traducido es: Dios con nosotros.

Metas de la enseñanza
- Conocer y comprender la culminación del plan de Dios en Jesucristo.
- Tener una mayor apreciación y comprensión de los resultados de la obra de salvación de Jesús.
- Vivir en la realidad de la nueva relación espiritual con Jesús proporcionada a través de su muerte y resurrección.

Introducción al estudio

Diga: Después de nuestro recorrido a través de los aspectos más destacados del Antiguo Testamento, respecto al plan de Dios para la redención de la humanidad, ahora comenzamos nuestro recorrido a través del Nuevo Testamento donde estudiaremos el cumplimiento de ese plan. (Muestre el video de Introducción a la Unidad 2, disponible en VidaNueva.com/Adulto.)

Actividad inicial—Los planes mejor planteados
Pregunte: ¿Podría nombrar eventos o proyectos que ha planeado o ayudado a planear en su vida?

Los alumnos podrían nombrar cosas tales como construir una casa, recaudar fondos u otro evento, planificar una carrera profesional entre otros.

Pregunte: ¿Alguna vez tuvieron que cambiar el plan en la marcha debido a circunstancias imprevistas? (Pida que levanten la mano para indicar «sí» o «no». Probablemente, la mayoría de los planes tuvieron que ajustarse por alguna razón.)

Diga: Aunque tengamos un plan, las cosas podrían resultar mal. Si bien esto es cierto en el ámbito humano, podemos estar seguros de que los planes de Dios nunca tienen un mal fin. A pesar de la rebelión y la desobediencia de Israel, el plan de Dios de enviar a su Hijo como nuestro Salvador se cumplió en el tiempo perfecto. (Lea Gálatas 4:4, 5 en voz alta y luego use el siguiente texto para profundizar su exposición.)

ntonces y hoy
una conversación sobre la
o que tiene para hoy.

a las mujeres como los
del cristiano con Cristo?

¿La naturaleza futura de esa relación en el cielo?

¿Qué nos dice Dios?

Diga: Dios siempre cumple sus promesas. Él siempre ha querido tener una relación con la humanidad, la gloria suprema de su creación. Desde el pecado de Adán y Eva, la fragilidad de los patriarcas y la rebelión del pueblo elegido de Dios, nunca se dio por vencido en esa relación. Envió a su Hijo, Jesús, para recibir el castigo por los pecados de toda la humanidad y resucitar de entre los muertos, obteniendo la victoria sobre Satanás. Podemos regocijarnos en su gran amor por nosotros conforme disfrutamos de nuestra relación restaurada con Él. También podemos esperar anhelantes nuestro hogar eterno que Él ahora está preparando para nosotros.

¡NUEVO!
¿Qué nos dice Dios?
La clase concluye con
un pensamiento «para
llevar a casa».

Una enseñanza para la vida

El ministerio en acción
- Busque maneras de compartir el maravilloso plan de salvación con alguien que necesite una relación con Cristo.
- Examine su vida diaria e iden-

Lecturas bíblicas diarias
- De la simiente de la mujer. Génesis 3:13–15
- De la casa de David. 1 Crónicas 17:7–14

El Maestro para los adultos llega hoy a sus manos en su nuevo formato que incluye presentaciones en PowerPoint y videos. Además, para el alumno, tenemos una guía de estudio más simplificada, relacional y fácil de usar.

El símbolo 🖥 indica los puntos que se pueden mostrar en PowerPoint.

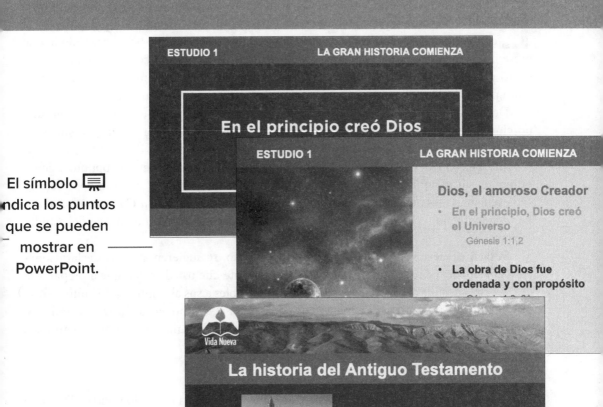

CAMBIOS QUE NOTARÁ

Fondo histórico-literario
Se provee en el comentario cuando es pertinente.

Cuadro resumen del estudio
Presenta la verdad central y objetivos de cada sesión de estudio.

Preguntas para la aplicación
Sugiere preguntas que fomenten la interacción durante el estudio.

Otros nuevos elementos
• Enlaces al material en video
• Comentario fácil de leer con información contextual

Prepárese para enseñar a los adultos

El Maestro adultos de Vida Nueva en su nuevo formato, se ha diseñado para ayudarlo a preparar y presentar su clase, y darle suficiente flexibilidad para adaptar el contenido a las necesidades de sus alumnos. No se espera que usted use todo lo que presenta el currículo. Algunas clases anticipan más participación con comentarios que otras, y cada una de las opiniones es valiosa. Sin embargo, cuanto más comentarios hay, tanto menos contenido cubrirá si da oportunidad para que todos participen.

Debido al espacio limitado, el texto bíblico que se incluye en este libro es sólo una porción de lo que se estudiará durante la clase. Nuestra sugerencia es que use su Biblia y los pasajes que se mencionan en el margen de la primera página de cada lección, bajo el título TEXTO PARA EL ESTUDIO. Los bosquejos (puntos principales y subpuntos) generalmente cubren todos los pasajes bíblicos para el estudio. Anime a sus alumnos a leerlos cada semana antes de llegar a la clase. (Nota: el nuevo formato de *La Guía para los alumnos adultos* ya no incluye el texto bíblico porque se ha ampliado el comentario del estudio mismo.)

Si bien es cierto que en el desarrollo del estudio, se sugieren algunas declaraciones para comenzar cada sección de la clase, es importante que usted se dedique a preparar la lección para decidir cuáles son los puntos más aplicables a sus alumnos y a su cultura. Una proporción de 3:1 es una buena manera de determinar el tiempo que dedicará al estudio. Si su período de clases es de 45 minutos, procure estudiar por los menos 2 horas y 15 minutos durante la semana:

1. Primero, ore

Antes de incluso abrir el libro El Maestro, dedique un tiempo a la oración. Pida a Dios que lo dirija a escoger el contenido que presentará, las preguntas y las actividades que serán más beneficiosas por sus alumnos. Si su clase es pequeña, ore por cada persona en su clase, menciónelas por nombre y presente al Señor la necesidad de cada uno.

2. Lea los pasajes bíblicos que comentará y los puntos principales de la lección

Usted descubrirá el beneficio de comenzar el estudio de la lección temprano en la semana, tal vez el domingo o el lunes en la tarde. Comience con una lectura total del tema en el libro del maestro. Escoja la versión de la Biblia con la que se sienta más cómodo. También puede leer los pasajes bíblicos en diversas versiones para obtener una mayor riqueza de significado.

Examine los puntos principales y los puntos secundarios de la lección y, al mismo tiempo, lea los pasajes de las Escrituras relacionados con estos puntos. Asócielos mentalmente con los pasajes que lea.

Permita que durante unas 24 a 48 horas la lectura bíblica se asiente en su corazón y en su pensamiento, medite en ella y descubra aplicaciones a la vida diaria.

3. Lea el comentario que presenta El Maestro

El martes, lea el comentario y las ayudas para la enseñanza en el libro para el maestro. Después de haberlo leído una vez, dele una segunda lectura y marque las porciones que quiere mencionar durante la clase. Las secciones que comienzan con un «*Diga*» lo ayudarán a presentar cada punto, lea el comentario que sigue para buscar los puntos que querrá destacar en la enseñanza.

4. Revise los elementos audiovisuales para la presentación

Cada lección incluye una presentación en PowerPoint, y algunas sugieren el uso de un corto video suplementario. Descargue estos recursos, y revíselos para que los pueda aprovechar en la clase. La presentación de PowerPoint le servirá para presentar la lección y tener a la vista de toda la clase los puntos a destacar. Algunos de los videos son introductorios a la unidad, sin embargo también hay algunos que ofrecen información adicional para enriquecer la experiencia de aprendizaje.

6. Escoja las preguntas y las actividades

El jueves, será el día que dedique a reunir los elementos específicos que usará para enseñar su clase. Cada punto de la lección incluye una o dos preguntas para guiar la conversación y los comentarios de los alumnos. Algunas preguntas apuntan a conocimientos específicos acerca de los pasajes que se estudian, pero la mayoría son preguntas de aplicación, que dan oportunidad a los alumnos de aplicar las verdades a su vida personal y a la cultura en que viven. Dependiendo del carácter de su clase, es probable que no tenga suficiente tiempo para usar todas las preguntas, así que seleccione las que mejor se acomoden a sus objetivos, y dé prioridad a las que sean más significativas en cada sección.

Cada lección sugerirá el uso de tres hojas del Folleto de Ayudas y Recursos (material que se vende aparte y como documento digital). Estas pueden ser hojas de trabajo, hojas de información, estudios de caso, o alguna otra actividad. Escoja cuál de los elementos del Folleto usará, considerando lo que puede ser más efectivo en su clase en particular. Como en cada decisión que haga para la enseñanza, pida también la dirección del Señor para escoger sus materiales de ayuda. Decida si usará estos materiales en grupo, individualmente; si los usará durante la clase o si los alumnos lo usarán durante la semana en casa.

El Folleto también incluye mapas y otras visuales que puede guardar en su salón de clase para futura referencia. Si hasta el momento usted no ha usado el Folleto de Ayudas y Recursos, lo animamos a que lo haga porque promoverá la interacción y reforzará el aprendizaje.

7. Una todos los elementos

El viernes o el sábado será el momento para los últimos preparativos. Verifique que tiene a la mano los elementos audiovisuales y en un formato que pueda usar con solo conectar un proyector o encender un televisor en su sala de clases. Lea nuevamente los pasajes bíblicos, y revise lo que ha marcado en el libro del maestro. Haga copias de las páginas del Folleto de Ayudas y Recursos que usará. Ore por su clase, y pida a Dios sabiduría y sensibilidad a la voz del Espíritu Santo.

El discipulado cristiano

Se ha dicho que emprender un viaje comienza al dar el primer paso, y en ninguna parte es esto más cierto que en nuestra trayectoria cristiana. Al comenzar esta serie de lecciones sobre el discipulado, inculque en sus alumnos la comprensión de que ser cristiano implica mucho más que una conversión. Ser cristiano es convertirse en discípulo y comprometerse a seguir a Cristo de por vida.

El punto de partida en el discipulado cristiano es acepar a Jesucristo como Salvador. Después, el creyente inicia un camino de fe que continuará hasta que él o ella vaya al lugar que Jesús ha preparado en Su presencia para aquellos que lo aman (Juan 14:2). Esta unidad explora temas esenciales en las Escrituras relacionados con este camino de ser discípulo de Jesucristo.

Emprender un viaje requiere un destino. El destino o meta del discipulado implica un proceso. La lección 1 habla del llamado de Cristo a convertirnos en discípulos. Comprenderemos mucho de este llamado al explorar en los evangelios el llamado de Cristo a los Doce discípulos.

Luego pasaremos a explorar el verdadero costo del discipulado. Seguir a Cristo trae consigo desafíos reales a nuestros deseos humanos innatos. Debemos consagrarnos a Cristo y negarnos a nosotros mismos para honrarlo a Él. Tal vida requiere que crezcamos en madurez espiritual. Un discípulo maduro es aquel que vive su fe, presenta a Jesús a otros y resuelve conocerlo mejor. A medida que avanza en las lecciones 2 y 3, desafíe a los alumnos a comprender y aplicar mejor las verdades de la madurez espiritual.

Los cristianos hoy necesitan reconocer los desafíos de una cultura secular, y comprometerse a superar el pecado por el poder del Espíritu. Tales batallas espirituales podrían suscitar temor, pero Jesús nos recuerda que podemos vivir por encima de todo temor, al andar con Él. Nos dio instrucciones claras sobre este camino de madurez en el discipulado. La lección 4 aborda estas instrucciones con un enfoque en vivir una vida bajo su protección. La unidad concluye con un recordatorio de las señales de un estilo de vida cristiano (lección 5). El discipulado surge de la comunión con Cristo y los hermanos en la fe. Estas relaciones unen a los creyentes conforme viven en obediencia a Jesús. Estas relaciones también animan a los creyentes a separarse de las cosas que contaminan el cuerpo y el alma. Como hermanos y miembros de la familia de Dios, los discípulos deben mostrarse amor unos a otros—como el amor que Dios mostró al enviar a su Hijo a morir por nosotros.

6 de marzo, 2022

LECCIÓN

1

El llamado del discipulado

Texto para el estudio

Mateo 4:18–22; 9:9–13;
Marcos 1:14–20; 3:7–19

Verdad central

Jesús llama a todas las personas a ser sus discípulos.

🖵 Versículo clave
Mateo 4:19

Y [Jesús] les dijo: Venid en pos de mí, y os haré pescadores de hombres.

Metas de la enseñanza

- Los alumnos comprenderán que el llamado al discipulado es universal; incluye a todos los seguidores de Cristo.
- Los alumnos desearán ser usados por Dios para avanzar la causa del cuerpo de Cristo en un mundo perdido.
- Los alumnos buscarán oportunidades de servir a Cristo y testificar a otros en el contexto de sus responsabilidades diarias, así como de expandir sus ministerios personales.

Introducción al estudio

Diga: Aunque nos sorprenda, también nos debe alentar que los discípulos de Jesús eran personas del vulgo. Las circunstancias de su llamado a ser discípulos son igualmente sencillas. Ningún relámpago o voz atronadora del cielo acompañó a su llamado. Pero el plan de Jesús para ellos realmente cambió el mundo. Esa combinación de lo cotidiano y lo trascendente es también válida si pensamos en los planes de nuestro Salvador para nosotros hoy.

Actividad inicial—Un día como otro

Pregunte: *¿Alguna vez le ha hablado Dios fuera de un «contexto de iglesia», ya sea a través de un «toque» del Espíritu Santo o por las palabras o acciones de otra persona? Describa ese incidente.*

Diga: Si bien mucho de lo que leemos sobre los discípulos de Jesús ocurrió en el contexto de los evangelios, o después, en los Hechos o en las epístolas, es interesante notar dónde se encontraban y qué estaban haciendo cuando Jesús por primera vez los invitó a ir con Él y a ser «pescadores de hombres». (Use el siguiente texto para profundizar los puntos que quiere destacar.)

El plan de Jesús para establecer su Iglesia fue integrarla en la vida diaria de todos sus seguidores. Se refirió a la Iglesia como su Cuerpo (véase 1 Corintios 12:27), una poderosa ilustración de que pertenecer a la Iglesia era una experiencia de inmersión en Él que moldea todo lo que el creyente piensa, dice y hace. Este es el proceso de discipulado, en que todos nos ayudamos mutuamente en nuestro paso por esta vida.

Mt 4:18. Andando Jesús junto al mar de Galilea, vio a dos hermanos, Simón, llamado Pedro, y Andrés su hermano, que echaban la red en el mar; porque eran pescadores.

19. Y les dijo: Venid en pos de mí, y os haré pescadores de hombres.

20. Ellos entonces, dejando al instante las redes, le siguieron.

21. Pasando de allí, vio a otros dos hermanos, Jacobo hijo de Zebedeo, y Juan su hermano, en la barca con Zebedeo su padre, que remendaban sus redes; y los llamó.

22. Y ellos, dejando al instante la barca y a su padre, le siguieron.

9:9. Pasando Jesús de allí, vio a un hombre llamado Mateo, que estaba sentado al banco de los tributos públicos, y le dijo: Sígueme. Y se levantó y le siguió.

10. Y aconteció que estando él sentado a la mesa en la casa, he aquí que muchos publicanos y pecadores, que habían venido, se sentaron juntamente a la mesa con Jesús y sus discípulos.

11. Cuando vieron esto los fariseos, dijeron a los discípulos: ¿Por qué come vuestro Maestro con los publicanos y pecadores?

12. Al oír esto Jesús, les dijo: Los sanos no tienen necesidad de médico, sino los enfermos.

Mr 3:7. Mas Jesús se retiró al mar con sus discípulos, y le siguió gran multitud de Galilea. Y de Judea...

10. Porque había sanado a muchos; de manera que por tocarle, cuantos tenían plagas caían sobre él.

11. Y los espíritus inmundos, al verle, se postraban delante de él, y daban voces, diciendo: Tú eres el Hijo de Dios.

13. Después subió al monte, y llamó a sí a los que él quiso; y vinieron a él.

14. Y estableció a doce, para que estuviesen con él, y para enviarlos a predicar,

15. y que tuviesen autoridad para sanar enfermedades y para echar fuera demonios:

16. a Simón, a quien puso por sobrenombre Pedro;

17. a Jacobo hijo de Zebedeo, y a Juan hermano de Jacobo, a quienes apellidó Boanerges, esto es, Hijos del trueno;

18. a Andrés, Felipe, Bartolomé, Mateo, Tomás, Jacobo hijo de Alfeo, Tadeo, Simón el cananista,

19. y Judas Iscariote, el que le entregó. Y vinieron a casa.

(Nota: La lectura en la clase incluye solo una selección de los versículos del trasfondo de la lección.)

Parte 1—Los pescadores lo siguen

☐ **Encuentro personal**   Mateo 4:18–20

Diga: Las tareas que nos presentan quienes están en autoridad sobre nosotros pueden parecer atractivas o abrumadoras, según el enfoque que adopte un líder. El lenguaje de Mateo 4:18–20 revela el enfoque personal de Jesús con sus discípulos. Si hubiera promulgado alguna petición elaborada sin acercarse a ellos, usando un intermediario desconocido, Pedro y Andrés tal vez no habrían respondido con obediencia inmediata. La presencia directa de Jesús y su invitación personal hizo que todo fuera diferente. (Use el siguiente texto para profundizar los puntos que quiere destacar.)

Pedro y Andrés estaban ocupados en la actividad principal de su profesión: pescando. Parados a la orilla del mar de Galilea y echando su red al agua, seguramente vieron a Jesús acercándose a ellos. Aunque Mateo no da indicio de lo que ellos pensaron al ver a Jesús, claramente registra su reacción. Cuando Jesús los invitó a pescar hombres, dejaron la red y lo siguieron de inmediato (Mateo 4:18–20).

Es posible que Pedro y Andrés se preguntaran quién era Jesús. Los evangelios registran momentos en que los discípulos se asombraron por alguna nueva revelación sobre el carácter del Señor y su misión divina (por ejemplo, Mateo 8:27; 21:20; 22:22). Su percepción de Jesús como Mesías e Hijo de Dios creció a través del tiempo que pasaron con Él. Pero aun en este primer encuentro, Pedro y Andrés respondieron al llamado que escucharon, y obedecieron al Señor.

Un detalle importante a considerar es que Jesús usó la ocupación de Pedro y Andrés para ayudarlos a hacer la transición a su plan mayor de servicio. Los años que habían sido pescadores los habían preparado para ese momento.

¡Qué poderoso modelo para el creyente de hoy! Dios llama a los cristianos a su servicio paulatinamente, implementando paso a paso experiencias que los prepararán para la misión mayor que Él les tiene reservada. Al ser fieles en estas tareas, los creyentes se preparan para niveles mayores de servicio en el Reino. La cualidad central que todo creyente debe cultivar es la obediencia.

Participación de los alumnos

❷ ¿Puede identificar trabajos o situaciones anteriores en su vida que lo prepararon para tareas mayores de servicio al Señor?

❷ ¿Cómo lo ha guiado el Señor a pescar personas, quizá dentro de una carrera que no se relaciona con el evangelismo cristiano?

☐ **Un alcance mayor**   **Mateo 4:21,22**

Diga: Ninguno de nosotros es llamado a servir al Señor en completo aislamiento. La guía del Espíritu Santo en nuestra vida siempre afectará a nuestra familia y seres queridos, y aun a personas que no conocemos. Cuando nos comprometemos con Cristo como nuestro Señor, podemos confiar que Él resolverá los detalles relacionados con lo que nos pide que hagamos. (Use el siguiente texto para profundizar los puntos que quiere destacar.)

El próximo encuentro de Jesús fue con Jacobo y Juan, y específicamente menciona a su padre, Zebedeo. Mateo señala que los hijos estaban con su padre en una barca remendando las redes. Seguramente ese era un negocio familiar, y esta tarea la habían compartido muchas veces a través de los años, y con la esperanza de que continuaría muchos años más.

Mateo no se refiere a pensamientos o preguntas que posiblemente tuvieron los hijos de Zebedeo. Como ocurrió con Pedro y Andrés, la narración se enfoca en la obediencia inmediata de Jacobo y Juan. Pero es importante considerar a Zebedeo. No hay ninguna indicación de que resintiera la pérdida de la ayuda de sus hijos.

Aunque no se registran las palabras exactas de Jesús, deducimos que Él conectó su plan para estos otros dos discípulos con lo que ellos ya estaban haciendo. Los invitó a seguir el mismo camino que Pedro y Andrés acababan de iniciar. Es muy posible que los cuatro hombres ya se conocían por años. Podemos inferir del texto que Pedro y Andrés fueron un ejemplo de obediencia para Jacobo y Juan. Se estaba formando un núcleo de discípulos que continuaría creciendo y que Dios utilizaría para llevar el evangelio al mundo.

Todos los creyentes tienen un papel en la proclamación del evangelio. La obediencia a la dirección del Espíritu Santo revelará oportunidades de presentar al Salvador a los perdidos, independientemente de la ocupación, las habilidades o cualquier otro factor humano.

Folleto – Recurso 1: Enviados a servir

Distribuya la hoja de trabajo y pida a cinco alumnos que cada uno lea en voz alta un ejemplo de padres o tutores que apoyaron el llamado de Dios a sus hijos. Luego, comenten la pregunta en clase y anime a los alumnos a reflexionar en privado sobre las preguntas de seguimiento. Si alguien decidiera expresar alguna inquietud, oren juntos por esa persona.

Participación de los alumnos

❷ ¿Cómo han reaccionado sus seres queridos al liderazgo del Señor en su vida?

❷ ¿Qué puede hacer para alentar a alguien que está comenzando su vida cristiana?

Parte 2 – Los pecadores son llamados al arrepentimiento

☐ **Testimonio personal**   **Mateo 9:9**

Diga: A veces nos olvidamos que el autor de Mateo, como discípulo, es un participante en la acción del Evangelio. Al escribir su evangelio, Juan se refirió a sí mismo en tercera persona como el «discípulo a quien Jesús amaba», enfocando toda la atención en Jesús. Mateo se refirió a sí mismo por nombre, pero mantuvo esa pequeña distancia de la narrativa en tercera persona cuando describió su llamado a servir a Jesús. (Use el siguiente texto para profundizar los puntos que quiere destacar.)

Al registrar su llamado, Mateo se enfocó en la invitación de Jesús, y mostró su propia respuesta como una de obediencia inmediata. Además, señaló su profesión en ese momento—la de cobrador de impuestos—así como había identificado a los demás como pescadores (capítulo 4).

Pero esa sola distinción marca una enorme diferencia en las implicaciones del encuentro de Mateo con Jesús. Mientras que los cuatro pescadores eran miembros aceptados de su comunidad judía, Mateo probablemente era rechazado por ser cobrador de impuestos, ya que esa era la actitud hacia los cobradores de impuestos. Es más, Mateo tal vez era más rico que la mayoría de las personas, y en muchos casos la riqueza de un cobrador de impuestos provenía de la explotación de los bienes ajenos.

Sin embargo, cualquier actitud que la sociedad de ese día pudiera haber aplicado a pescadores y cobradores de impuestos no afectó la opinión de Jesús de sus discípulos. Jesús no pone a las personas en una escala de valoración intrínseca. Su deseo de transformar vidas y usarlas para su servicio es igual para todas las personas. Mateo no era ni más ni menos valioso para Jesús que los primeros cuatro discípulos.

El hecho de que Mateo dejara todo lo que había sido para convertirse en la persona que Jesús llamó comunica un poderoso mensaje. Independientemente de la posición social, los recursos personales o las ambiciones a largo plazo, nada se compara con la satisfacción, el gozo y la importancia de responder al llamado de Cristo a servirle.

Participación de los alumnos

❷ ¿Cómo pueden los creyentes seguir el ejemplo de Jesús en cuanto al valor inmensurable que Él da a cada ser humano?

❷ Si usara la autobiografía espiritual de Mateo como marco de su propio testimonio, ¿qué detalles incluiría sobre su experiencia de salvación y el descubrimiento del llamado de Dios sobre su vida?

❑ Sanador y perdonador   Mateo 9:10–13 🖥

Diga: Cumplir con la Gran Comisión no es sólo lanzar una campaña misionera en el extranjero o realizar una campaña evangelística en toda la ciudad. Puede ser tan personal y sencillo como invitar a algunas personas a cenar y mostrar que a usted le importa mucho quiénes son ellos y lo que están viviendo. El primer acto de Mateo como discípulo de Jesús fue dar una fiesta y abrir su hogar al Salvador. (Use el siguiente texto para profundizar los puntos que quiere destacar.)

Poco después de que Mateo dejara su mesa de los tributos públicos para seguir a Jesús, realizó un acto ministerial que él y los demás discípulos compartirían. Mateo es la persona clave mencionada, como anfitrión, pero todos los discípulos estuvieron claramente involucrados en los eventos de la noche, ya que fue a todos colectivamente que se dirigieron los fariseos (Mateo 9:10,11).

Varios detalles de esta historia arrojan luz sobre cómo Jesús deseaba que sus seguidores vivieran el ministerio de la Iglesia, tanto entonces como hoy. Primero, tal ministerio no se limita a los líderes religiosos. En este caso, los líderes estaban en oposición a Jesús. En segundo lugar, el ministerio a las personas que sufren no tiene nada que ver con ceremonias, sino con entablar relaciones personales. Aquí, se compartía una comida en la casa de Mateo. Este era un evento cotidiano, no una observancia reglamentada de la ley. En tercer lugar, todo lo que se hizo para el grupo reunido fue con un entendimiento de la necesidad espiritual. La cena nunca eclipsó el propósito redentor en acción (vv. 12,13).

La respuesta de Jesús a los fariseos ayuda a clarificar estos tres puntos. Primero, Él permitió que los discípulos actuaran hasta el punto en que los fariseos se dirigieron directamente a ellos en vez de a Él. Segundo, Jesús estaba involucrado en los eventos de la noche, de tal forma que el grupo se sentía atraído a Él en vez de mostrarle alguna forma de antipatía. Tercero, Él usó la ilustración de un médico que trata a los enfermos para dejar claro que su propósito era brindar sanidad espiritual en vez de solo provisión material.

Como sus primeros discípulos, todos los seguidores de Jesús hoy deben ser catalizadores del servicio amoroso a quienes los rodean. Una vez que las necesidades físicas y emocionales se aborden de manera tangible y significativa, se multiplicará el potencial para satisfacer una necesidad espiritual profunda.

Participación de los alumnos

❷ ¿Qué oportunidades puede identificar en que pueda expresar de manera práctica el amor de Cristo?

❷ ¿Cómo pueden los creyentes de hoy cuidarse de categorizar a la gente, como hicieron los fariseos, y llegar a todos con el evangelio?

Parte 3 – Autoridad otorgada a los discípulos

☐ **Liberación modelada**   **Marcos 3:7–12**

Diga: A veces abordamos la idea de «encontrar la voluntad de Dios» como si fuera una enorme tarea o una misión de vida que está dramáticamente oculta, generalmente abrumadora, y algo que sólo se puede encontrar con mucho esfuerzo. Pero nuestro Padre Celestial nos asegura que encontrar su voluntad no es gravoso, sino una oportunidad de por vida para crecer—tanto en nuestra relación con Él como en nuestra capacidad de servirle eficazmente. (Use el siguiente texto para profundizar los puntos que quiere destacar.)

El evangelio de Marcos se enfoca inicialmente en las interacciones personales de Jesús con los primeros discípulos que Él llama, con personas específicas que sana y con la comunidad en la sinagoga de Capernaúm donde Él enseña. Pero en Marcos 3, el cuadro cambia. Marcos describió la creciente reputación de Jesús, y reportó que una gran multitud vino de regiones cercanas y lejanas para escucharlo junto al Mar de Galilea (Marcos 3:7,8).

Imagine qué habrán sentido los discípulos al ver la multitud. Un gran número de hombres, mujeres y niños querían escuchar a Jesús, estar cerca de Él y recibir respuestas a sus necesidades (Marcos 3:8). Este fue un ambiente ministerial radicalmente diferente al de la cena de Mateo que comentamos anteriormente. En medio de esta multitud, Jesús no presionó a sus discípulos para que prestaran servicio. Les dio una tarea muy sencilla y perfectamente en línea con lo que habían estado haciendo durante años—preparar una pequeña barca de pesca para que Él tuviera una plataforma desde la cual hablar (v. 9).

Marcos también registra que Jesús ya había estado activo entre la multitud, sanando a muchos y liberándolos de la posesión de demonios (vv. 10–12). Sin embargo, en esta concurrencia masiva del ministerio público de Jesús, permitió que los discípulos observaran. Lo vieron realizar muchos milagros, quizá preguntándose cuándo les pediría que hicieran algo. Pero su única petición fue que le prepararan una barca.

El creyente de hoy puede confiar que Jesús proporcionará los mismos cuidados y apoyo que vemos en su llamado al discipulado y servicio entre sus discípulos originales. La clave universal para el éxito y el crecimiento continuo es seguir obedeciendo las palabras y enseñanzas de nuestro Salvador.

Participación de los alumnos

❶ ¿Puede recordar una directiva del tipo «prepara una barca» que Dios le dio y que lo ayudó a enfrentar la labor de servicio que vino enseguida?

❷ ¿Cómo refuerza la narrativa de Marcos la verdad de que la identidad y la misión del cristiano están estrechamente relacionadas con quién Jesús es y lo que hace?

☐ **Los discípulos son empoderados**   **Marcos 3:13–19**

Diga: Muchos monumentos históricos solo tienen espacio para una lista de nombres. Una simple placa en un edificio monumental podría identificar a algunas personas que participaron en su construcción. Otros son enormes, como el muro conmemorativo de los veteranos de Vietnam en Washington, DC, que lleva el nombre de más de 58.000 hombres y mujeres que dieron su vida por su país. Una lista de nombres, incluso en la Biblia, señala al lector eventos mucho más importantes. Jesús seleccionó a doce discípulos para que fueran sus apóstoles—los primeros testigos clave para el mundo de su identidad como Salvador. Sus nombres tienen un significado profundo para cada miembro del cuerpo de Cristo hoy. (Use el siguiente texto para profundizar los puntos que quiere destacar.)

La selección que hizo Jesús de los Doce de entre el grupo cada vez más numeroso de seguidores devotos puede parecer un acto de discriminación, como si Jesús estuviera diciendo: «He decidido quedarme con ustedes Doce, y los demás pueden volver a su casa». Pero el ministerio del discipulado tiene que ver con las relaciones cercanas, y la subsiguiente multiplicación de esas relaciones. Jesús se dedicaría a estos Doce mencionados en Marcos 3:13–19, para que ellos después se dedicaran a otros. Además, algunos discípulos no nombrados aparte de los Doce permanecerían con Jesús, aunque en segundo plano.

El libro de Hechos nos muestra cómo operó esta dinámica. Luego del suicidio de un Judas lleno de remordimientos, el Espíritu Santo guió a los demás apóstoles a llenar la vacante de liderazgo y servicio que Judas debió haber cumplido en la iglesia primitiva. Hechos 1:21–26 señala que esta selección se hizo en oración de entre los hombres que habían estado con Jesús durante todo su ministerio terrenal—desde su bautismo por Juan el Bautista hasta su ascensión.

Los Doce se convertirían en ilustración viviente de cómo Jesús puede usar siervos obedientes para hacer crecer su Iglesia y transformar a la humanidad caída. Esta selección confirió mucho más que el título de «apóstol». Los Doce no solo fueron llamados a proclamar las buenas nuevas, sino que también ministraron con autoridad espiritual. El contexto de estos versículos transmite la idea de que los Doce tuvieron la misma unción para realizar el espectro de milagros que Jesús realizó. ¡Qué lejos llegaron, después de simplemente haber preparado una barca para Jesús!

📑 **Folleto – Recurso 3: Promesas de empoderamiento**
Distribuya la hoja de trabajo. Pida a los alumnos que lean los ejemplos de las incursiones de los discípulos en el ministerio. Observe cómo las promesas de Jesús para ellos también aplican para nosotros hoy.

Participación de los alumnos

❷ ¿Por qué es importante ver a los Doce como ejemplos en vez de como excepciones?

❷ ¿Qué pasos prácticos pueden dar los creyentes hoy para crecer en su habilidad de ministrar con la autoridad de Jesús?

¿Qué nos dice Dios?

Diga: Una invitación transformadora a cuatro pescadores y un cobrador de impuestos les dio la oportunidad de participar en el ministerio de Cristo que transformaría al mundo. Los Evangelios combinan poderosamente las experiencias cotidianas de las personas con sus encuentros eternamente significativos con Jesús. Jesús todavía invita a las personas a ser transformadas radicalmente en su relación con Él y luego a ser utilizadas como instrumentos en el servicio al Señor. El denominador común en los encuentros de Pedro, Andrés, Santiago, Juan y Mateo con Jesús fue su obediencia inmediata. Jesús los llamó a una relación personal con Él y a confiar en Él para dirigir sus vidas. Nuestra obediencia puede abrir puertas al servicio del Reino que nunca podríamos imaginar por nuestra cuenta.

Una enseñanza para la vida

🖥 El ministerio en acción

■ Haga un inventario de sus tareas y responsabilidades, y busque maneras en que estas puedan moldearlo para el servicio del Reino.

■ Durante sus momentos de oración y estudio bíblico, dedique tiempo a escuchar la dirección del Espíritu Santo hacia nuevas oportunidades.

■ Pida a Dios que le dé la clase de amor que Jesús demostró por todas las personas, y que lo ayude a expresar ese amor.

Lecturas bíblicas diarias

🅛 El llamado y las responsabilidades de Adán. Génesis 2:8–17

🅜 El llamado de Abraham. Génesis 12:1–5

🅜 El llamado de Moisés. Éxodo 3:1–10

🅙 El llamado de Josué. Deuteronomio 31:14,15,23; 34:9

🅥 El llamado de Saulo (Pablo). Hechos 9:1–6, 10–18

🅢 La confianza de Timoteo en el llamado. 2 Timoteo 1:3–8

13 de marzo, 2022

LECCIÓN
2

El costo del discipulado

Texto para el estudio
Mateo 10:34–39; 16:21–27;
Lucas 9:57–62

Verdad central
La vida cristiana requiere total
devoción a Cristo.

📖 Versículo clave
Mateo 10:39
El que halla su vida, la perderá;
y el que pierde su vida por
causa de mí, la hallará.

Metas de la enseñanza

- Los alumnos comprenderán
  que Jesús llama a todos
  sus discípulos a crecer en
  devoción y amor a Él.

- Los alumnos evaluarán
  las prioridades de su vida
  personal e identificarán
  cualquier prioridad
  equivocada que compita con
  su relación con el Salvador.

- Los alumnos comenzarán
  a ver las metas y los logros
  de cada día a través del
  lente de tomar su cruz
  personal de compromiso a
  la obediencia a Jesús.

[1] El costo del discipulado, traducción de
Chr. Kaiser Verlag München y R.H. Fuller,
rev. Irmgard Booth [Nueva York: SCM
Press Ltd., 1959] 89.

Introducción al estudio

Diga: En el estudio de la semana pasada vimos los
cambios que experimentaron Pedro, Andrés,
Jacobo, Juan y Mateo al dejar su forma de vida
anterior en obediencia a Jesús. Inicialmente
renunciaron a ocupaciones en la pesca y la
recaudación de impuestos. Con el tiempo, como
lo registran las Escrituras y la historia de la Iglesia,
sufrirían y aun darían su vida. Pero cada sacrificio
que hicieron los acercó a Jesús y al plan para ellos.

Actividad inicial—El máximo costo
Pregunte: *¿Cómo respondería a la declaración de Dietrich
Bonhoeffer: «Cuando Cristo llama a un hombre, le pide
venir y morir»?*[1] Dietrich Bonhoeffer fue un pastor lute-
rano, teólogo y disidente antinazi que fue asesinado en
un campo de concentración a la edad de 39 años.

Diga: Naturalmente, daremos un paso atrás ante
una invitación a morir, pero al estudiar la Biblia,
entendemos que la voluntad de morir del creyente
no es desear la muerte, sino un compromiso tan
intenso con Cristo y un amor por Él tan ferviente
que la vida misma se vuelve secundaria. Estamos
dispuestos a hacer sacrificios para seguirlo sea cual
fuere la consecuencia. (Use el siguiente texto para
profundizar los puntos que quiere destacar.)

Las buenas nuevas del evangelio—el ofrecimiento del
perdón de los pecados y la transformación de la vida—
viene con un llamado inherente al sacrificio personal.
A primera vista, esto puede no parecer en absoluto una
buena noticia. Qué tragedia es cuando las personas

Lc 9:57. Yendo ellos, uno le dijo en el camino: Señor, te seguiré adondequiera que vayas.

58. Y le dijo Jesús: Las zorras tienen guaridas, y las aves de los cielos nidos; mas el Hijo del Hombre no tiene dónde recostar la cabeza.

59. Y dijo a otro: Sígueme. Él le dijo: Señor, déjame que primero vaya y entierre a mi padre.

60. Jesús le dijo: Deja que los muertos entierren a sus muertos; y tú ve, y anuncia el reino de Dios.

61. Entonces también dijo otro: Te seguiré, Señor; pero déjame que me despida primero de los que están en mi casa.

62. Y Jesús le dijo: Ninguno que poniendo su mano en el arado mira hacia atrás, es apto para el reino de Dios.

Mt 10:34. No penséis que he venido para traer paz a la tierra; no he venido para traer paz, sino espada.

35. Porque he venido para poner en disensión al hombre contra su padre, a la hija contra su madre, y a la nuera contra su suegra;

36. y los enemigos del hombre serán los de su casa.

37. El que ama a padre o madre más que a mí, no es digno de mí; el que ama a hijo o hija más que a mí, no es digno de mí;

38. y el que no toma su cruz y sigue en pos de mí, no es digno de mí.

39. El que halla su vida, la perderá; y el que pierde su vida por causa de mí, la hallará.

16:24. Entonces Jesús dijo a sus discípulos: Si alguno quiere venir en pos de mí, niéguese a sí mismo, y tome su cruz, y sígame.

25. Porque todo el que quiera salvar su vida, la perderá; y todo el que pierda su vida por causa de mí, la hallará.

26. Porque ¿qué aprovechará al hombre, si ganare todo el mundo, y perdiere su alma? ¿O qué recompensa dará el hombre por su alma?

27. Porque el Hijo del Hombre vendrá en la gloria de su Padre con sus ángeles, y entonces pagará a cada uno conforme a sus obras.

(Nota: La lectura en la clase incluye solo una selección de los versículos del trasfondo de la lección.)

---

pasan por alto la vida eterna que ofrece Jesús—la vida que se hizo posible a través de su muerte y resurrección—para aferrarse a algo que se desvanecerá.

Parte 1—Entregarnos a Cristo

☐ **Noble ambición**   **Lucas 9:57,58**

Diga: En nuestra vida cristiana seguramente hemos anhelado nobles metas espirituales que no hemos cumplido. Le contamos a un amigo sobre nuestro último plan de lectura de la Biblia y, días después, lo abandonamos. Prometemos a Dios que dejaremos un mal hábito, pero tadavía estamos en el mismo hoyo. No somos los únicos. El mismo Pedro juró que siempre sería fiel a Jesús. Solo unas horas después, negó que lo conocía. Jesús no desecha nuestra devoción, pero quiere que entendamos el costo de nuestro compromiso. Lucas 9 examina ese costo. (Use el siguiente texto para profundizar los puntos que quiere destacar.)

El personaje anónimo en la narración de Lucas correctamente identificó el mejor camino posible en la vida—seguir a Jesús sin vacilar (Lucas 9:57). La respuesta de Jesús nos da una vislumbre de las ambiciones que motivaron a ese aspirante a discípulo a hacer esa declaración. Jesús específicamente aludió a las comodidades materiales de la vida refiriéndose

al lugar que ofrece protección a las zorras y las aves. Su uso de tan humildes ilu.
marcó el contraste con la expectativa grandiosa de quien pensaba seguirlo (v. 58).

Si el lugar de este encuentro fue el camino a Samaria, como sugieren los versíc.
51–56, Jesús acababa de ser rechazado en una aldea samaritana. Quizá esta persona quis.
aprovechar este rechazo para destacar su propia dedicación al Señor.

Cualesquiera que hayan sido las circunstancias, la respuesta de Jesús rectificó la atención de su interlocutor de lo material a lo espiritual. Por implicación, aunque seguir a
Jesús no ofrecía garantía de refugio físico, ofrecía inmensurables beneficios espirituales
confirmados por el equilibrio de la narrativa de Lucas sobre la vida y la misión de Jesús.

El texto no registra la reacción de la persona. Es posible que la respuesta de Jesús no
lo desanimó, sino que transformó la visión de este individuo. Estos versículos nos llaman
a cada uno de nosotros a examinar nuestro propio corazón y discernir si estamos considerando lo que es valioso para Jesús cuando le prometemos nuestra devoción y servicio.

Participación de los alumnos

❷ ¿Cómo puede el materialismo hoy día comprometer el servicio sin obstáculos a Cristo?

❷ ¿Qué podría representar en su vida la declaración de Jesús, en términos de sacrificio
personal?

☐ **Invitación divina** Lucas 9:59–62

Diga: De los tres potenciales discípulos en Lucas 9:57-62, al parecer Jesús se acercó
a dos de ellos. Esto armoniza con el testimonio general de las Escrituras, de que
es Dios quien nos atrae a Él a través del Espíritu Santo. Podríamos hacerles mala
cara y juzgar silenciosamente a estos dos que sacaron una excusa para postergar
su obediencia. Pero ellos sencillamente reflejan una tendencia común entre las
personas—tratar de acercarnos a Cristo bajo nuestros propios términos. (Use el
siguiente texto para profundizar los puntos que quiere destacar.)

Es importante mirar el contexto de las declaraciones de Jesús a los siguientes dos personajes anónimos con quienes entró en contacto (vv. 59–62). Al agrupar estos ejemplos, Lucas
quiso establecer una verdad en ese momento en vez de ilustrar una regla general para las
relaciones familiares. Desde la narrativa de la creación de Génesis en adelante, la Palabra
de Dios afirma el valor de la familia. La Biblia da gran importancia al duelo en comunidad
y a las despedidas de la familia. Pero el señorío de Jesús siempre debe prevalecer sobre las
prácticas de la vida, aunque estas sean muy importantes. Quien quiera obedecer plenamente al Salvador debe estar preparado para hacerlo sacrificando otras decisiones.

Al igual que aquel que expresó su deseo de seguir a Jesús en los versículos anteriores,
estas dos personas son anónimas, y no hay registro de su decisión final. Es posible que una
o ambas respondieran a las palabras de Jesús con un compromiso renovado. El duelo por
un ser querido y un adiós a la familia podían quedar de lado por elegir una vida llena de
gozo en el servicio a Jesús. Sin embargo, la puerta también está abierta a una conclusión
alternativa. Un funeral en la familia pudo ser demasiado importante como para pasar por
alto, aunque el resultado significara no seguir a Cristo. El adiós a los seres queridos pudo
resultar en presión de abandonar la misión para evitar la separación familiar.

El punto más importante es que algunas de las decisiones de la vida, que no son pecaminosas en sí mismas, tienen la potencialidad de convertirse en impedimentos para tomar mejores decisiones bajo la dirección del Espíritu Santo. Qué fácil es seguir una carrera lucrativa en vez de un llamado al ministerio que paga poco, o dedicar tiempo y energía a una actividad que, aunque inofensiva, podría desviarnos del propósito que Dios tiene para nuestra vida. Cuando postergamos o rechazamos la voz de Dios, comprometemos nuestra salud espiritual y renunciamos a bendiciones futuras.

Folleto – Recurso 1: En una encrucijada

Analice las respuestas de los alumnos a las preguntas de la hoja, que tienen como objetivo promover el sacrificio personal y la obediencia. Anime a los alumnos a responder personalmente a la pregunta final durante su tiempo devocional esta semana.

Participación de los alumnos

❷ Además de los compromisos familiares, ¿cuáles son otros posibles desvíos del plan de Dios para nuestra vida?

❷ ¿Por qué el poner a Cristo en primer lugar en todo es la clave del buen éxito en cualquier cosa?

Parte 2 – Amar a Cristo por encima de todo

☐ La espada de la paz   Mateo 10:34–36

Diga: Podría parecer una irremediable contradicción que Aquel que fue presentado en su nacimiento con anuncio angélico como portador de «paz, buena voluntad para con los hombres» (véase Lucas 2:14) afirmara que Él no estaba trayendo paz, sino más bien, una espada. Sin embargo, la paz que los ángeles proclamaron en el nacimiento de Cristo solo vendría con la derrota del mal. La muerte y resurrección del Salvador marcarían el comienzo de siglos de conflicto espiritual entre su Iglesia y el orden mundial. (Use el siguiente texto para profundizar los puntos que quiere destacar.)

El concepto de conflicto es evidente en toda la Escritura, desde la profecía en Génesis de que la simiente de la mujer heriría la cabeza de la serpiente (Génesis 3:15) hasta la descripción de Apocalipsis de la derrota final del mal (Apocalipsis 20:7–15). La paz perdurable no será una realidad hasta la manifestación los cielos nuevos y la tierra nueva (Apocalipsis 21:1—22:6).

La espada que Jesús ha traído mientras tanto (Mateo 10:34) representa la norma inquebrantable de justicia contra la cual la respuesta humana natural es la rebelión. Cualquiera que siga a Cristo inevitablemente enfrentará oposición. Y esa oposición podría provenir incluso de los amigos y familiares más cercanos.

En los versículos 35 y 36, Jesús no estaba diciendo que el fruto deseado del evangelio es la discordia en el hogar, como tampoco le dijo a los futuros discípulos que los funerales familiares o las despedidas sinceras eran perjudiciales. Mas bien enfatizó el contraste entre la vida de los redimidos y los no salvos. No puede haber transigencia alguna con nadie—ya sea padre, hermano o amigo de confianza—que se proponga disuadir al creyente de poner a Cristo por sobre todas las cosas. Cuando el creyente deja que Cristo tome el lugar que le pertenece, experimentará suprema paz en su relación con Dios.

Hay una segunda contradicción potencial que se debe evitar cuando se vive de acuerdo a esta norma. La «espada» de la inquebrantable fidelidad a Cristo y el rechazo total del pecado no puede cercenar la obediencia del creyente a los mandamientos de Jesús respecto al amor. El amor es, y siempre será, la evidencia suprema de la vida redimida del creyente. El amor debe motivar los esfuerzos continuos para proclamar la verdad incluso a quienes la rechazan violentamente.

Participación de los alumnos

❷ ¿Cómo ha enfrentado la oposición a su fe de personas cercanas a usted?

❷ ¿Cómo puede aferrarse a la paz que Dios da en medio del conflicto?

☐ **Amor supremo** **Mateo 10:37–39**

Diga: El más grande amor en nuestra vida motivará todos los otros amores. Vemos esto manifestarse de manera negativa siempre que un amor menor toma un lugar central—el amor al dinero o una profesión o la aprobación pública pueden convertirse en un cáncer que carcome las expresiones más elevadas de amor. El llamado de Jesús a sus seguidores a amarlo por sobre todas las cosas significaba que el lazo entre el Salvador y la persona salva daría vida a todas las demás relaciones. (Use el siguiente texto para profundizar los puntos que quiere destacar.)

Jesús primero hizo referencia al amor a los padres como una muestra de su autoridad suprema en la vida del creyente (Mateo 10:37). En la Biblia, el quinto de los Diez Mandamientos dice: «Honra a tu padre y a tu madre» (Éxodo 20:12). Esto va de la mano con la obediencia. Se concertaban matrimonios. Las haciendas y los negocios familiares pasaban de generación en generación. El hecho de que Jesús pidiera que el creyente que lo amara a Él más que a su padre o a su madre era también una exigencia de total lealtad a su señorío.

De manera similar, amarlo a Él más que a un hijo o una hija era renunciar a una cierta medida de la autoridad que un creyente tenía como padre. Amar a Jesús más que a un hijo también significaba amarlo más que a cualquier tesoro de incalculable valor. Los padres invierten todo su futuro en un hijo. Así, Jesús espera plena fe en su plan para esta vida y para la eternidad.

No puede haber lugar para el amor egoísta en la vida del creyente. Todo sueño y anhelo personal debe ponerse a los pies de Cristo, y todos los días el creyente debe cargar la cruz del compromiso total con Él (Mateo 10:38,39). Sin embargo, la promesa adjunta a esta demanda es asombrosa en sus ramificaciones. Al renunciar al control de nuestra propia vida, ganamos la vida inmensamente más grande que Dios ha planeado para nosotros. Oculta en la declaración de Jesús está la promesa de una comunión eterna con Él.

La cláusula «más que» en cada una de las comparaciones de Jesús es importante. Cuando amamos algo más que a Dios, es un amor destructivo. Cuando amamos a nuestro Salvador por sobre todas las cosas, somos transformados en personas que sienten un amor desinteresado por todos, mucho más allá de cualquier amor que pudiéramos expresar sin una relación con Cristo.

Participación de los alumnos

❷ Identifique maneras en que su amor por Cristo ha dado mayor profundidad a sus otros amores.

❷ ¿Cómo definiría la acción de tomar su cruz y seguir a Jesús?

Parte 3 – Niéguese a sí mismo y siga a Cristo

☐ **Puntos de vista opuestos**   Mateo 16:21–23

Diga: A veces la verdad duele, especialmente cuando contradice las expectativas personales. Una creencia errada entre los discípulos de Jesús era que Él establecería un reino terrenal. Cada uno visualizó su lugar de privilegio en ese reino. Nunca se apartaron de tal ambición durante la vida de Jesús, incluso cuando habló sin rodeos sobre la cruda realidad que le esperaba en Jerusalén. Fue sólo después de su resurrección y ascensión que comenzaron a comprender verdaderamente su misión. (Use el siguiente texto para profundizar los puntos que quiere destacar.)

En el viaje final de Jesús a Jerusalén con sus discípulos, Él describió lo que sus enemigos planeaban hacerle (Mateo 16:21). Esta vez anunció que tendrían éxito y lo matarían, y luego selló este anuncio con la promesa de su resurrección. Sin embargo esta buena noticia aparentemente no impresionó a los más cercanos a Él. Estaban tan desconcertados por su declaración de que moriría que no asimilaron su promesa de que resucitaría después de tres días.

Pedro ni siquiera tomó en cuenta el anuncio de la resurrección cuando, según Mateo, refutó la mención que Jesús hizo de su muerte. Llevó a Jesús aparte y protestó enérgicamente (v. 22). La idea aquí es la de una represión, como si Pedro tuviera autoridad sobre Jesús. El discípulo que había proclamado a Jesús como el Mesías solo unos cuantos versículos antes, y que Jesús había elogiado por hacerlo, ahora, le estaba diciendo al mismo que había llamado «el Hijo del Dios viviente» que estaba absolutamente equivocado.

Jesús respondió con una declaración contundente (v. 23). Al llamar a Pedro «Satanás», Jesús abordó varios temas. El nombre significa «adversario», por lo que Jesús pudo haber usado el término para identificar y corregir la oposición de Pedro. Sin embargo, la idea de que el sacrificio de Jesús era de alguna manera un error también podría apuntar a una influencia satánica. Es posible que Pedro haya estado respondiendo a una influencia espiritual de tentación en ese momento.

La conclusión de Jesús en esta represión es una lección de vida para nosotros hoy. En la vida cristiana, hay una tensión entre el pensamiento humano limitado y la sabiduría y la dirección del Señor. De la misma manera que no se puede permitir que el afecto legítimo por los seres queridos eclipse el amor por Cristo, ni siquiera el argumento razonable y cuidadosamente construido debe usarse en vez de la dirección del Espíritu Santo.

Participación de los alumnos

❷ ¿Qué nos dice nuestra reflexión en Dios respecto a nuestra percepción de Él?

❷ ¿Cómo podemos moldear de manera más consecuente nuestro pensamiento humano
con el consejo del Espíritu Santo?

☐ **¿Mundo o alma?** Mateo 16:24–27

Diga: Debemos recordar quién es la audiencia de Jesús en Mateo 16:24–27. Las palabras
aquí a menudo se utilizan en llamados evangelísticos a los no creyentes. Sin embargo,
Jesús no estaba hablando a no creyentes, sino a los Doce y a otras personas que lo
seguían fielmente. Sus declaraciones, entonces, deben servir de precaución a los
creyentes, aunque estos se consideren personas establecidas en la fe. (Use el siguiente
texto para profundizar los puntos que quiere destacar.)

La declaración de Jesús en el versículo 24 describe una secuencia que vemos en el momento
de la salvación, pero que es aplicable a la vida de fe. En el momento de la salvación, toma-
mos la importante decisión de renunciar al control de nuestra vida, aceptar los sacrificios
personales representados por la cruz de Cristo y nos comprometemos a seguir fielmente a
Jesús como Salvador y Señor. El cristiano en crecimiento constantemente tendrá experiencias de vida y expresiones de voluntad personal que deben ser abandonadas o modificadas
en obediencia a Dios. La idea de tomar una cruz varía a medida que se presentan diversos
desafíos a nuestra fe. Y seguir a Jesús con una confianza inquebrantable y férrea es quizá la
lección más difícil de aprender, incluso para los creyentes más maduros en Cristo.

El siguiente contraste que define Jesús entre aferrarse y renunciar a la propia vida
puede, en última instancia, referirse a morir por Él, pero también se relaciona con las
metas de la vida e incluso las decisiones diarias (v. 25). Este concepto se vuelve más claro
con la pregunta sobre la ganancia material. Elegir las ganancias en vez de la dirección
providencial de Dios puede, a corto plazo, producir el éxito externo. Pero Jesús dice que
cualquier medida de éxito alcanzable en nuestro paso por este mundo durante toda la vida
es intransable si el riesgo es perder el alma por la eternidad (v. 26).

Los teólogos a lo largo de la historia de la Iglesia han luchado con la idea de si un
seguidor de Cristo que ha recibido la salvación puede o no regresar a una vida impía y
perder esa salvación. En este pasaje vemos que el peligro de desviarse y rechazar a Cristo
es real. Tenga en cuenta también que Jesús advierte sobre las decisiones más pequeñas que
podrían despojarnos de una bendición o de una obra más profunda en la vida del creyente
en Dios, en la vida de cualquier persona que está en busca de una corona corruptible.

Participación de los alumnos

❷ ¿Por qué cree que Jesús expresó fuertes advertencias a sus seguidores en lugar de a los
inconversos?

❷ ¿Cuáles son algunas influencias del tipo «ganar todo el mundo» que tientan a los creyentes hoy?

¿Qué nos dice Dios?

Diga: Para el tiempo en que los discípulos habían pasado unos tres años con Jesús, recibiendo sus enseñanzas, podríamos esperar que hubieran madurado lo suficiente en lo espiritual que apenas necesitaran orientación adicional. Sin embargo, las declaraciones que Jesús hizo a sus discípulos más cercanos sólo días antes de su crucifixión muestran que el camino del crecimiento espiritual es largo y desafiante. Nosotros, también, necesitamos los recordatorios del Señor para dedicarnos a Él sin reservas. Debemos buscar la plenitud del Espíritu Santo para que nos ayude a erradicar cualquier situación que compita con el lugar que es de Cristo en nuestro corazón. Conforme lo amamos y le servimos sin concesiones, continuaremos creciendo como personas que podemos mostrar el amor de Jesús y servir eficazmente a quienes nos rodean.

Una enseñanza para la vida

🖥 El ministerio en acción

- Considere en oración las declaraciones de propósito que ha hecho a Dios en el pasado, y determine si todavía está enfocado en cumplirlas.
- Conforme lleva a cabo sus actividades cotidianas, identifique cómo puede conectar más plenamente todo lo que hace con quien usted es en Cristo.
- Examine y medite sobre su amor por el Salvador y ore por el poder y el deseo de amarlo supremamente, y luego refleje ese amor a los demás.

Lecturas bíblicas diarias

- **L** La devoción total trae el favor de Dios. 2 Reyes 20:1–6
- **M** La súplica de un padre por la devoción. 1 Crónicas 28:1–10
- **M** Las palabras irreflexivas socavan la devoción. Job 15:1–6
- **J** Entregados unos a otros. Romanos 12:9–17
- **V** Devoción indivisa. 1 Corintios 7:28–35
- **S** Desviados de la devoción pura. 2 Corintios 11:1–4

20 de marzo, 2022

LECCIÓN
3

La vida al revés

Introducción al estudio

Diga: ¿Alguna vez se consideró conocedor de alguna materia o más hábil para alguna tarea que la mayoría de las personas, y luego oyó a un experto de talla mundial dar su opinión sobre ese tema? Seguramente se sorprendió al descubrir que algo que creía estar haciendo bien o algún hecho que confiadamente repetía estaba errado. Una buena decisión en ese momento es reconocer lo que necesita cambiar y aprovechar al máximo los nuevos conocimientos.

Actividad inicial—Aprender algo nuevo
Pregunte: *Dé un ejemplo de algo que aprendió que cambió su manera de pensar. ¿Qué oportunidades ha tenido de influir en el pensamiento de una persona más joven?* Podría ofrecer un ejemplo personal para ayudar a los alumnos a pensar en algo que compartir.

Diga: Imagine la sorpresa de la audiencia de Jesús cuando lo oyeron enseñar sobre un tema que creían conocer muy bien—esto es, vivir para Dios. Jesús habló sobre asuntos de la vida que habían estudiado en la sinagoga. Sin embargo, Jesús redirigió la comprensión de sus seguidores, a veces de manera radical. (Use el siguiente texto para profundizar los puntos que quiere destacar.)

Como hemos visto en los dos estudios anteriores, convertirse en un discípulo de Cristo exige una entrega completa de nosotros mismos a Él y un compromiso a seguirlo. Es un cambio total, no solo de cómo vemos la vida, sino de cómo vivimos. Es, en cierto sentido, «vivir al revés». Las enseñanzas de Jesús nos ayudan a ver que

5:1. Viendo la multitud, subió al monte; y sentándose, vinieron a él sus discípulos.

2. Y abriendo su boca les enseñaba, diciendo:

3. Bienaventurados los pobres en espíritu, porque de ellos es el reino de los cielos.

4. Bienaventurados los que lloran, porque ellos recibirán consolación.

5. Bienaventurados los mansos, porque ellos recibirán la tierra por heredad.

6. Bienaventurados los que tienen hambre y sed de justicia, porque ellos serán saciados.

7. Bienaventurados los misericordiosos, porque ellos alcanzarán misericordia.

8. Bienaventurados los de limpio corazón, porque ellos verán a Dios.

9. Bienaventurados los pacificadores, porque ellos serán llamados hijos de Dios.

10. Bienaventurados los que padecen persecución por causa de la justicia, porque de ellos es el reino de los cielos.

11. Bienaventurados sois cuando por mi causa os vituperen y os persigan, y digan toda clase de mal contra vosotros, mintiendo.

12. Gozaos y alegraos, porque vuestro galardón es grande en los cielos; porque así persiguieron a los profetas que fueron antes de vosotros.

13. Vosotros sois la sal de la tierra; pero si la sal se desvaneciere, ¿con qué será salada? No sirve más para nada, sino para ser echada fuera y hollada por los hombres.

14. Vosotros sois la luz del mundo; una ciudad asentada sobre un monte no se puede esconder.

15. Ni se enciende una luz y se pone debajo de un almud, sino sobre el candelero, y alumbra a todos los que están en casa.

16. Así alumbre vuestra luz delante de los hombres, para que vean vuestras buenas obras, y glorifiquen a vuestro Padre que está en los cielos.

Mateo 6:5. Y cuando ores, no seas como los hipócritas; porque ellos aman el orar en pie en las sinagogas y en las esquinas de las calles, para ser vistos de los hombres; de cierto os digo que ya tienen su recompensa.

6. Mas tú, cuando ores, entra en tu aposento, y cerrada la puerta, ora a tu Padre que está en secreto; y tu Padre que ve en lo secreto te recompensará en público.

8. No os hagáis, pues, semejantes a ellos; porque vuestro Padre sabe de qué cosas tenéis necesidad, antes que vosotros le pidáis.

(Nota: La lectura en la clase incluye solo una selección de los versículos del trasfondo de la lección.)

el plan de Dios satura nuestra vida, y toca todo lo que decimos o hacemos. El discipulado es transformador, e impacta todas las áreas de la vida.

Parte 1—Bendiciones inusuales

☐ **Bendiciones de Dios**   **Mateo 5:1–9**

Diga: Visite su librería favorita, o escriba «libro de autoayuda» en su navegador de Internet, y encontrará más libros de autoayuda de los que podría leer en toda su vida. Relaciones, condición física, finanzas, educación e incluso espiritualidad—bibliotecas de consejos. O lea el Sermón del Monte. En él, Mateo registró una mina de oro de instrucción para toda la vida que puede leer en unos minutos. Estos principios, aportan una satisfacción y un propósito a la vida que los autores de la autoayuda ni siquiera pueden imaginar. La clave, por supuesto, es que estas bendiciones provienen de nuestro Señor, no de nuestro propio esfuerzo o entendimiento. (Use el siguiente texto para profundizar los puntos que quiere destacar.)

Las enseñanzas de Jesús en «El Sermón del Monte» (Mateo 5 a 7) eran muy diferentes de lo que sus seguidores estaban acostumbrados a escuchar. Sin embargo, no enseñó con acertijos verbales. Quería que la multitud cambiara su manera de pensar respecto a cómo vivir.

El principio fundamental que Jesús repitió fue el papel directo y personal de Dios en la vida de sus hijos. En los versículos 1 y 2, Jesús no refirió directamente a Dios como nuestro Padre Celestial, sino que en su resumen posterior: «Sed, pues, vosotros perfectos, como vuestro Padre que está en los cielos es perfecto» (v.48), Él aclara esa relación.

La idea de la bendición es lo que da a los primeros versículos del Sermón del Monte el título tradicional, «las Bienaventuranzas» (vv. 3–10). Sin embargo, tal bendición va más allá de la felicidad emocional y del concepto de recompensas que nos viene a la mente cuando pensamos en ser bendecidos por Dios. Cuando Dios nos bendice, lleva a cabo su plan para nosotros. La verdadera felicidad y bienaventuranza llegan cuando vivimos cada día al máximo bajo la mano guiadora de nuestro Creador y Padre Celestial.

Pero hay otro lado para cada afirmación. Jesús conectó directamente algunas de las experiencias más difíciles de la vida con la bendición, la felicidad y el propósito que da su Padre. Lo hizo de manera redentora, tomando cosas como la pobreza, el dolor, la humildad, el hambre y la sed, y moldeándolas en expresiones de anhelo de comunión con Dios. Ya sea que una persona tenga o no tenga un centavo, si abre los ojos a su condición espiritualmente empobrecida sin Dios y luego se vuelve a Él, Él comenzará a edificar su reino en ellos. De manera similar, el dolor y el duelo brindan el consuelo íntimo de Dios, la humildad conduce a una herencia inmensurable, y el hambre y la sed de la justicia de Dios traen plenitud y satisfacción.

Jesús después pasó de las actitudes hacia la acción. El llamado a la misericordia habla de las relaciones, y el corazón puro aborda nuestras motivaciones. Además, debemos velar por la paz en un mundo en crisis. En cada caso, Dios responde con beneficios igualmente concretos.

📑 Folleto – Recurso 1: Paráfrasis personal

Distribuya la hoja de trabajo y como aplicación, anime a sus alumnos a reformular cada una de las Bienaventuranzas desde su propia perspectiva. Si no tiene suficiente tiempo pida que completen las dos primeras, y que algunos voluntarios las lean.

Participación de los alumnos

❷ ¿Puede citar un contexto en que descubrió la eficacia de uno de estos principios?

❷ ¿Por qué es necesario buscar el empoderamiento de Dios para vivir cada enseñanza?

☐ **Recompensa inmensurable** Mateo 5:10–12

Diga: La mayoría de los expertos ofrecen consejos con la promesa de resultados positivos si los interesados siguen sus pautas. Los estrategas de campañas, por ejemplo, animan a los políticos a decir o hacer A, B o C para obtener votos de un grupo en particular. Sin embargo, en las Bienaventuranzas, la única respuesta fue oposición con diversos grados de persecución. Desde un punto de vista humano, eso movería a las personas a buscar otro maestro. Pero hay un principio mayor aquí. (Use el siguiente texto para profundizar los puntos que quiere destacar.)

En Mateo 5:10, Jesús no le dice a sus seguidores que debían esperar sólo conflicto y persecución. Las Escrituras describen al ser humano que fielmente vive la verdad de Dios como próspero en sus relaciones y aun materialmente, aunque no en los grados extremos que algunos maestros populares afirmaban. Por ejemplo, Proverbios 16:7 dice: «Cuando los caminos del hombre son agradables a Jehová, aun a sus enemigos hace estar en paz con él». O considere Proverbios 21:5: «Los pensamientos del diligente ciertamente tienden a la abundancia; mas todo el que se apresura alocadamente, de cierto va a la pobreza».

Jesús usó el concepto de persecución para enfatizar una verdad que era el fundamento de todo lo demás que estaba diciendo: Este mundo y la humanidad no redimidos han caído, y eventualmente pasarán. Aquellos que aceptan el evangelio y son redimidos tendrán que vivir en un sistema mundial profundamente influenciado por Satanás y en total oposición a Cristo. La resistencia y el rechazo, entonces, son un subproducto natural de esta oposición.

Sin embargo, en medio de cualquier prueba que el creyente pueda enfrentar, Dios está presente. Tenga en cuenta que las palabras de Jesús en Mateo 5:10–12 están en tiempo presente. En medio de la persecución, Dios está presente y bendice. Incluso cuando la burla, la persecución y la calumnia vienen contra el seguidor de Cristo, Dios está presente y bendice. Jesús dijo esto de sus fieles: «Porque de ellos es el reino de los cielos» (v. 10). En vez de una respuesta de tristeza o desesperación, llamó a los creyentes a responder con felicidad y gozo conforme ponen la mira en la inmensurable recompensa del cielo.

Participación de los alumnos

❷ ¿Qué reacciones negativas a su fe en Cristo han sido difíciles de soportar?

❷ ¿Cómo podemos animar y apoyar a nuestros hermanos cristianos que enfrentan persecución?

Parte 2 – Llamados a marcar una diferencia

☐ **Agentes preservantes**   Mateo 5:13

Diga: La vida moderna puede nublar nuestra comprensión de una metáfora bíblica probada por el tiempo. Debido a que la sal es abundante en nuestra cultura y se agrega en cantidades poco saludables a muchos alimentos procesados, muchas personas hoy día tienen que vigilar su consumo de sal para mantener a raya la presión arterial alta y otras dolencias. Pero demasiado de algo bueno no significa que ese algo sea malo. A lo largo de la historia, la sal ha sido vital para una dieta saludable, como conservante de alimentos, y como un antibiótico primitivo. (Use el siguiente texto para profundizar los puntos que quiere destacar.)

La sal en el mundo antiguo era difícil de conseguir. Incluso se utilizó como moneda. Los griegos compraban esclavos a precio de sal, y la expresión «no vale su sal» proviene de esa triste práctica. A las legiones romanas a veces se les pagaba en *salarium*, siendo sal una palabra latina que usamos hoy en nuestro idioma, y de la que obtenemos la palabra «salario». La sal era principalmente un conservante. En una época sin refrigeración, esta función era mucho más valiosa que acentuar el sabor de los alimentos.

Por todas estas razones, la sal proporcionaba una imagen poderosa de cómo debían vivir los seguidores de Cristo entre quienes los rodeaban. Eran agentes de cambio verdaderamente valiosos en una cultura caída y degradada. Debían traer restauración y preservación, influyendo en los perdidos para que se volvieran a Dios.

La sal de los días de Jesús no era los cristales puros que se encuentran comúnmente en la mesa de hoy. Debido a las impurezas, un compuesto salado podía perder su salinidad si la sal real se filtraba y quedaba solo el residuo. Como lo ilustra la sal «sin salinidad» que mencionó Jesús, sus seguidores podrían fallar en su misión, demostrando ser ineficaces en su servicio al Reino. Los oyentes de Jesús tal vez imaginaron los residuos de sal que se esparcían sobre los techos de tierra de las casas para endurecer aun más el material y evitar goteras. Los techos en ese tiempo se construían para que las personas pudieran pararse en ellos, ya que la sal era pisoteada. Esta es una imagen convincente de aquellos creyentes que no producen cambio positivo en una cultura y simplemente se sienten abrumados.

La descripción «la sal de la tierra» todavía se aplica en el uso diario a personas percibidas como íntegras y honradas. Sin embargo, este entendimiento popular es apenas una mínima muestra de lo que Jesús esperaba de sus seguidores. Debemos ser mucho más que personas veraces; debemos ser agentes de Dios para guiar a la gente a la Verdad suprema.

Participación de los alumnos

❷ ¿Qué oportunidades puede identificar de ser una influencia preservante y restauradora para quienes lo rodean, en su hogar, trabajo o comunidad?

❷ ¿Qué situaciones podrían hacer que un seguidor de Cristo pierda su salinidad?

☐ **Luces activas**   Mateo 5:14–16

Diga: La popular canción *Esta es mi pequeña luz* fue escrita alrededor de las décadas de 1920 y 1930 como un canto para niños. Por muy bien intencionados que pudiéramos haber sido al entonar ese canto en la iglesia, la luz a la que Jesús hizo referencia no era ni pequeña ni de nuestra posesión. Esa luz es lo que somos después de ser hechos nuevas criaturas a través de Cristo. (Use el siguiente texto para profundizar los puntos que quiere destacar.)

Con mucha frecuencia, cuando los cristianos hablamos de dejar que nuestra luz brille, es una expresión pasiva. Como si simplemente vivir nuestra rutina diaria sin caer en ningún pecado obvio es todo lo que Jesús quiso decir con este mandato en Mateo 5:14–16. Cuando se aplica de esta manera, se ignora gran parte de la responsabilidad personal que Jesús conectó con esta enseñanza.

De hecho, Jesús comenzó la ilustración con las maneras en que se puede observar la luz. Ciertamente, todos pueden ver una ciudad sobre una colina y una lámpara descubierta. Pero si eso fue todo lo que Él quiso decir con su declaración, entonces solo habría descrito la apariencia de la luz. Pero Jesús conectó la luz del creyente con la acción (v. 16). Son las buenas acciones las que realmente brillan para que todos las vean. Y estas no son meras actividades personales. Son acciones que repercuten en los demás, hasta el punto en que las personas responden con alabanza a Dios.

Esta referencia de alabar a Dios es importante en dos niveles. Primero, incluye la idea de que los seguidores de Cristo son testigos ante un mundo perdido a través de aquellas acciones que genuinamente afectan la vida de los perdidos y los invitan a un encuentro redentor con el Padre Celestial. En segundo lugar, muestra que cualquier alabanza por las buenas obras pertenece legítimamente a Dios y no a un ser humano. Jesús nunca enseñó un «evangelio de obras». Nunca podremos ganar nuestra salvación a través de buenas obras. Sin embargo, solo mostramos la realidad de lo que Cristo ha hecho en nosotros mediante nuestras buenas obras.

Folleto – Recurso 2: Lámparas y ciudades

Distribuya la hoja de trabajo y pida a los alumnos que consideren formas en que pueden brillar individual y colectivamente con otros creyentes. Anime a la clase a tomar acción sobre una o más de las ideas para un proyecto en grupo.

Participación de los alumnos

❷ ¿Cómo influyó en usted la «luz» de otra persona para aceptar a Cristo?

❷ ¿Qué pasos puede dar para brillar más eficazmente ante los perdidos a su alrededor?

Parte 3 – Hacer lo correcto por las razones correctas

☐ **No dé para ser visto** | Mateo 6:1–4

Diga: Tiempo atrás, se transmitía anualmente un famoso teletón durante el fin de semana del Día del Trabajo. La meta era recabar fondos para los estudios y la cura de una terrible enfermedad. Periódicamente, el anfitrión invitaba a un portavoz de uno de los patrocinadores para que anunciara ante las cámaras la cantidad de dinero que habían recaudado. ¡Qué diferentes podían ser esos anuncios! Algunos eran discursos humildes y breves enfocados en la causa. Otros eran más bien publicidad corporativa—como si el propósito del obsequio era que la organización fuera alabada en la televisión nacional. (Use el siguiente texto para profundizar los puntos que quiere destacar.)

En su enseñanza a las multitudes, Jesús enfocó un tema muy cercano al corazón de todos sus oyentes: la motivación (Mateo 6:1). El ser humano caído por naturaleza es sumamente egoísta. Incluso algo que se hace en beneficio de otra persona, si no es motivado por el Espíritu Santo, puede convertirse en un ejercicio para engrandecer el ego (vv. 2–4).

En Mateo 6, Jesús se centró en tres actos de justicia comunes en la cultura judía: la dádiva a los pobres (vv. 2–4), la oración (vv. 5–14) y el ayuno (vv. 16–18). El mismo consejo es válido para cada una de estas obras de justicia. Los creyentes deben evitar la alabanza pública. Si buscan elogios, los elogios serán su única recompensa. Pero si dirigen sus acciones a Dios, disfrutarán de una recompensa mucho más valiosa.

Esto concuerda con otras declaraciones del Sermón del Monte acerca de la vida material momentánea y corruptible y la vida eterna y siempre nueva que Dios tiene para sus hijos (cf., vv. 19,20). Aquellos que buscan la alabanza humana por las buenas obras, pierden lo que Dios quiere hacer en ellos y en favor de ellos.

Este punto no debe exagerarse al considerar las intenciones de Jesús. El cristiano no debe vivir con el temor de que la lucha por adoptar la motivación adecuada anulará cualquier bendición potencial de Dios. Son las motivaciones egoístas las que no tendrán la bendición de Dios. Las acciones basadas únicamente en el ego contradicen el deseo de Dios de que cualquier obra del creyente sea en humilde dedicación a Él.

Participación de los alumnos

❷ A la luz de la enseñanza de Jesús, ¿cómo debemos ver cosas como placas y certificados de reconocimiento en la cultura de la iglesia?

❷ ¿Cómo puede el creyente equilibrar el anhelo de una reputación pública de persona piadosa con el compromiso humilde de agradar al Padre celestial?

☐ **Oración verdadera** Mateo 6:5–8 🖥

Diga: Quizá recuerde momentos en que una invitación a orar en un evento público cambió por completo la manera de orar de una persona. La oración tal vez parecía más un sermón o, peor aun, una opinión personal respecto a una iglesia o un individuo. Si bien la oración es un componente apropiado y necesario en un grupo u ocasión especial, esta debe enfocarse en nuestro Padre Celestial y no en la persona que ora. (Use el siguiente texto para profundizar los puntos que quiere destacar.)

Antes de que Jesús diera el modelo de oración, conocida tradicionalmente como «el Padrenuestro» (Mateo 6:9–13), explicó brevemente algunos principios básicos que se deben aplicar a toda oración, especialmente a la oración de intercesión. Si bien el Padrenuestro nos muestra sucintamente lo que debería incluirse en la oración, Jesús primero identificó lo que debería excluirse.

La primera exclusión es cualquier forma de enfoque en uno mismo. Jesús habló enfáticamente de los que oraban con hipocresía y sólo para ser vistos y admirados (v. 5). Pero hay oraciones hipócritas en las que el creyente de hoy también puede caer. Debemos cuidarnos de que en nuestra oración no tratemos a Dios como si nos debiera una bendición o como si pudiéramos controlarlo o darle órdenes de que haga esto o lo otro, por solo citar una promesa bíblica.

Jesús llamó a sus seguidores a orar en privado (v. 6). Más que un llamado a aislarse para orar, es un llamado a la intimidad. El creyente que dedica tiempo a la oración privada crecerá en su relación con el Padre celestial. Tal oración hará una necesaria transición de la superficial lista de deseos a la adoración y la intercesión sustancial.

La segunda exclusión clave en la oración eficaz es la repetición sin sentido (v. 7). Jesús no prohibió que se repitiera una petición. Su parábola sobre la viuda y el juez injusto (véase Lucas 18:1–8) destaca la persistencia de la viuda y la conecta con la oración persistente. Aquí, Jesús se refirió directamente a la oración repetitiva ofrecida como las oraciones de los paganos. En muchas religiones falsas, la oración repetitiva es una fórmula para controlar un ídolo o un dios falso. Entonces, esto es un enfoque en cómo vemos a Dios en nuestras oraciones.

Tanto el llamado a la oración privada como el llamado a la oración enfocada tienen su fundamento en la fe. Cuando el cristiano busca una relación más profunda con Dios, y esa relación es lo que impulsa su vida de oración, podremos ver una maravillosa realidad con más claridad. Nuestro Padre Celestial atiende cada una de nuestras necesidades.

 Folleto – Recurso 3: Principios para la oración
Distribuya la hoja de trabajo. Invite a los alumnos a trabajar en el Padrenuestro esta semana y a aplicarlo personalmente.

Participación de los alumnos

❓ ¿Cómo podemos aplicar los principios del «clóset de oración» durante el tiempo de oración en grupo?

❓ Si ya Dios conoce nuestras necesidades, ¿por qué oramos?

¿Qué nos dice Dios?

En el Sermón del Monte, Jesús nos llama al discipulado total. Debemos confiar que el Espíritu Santo hará real en nosotros todo lo que el Salvador enseñó y vivió. A medida que nos convertimos en discípulos, chocaremos con la resistencia de nuestra cultura, y quizá aun de nuestra familia y amistades más cercanas. Pero nuestra obediencia será como sal y luz para dirigir la atención de los perdidos a la vida eterna.

Una enseñanza para la vida

🖥 El ministerio en acción

- Con la ayuda del Espíritu Santo, aborde las áreas en que su vida no refleja las enseñanzas de Jesús.
- Considere si está viviendo su fe como sal y luz. Busque la ayuda del Señor si su reputación como seguidor de Cristo ha sido pasiva o inexistente.
- Desarrolle la disciplina de un clóset de oración diario y comprométase a interceder regularmente por los necesitados a su alrededor.

Lecturas bíblicas diarias

- **L** La primera bendición.
  Génesis 1:21–23

- **M** Isaac bendice a Jacob.
  Génesis 27:22–29

- **M** Dios bendice tu trabajo.
  Deuteronomio 2:2–8

- **J** Bendecidos los que no se apartan.
  Mateo 11:2–9

- **V** Bendecidos por fe.
  Lucas 1:39–48

- **S** Bendecidos en la muerte.
  Apocalipsis 14:12–14

27 de marzo, 2022

LECCIÓN

4

Instrucciones para los discípulos cristianos

Texto para el estudio
Mateo 10:1–33; 28:16–20

Verdad central
Las palabras de Cristo ofrecen instrucciones para la vida cristiana diaria.

📖 Versículo clave
Mateo 10:7,8
Y yendo, predicad, diciendo: El reino de los cielos se ha acercado. Sanad enfermos, limpiad leprosos, resucitad muertos, echad fuera demonios; de gracia recibisteis, dad de gracia.

Metas de la enseñanza

- Los alumnos comprenderán las instrucciones de Jesús sobre el discipulado y entenderán lo que significa seguirlas en todas las circunstancias.
- Los alumnos serán desafiados a reconocer y aceptar que el discipulado cristiano implicará adversidad e incluso persecución.
- Los alumnos serán alentados de saber que pueden proclamar el evangelio con denuedo.

Introducción al estudio

Diga: Todos expresaríamos nuestro descontento si un investigador que descubre la cura para una enfermedad que ha matado a millones de personas se negara a compartir ese descubrimiento con quienes lo necesitan. Asimismo, es terrible que aquel que conoce la verdad de la salvación no esté dispuesto a compartir esa verdad con los que necesitan a Cristo para librarse de una eternidad sin Dios. El creyente debe estar dispuesto a compartir el amor de Dios con otros.

Actividad inicial—Un empleo disponible
Pregunte: ¿Cómo se enteró de la vacante en su sitio de trabajo cuando consiguió su trabajo actual?

Diga: La mayoría de nosotros recibió ayuda de una persona u otra fuente externa cuando encontró su trabajo. De igual modo, la mayoría de los cristianos encontraron a Jesús y el camino de salvación por el testimonio de alguien. Es importante que los cristianos ayuden a otros a encontrar el camino a una relación con Dios. (Use el siguiente texto para profundizar los puntos que quiere destacar.)

Compartir el evangelio no debe ser visto como algo opcional para el cristiano. Puede ser fácil compartir el camino a la salvación con alguien que ama, pero no siempre es tan fácil presentar el evangelio a alguien que no conoce bien o es un extraño. En esta lección, explorará cómo la declaración de las buenas nuevas es parte del discipulado, y luego será desafiado a ayudar a otros a vivir esa misma fe que usted practica. Tal vida es el corazón del discipulado.

7. Y yendo, predicad, diciendo: El reino de los cielos se ha acercado.

8. Sanad enfermos, limpiad leprosos, resucitad muertos, echad fuera demonios; de gracia recibisteis, dad de gracia.

9. No os proveáis de oro, ni plata, ni cobre en vuestros cintos;

10. ni de alforja para el camino, ni de dos túnicas, ni de calzado, ni de bordón; porque el obrero es digno de su alimento.

11. Mas en cualquier ciudad o aldea donde entréis, informaos quién en ella sea digno, y posad allí hasta que salgáis.

12. Y al entrar en la casa, saludadla.

13. Y si la casa fuere digna, vuestra paz vendrá sobre ella; mas si no fuere digna, vuestra paz se volverá a vosotros.

14. Y si alguno no os recibiere, ni oyere vuestras palabras, salid de aquella casa o ciudad, y sacudid el polvo de vuestros pies.

15. De cierto os digo que en el día del juicio, será más tolerable el castigo para la tierra de Sodoma y de Gomorra, que para aquella ciudad.

16. He aquí, yo os envío como a ovejas en medio de lobos; sed, pues, prudentes como serpientes, y sencillos como palomas.

17. Y guardaos de los hombres, porque os entregarán a los concilios, y en sus sinagogas os azotarán;

18. y aun ante gobernadores y reyes seréis llevados por causa de mí, para testimonio a ellos y a los gentiles.

19. Mas cuando os entreguen, no os preocupéis por cómo o qué hablaréis; porque en aquella hora os será dado lo que habéis de hablar.

20. Porque no sois vosotros los que habláis, sino el Espíritu de vuestro Padre que habla en vosotros.

26. Así que, no los temáis; porque nada hay encubierto, que no haya de ser manifestado; ni oculto, que no haya de saberse.

27. Lo que os digo en tinieblas, decidlo en la luz; y lo que oís al oído, proclamadlo desde las azoteas.

28. Y no temáis a los que matan el cuerpo, mas el alma no pueden matar; temed más bien a aquel que puede destruir el alma y el cuerpo en el infierno.

29. ¿No se venden dos pajarillos por un cuarto? Con todo, ni uno de ellos cae a tierra sin vuestro Padre.

30. Pues aun vuestros cabellos están todos contados.

31. Así que, no temáis; más valéis vosotros que muchos pajarillos.

32. A cualquiera, pues, que me confiese delante de los hombres, yo también le confesaré delante de mi Padre que está en los cielos.

33. Y a cualquiera que me niegue delante de los hombres, yo también le negaré delante de mi Padre que está en los cielos.

(Nota: La lectura en la clase incluye solo una selección de los versículos del trasfondo de la lección.)

Folleto – Recurso 1: ¿Cómo respondería?

Distribuya la hoja de trabajo con los estudios de caso, y divida la clase en grupos para comentar las preguntas. Pida que algunos voluntarios presenten su respuesta.

Parte 1—Proclamen las buenas nuevas

☐ **La proclamación a los judíos**   Mateo 10:1–16

Diga: Como Dios Hijo, Jesús tiene autoridad sobre el mal. Él ejerció esa autoridad durante su ministerio terrenal al echar fuera demonios y sanar enfermedades.

Jesús compartió esa autoridad con sus discípulos. Como seguidores de Jesús hoy, los creyentes también tenemos autoridad sobre el mal. (Use el siguiente texto para profundizar los puntos que quiere destacar.)

En Mateo 10:1–16, Jesús dio a sus discípulos instrucciones sobre cómo usar la autoridad que les otorgó, así como el propósito de hacerlo. Los milagros debían realizarse por una razón: atraer la atención al reino de Dios, y declarar que ese reino se ha acercado (v. 7). De esta manera, los milagros sirven para presentar la oportunidad de que todos sean ciudadanos del Reino. El propósito de sanar, resucitar a los muertos y expulsar demonios es centrar la atención de las personas en Dios. La salud restablecida del individuo que recibe el milagro es también un beneficio maravilloso. Pero si el reino de Dios no se proclama claramente a través del milagro, este no ha cumplido su verdadero propósito.

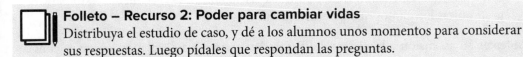

Folleto – Recurso 2: Poder para cambiar vidas
Distribuya el estudio de caso, y dé a los alumnos unos momentos para considerar sus respuestas. Luego pídales que respondan las preguntas.

Jesús dijo a los discípulos que fueran primero al pueblo de Israel (vv. 5–8). Él quería dar a los judíos la oportunidad de heredar todo lo que se les había prometido. Jesús quería que se arrepintieran de sus malos caminos y regresaran a Él, como la oveja perdida que regresa a su pastor. En los milagros que Dios obrara a través de los discípulos, ellos verían la verdad sobre Jesús.

Una persona no debería llenarse de orgullo cuando Dios la usa como instrumento para obrar un milagro, ni tampoco debería usar la experiencia para elevar su nivel personal. Así como el creyente recibe gratis el milagro de la salvación únicamente como resultado del poder y la autoridad de Dios, todos los actos milagrosos adicionales que ocurren durante la ministración del evangelio son enteramente el resultado de la intervención de Dios, y toda alabanza y reconocimiento deben ser para Él.

Los versículos 9–15 nos recuerdan que la cultura judía esperaba la hospitalidad hacia los extranjeros y los viajeros. Si un viajero entraba en una ciudad y solicitaba un lugar para descansar y comer, era una práctica común que el anfitrión concediera la solicitud. Jesús le recordó a los discípulos que se valieran de esta costumbre en su labor de difundir el mensaje del reino de Dios (v.11).

Una vez que el discípulo entraba en el hogar de su anfitrión, debía compartir el mensaje del reino de Dios (vv. 12–15). Jesús sabía que algunas personas no serían receptivas a este mensaje, aun si se realizaran milagros, y los discípulos no debían imponerse a su anfitrión. Si el anfitrión recibía el mensaje, su vida sería transformada. Experimentaría la paz que sólo viene a través de una recta relación con Dios. Si el anfitrión rechazaba el mensaje, el discípulo debía marcharse, habiendo hecho lo que se le exigía. No tenía más responsabilidad. Quien rechazara el mensaje habría hecho su elección y enfrentaría las consecuencias de esa decisión.

Jesús sabía que compartir el mensaje del reino de Dios dentro del reino de este mundo sería peligroso (v. 16). Los discípulos de Jesús serían perseguidos y algunos darían su vida al obedecer. Por eso Jesús les dio instrucciones de usar sabiduría al compartir el mensaje del reino de Dios.

❷ ¿Por qué cree que las personas generalmente son más eficaces en compartir su experiencia de salvación con otros durante los primeros años de ser salvos?

❷ ¿Qué oportunidades hay en su mundo de proclamar el poder del reino de Dios?

🖥 ☐ La proclamación al mundo   Mateo 28:16–20

Diga: Al concluir su ministerio terrenal, Jesús ajustó el enfoque de sus discípulos para que incluyera al mundo entero. No era el deseo de Dios que los gentiles vivieran fuera del Reino, pero durante su ministerio, Jesús se centró principalmente— aunque no exclusivamente—en los israelitas. Eso posiblemente hizo que Mateo 28 fuera especialmente conmovedor para sus discípulos. (Use el siguiente texto para profundizar los puntos que quiere destacar.)

Antes de su ascensión a la diestra del Padre, Jesús dio a los discípulos lo que se conoce como la Gran Comisión, en Mateo 28:19,20. Antes de eso, en los versículos 16–18, Jesús reafirmó la autoridad que el Padre le había dado. Los discípulos necesitarían recurrir a esa autoridad para difundir el Reino.

Jesús fue claro en cuanto a lo que quería que se cumpliera mediante el uso de la autoridad que había conferido a sus discípulos. No les dijo simplemente que llevaran a las personas al Reino a través de la salvación. Quería que sus discípulos fueran hacedores de discípulos, es decir, que les enseñaran los caminos y los valores del Reino.

El versículo 19 nos recuerda que el bautismo en agua, un aspecto de ser un discípulo, era una señal de que una persona se había alineado con Cristo, creyendo en Él como Salvador. Cuando los creyentes se bautizaban, renunciaban a su vida anterior. Las consecuencias de esto no siempre eran de poca importancia. Aquellos que eran bautizados a menudo eran separados de su familia.

El bautismo en agua era un asunto muy serio. No habría habido ninguna duda en la mente de la persona respecto a lo que estaba haciendo. El bautismo en agua debía hacerse en el nombre del Padre, y del Hijo, y del Espíritu Santo. Esta fórmula bautismal es importante porque distingue de manera única a los seguidores de Jesús, reconociendo la autoridad del Padre y reconociendo al Espíritu Santo, que guía y empodera a los creyentes para seguir a Cristo. Esta fórmula, entonces, reafirma la creencia en el Dios trino.

Una parte clave de la proclamación del Reino es enseñar al recién convertido cómo obedecer lo que Jesús ordenó (v. 20). Cuando una persona ama a Dios, amará a los demás. Amar a los demás llama al creyente, entonces, a ofrecer el mensaje de esperanza y salvación a todos los que lo escuchen. Amar a Dios y amar a los demás son los sellos distintivos de la ciudadanía en el reino de Dios.

Participación de los alumnos

❷ ¿Por qué debemos ver la salvación como una vida de discipulado en vez de un compromiso momentáneo en un altar?

❷ ¿Por qué cree que el amor es un componente tan importante en la vida del Reino?

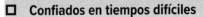
☐ **Confiados en tiempos difíciles**   Mateo 10:17–20

Diga: Jesús no escondió el costo asociado con su mandamiento de compartir el mensaje del Reino. Aunque usted será rechazado por algunos, y quizá hasta perseguido por su fe, puede estar seguro de que Dios proporcionará la fortaleza para enfrentar la oposición. (Use el siguiente texto para profundizar los puntos que quiere destacar.)

Jesús ordenó a sus discípulos que tuvieran cuidado (Mateo 10:17,18). No les estaba ordenando que se pusieran a la defensiva, sino que estuvieran preparados para afrontar las dificultades. Por supuesto, había una salida fácil de la persecución. Simplemente podrían quedarse callados, mezclarse con la multitud y guardarse la verdad para sí mismos. Pero esto era inaceptable si querían permanecer fieles a su Señor.

Jesús le aseguró a los discípulos que no estarían solos cuando enfrentaran persecución por su fe. El «Espíritu de vuestro Padre» (v. 20) estaría con ellos. Esta es la única vez que aparece esta frase en particular en el Nuevo Testamento. Es una forma única de hacer referencia al Espíritu Santo, y los comentaristas señalan que refleja la tendencia de Mateo a resaltar la naturaleza íntima de la relación entre el Padre y sus hijos. Ciertamente tal intimidad estaría presente en estos casos. Cuando más necesitaran a su Señor, el Espíritu hablaría a través de ellos.

Los discípulos vivieron tiempos difíciles. La historia de la Iglesia enseña que casi todos dieron su vida por la causa de Cristo. Los cristianos del primer siglo fueron perseguidos por los judíos y enfrentaron interrogatorios, encarcelamientos e incluso la muerte por parte de los romanos. Pero tal como Jesús prometió, el Espíritu Santo estaba con ellos y el reino de Dios continuó expandiéndose a pesar de la oposición.

Los cristianos de hoy no deberían sorprenderse cuando enfrentan persecución por su fe. Seguir a Cristo resultará en tiempos difíciles, por lo que no debemos estar desprevenidos. El recordar que el Espíritu Santo está con nosotros durante los momentos difíciles nos brindará consuelo y confianza, conforme declaramos fielmente el reino de Dios.

Participación de los alumnos

❷ ¿Qué dificultades ha enfrentado como resultado de su fe en Jesús?

❷ ¿Cómo se ha preparado usted para enfrentar la oposición en el futuro?

☐ **El costo de la obediencia**   Mateo 10:21–25

Diga: Jesús ofreció una descripción aleccionadora de lo que podría suceder a quienes obedecen sus mandamientos. Nuestro Señor espera que sus seguidores estén completamente comprometidos con Él, aunque no tendremos un camino fácil. Por el contrario, en ocasiones, incluso los más cercanos a nosotros se volverán contra nosotros. (Use el siguiente texto para profundizar los puntos que quiere destacar.)

El desafío del discipulado puede traer problemas tanto en casa como en el mundo. El mensaje del reino de Dios puede dividir a las familias, haciendo que los hermanos entreguen a sus hermanos a las autoridades (Mateo 10:21). Esta misma traición puede ocurrir entre padres e hijos. Jesús declaró que el amor al mal podría sustituir el amor por los miembros de la familia. Jesús indicó que no habría lugar para esconderse. Quienes rechazan el reino de Dios odian a los ciudadanos del Reino.

Jesús indicó que algunos que emprenden el camino de la vida del Reino cambiarán de rumbo poco antes de llegar a la meta. El versículo 22 implica que algunos no resistirán. Esto no es sorprendente a la luz de las palabras de Jesús en los versículos 21–23. Es difícil mantenerse firme contra el mal en tiempo de persecución. Pero Jesús ofrece una maravillosa seguridad: Aquellos que perseveren hasta el fin serán salvos.

> **Folleto – Recurso 3: Sufriendo por Cristo**
> Distribuya la hoja de información y revise la información sobre la muerte de cada persona en la lista. Cuente cómo el sufrimiento de estas personas condujo al avance del reino de Dios. Dirija al grupo en una oración por la iglesia perseguida hoy.

En los versículos 24 y 25, Jesús ayudó a sus seguidores a comprender por qué serían tratados de esa manera: sufrirían, tal como Él sufrió, porque «el discípulo no es más que su maestro». El seguidor de Cristo no podía esperar un mejor trato que el mismo Cristo, quien sufrió acusaciones que lo llevaron a la muerte en manos de quienes lo odiaban. Si una persona deseaba participar en el ministerio de los milagros, también tendría que aceptar las consecuencias de ejercer ese ministerio. Jesús fue perseguido por el mensaje del reino de Dios. Los discípulos de Jesús también serían perseguidos por declarar fielmente ese mensaje.

Aunque parezca una contradicción, los creyentes van a áreas del mundo que aún no han escuchado el evangelio, a pesar de la persecución que podrían enfrentar. Cuando el Espíritu se mueve en el corazón de las personas, estas desarrollan el denuedo para confiar en Dios y vencer el temor.

Participación de los alumnos

❷ ¿Por qué en algunas partes del mundo los creyentes sufren una peor persecución que otras partes? ¿Qué podemos nosotros, como personas que sufrimos menos que muchos, aprender del sufrimiento y la respuesta de otros?

❷ ¿Cómo cree que los creyentes en países más seguros responderían hoy ante la persecución?

Parte 3 – No teman

□ **Una proclamación audaz**   Mateo 10:26–28

Diga: La reacción natural y humana a las instrucciones de Jesús a sus discípulos podría haber sido desistir antes de comenzar. ¿Quién quiere ponerse en una situación en que alguien le hará daño? Pero Jesús le aseguró a los discípulos que la elección sabia era confiar en Dios en vez de sucumbir a las amenazas de los demás. (Use el siguiente texto para profundizar los puntos que quiere destacar.)

El mandamiento de Jesús de no tener miedo ante la persecución desafía los instintos humanos. Jesús animó a los discípulos a mostrar valor y confianza al proclamar el Reino.

Hasta ese momento, la proclamación del Reino había sido algo limitada. Mucho de lo que Jesús había enseñado, lo había comunicado a sus seguidores más cercanos, sus discípulos. Pero ahora era el momento de dar un paso al frente y proclamar estas palabras al mundo sin restricción, a plena luz del día y a grandes voces desde los tejados (Mateo 10:26,27). La vida de Jesús fue una demostración del amor de Dios al mundo entero. Pero el mundo sabría esto solamente si las verdades de Dios, que el Hijo enseñó en su ministerio terrenal, eran anunciadas a toda criatura.

El versículo 28 es digno de atención. El miedo puede impedir que las personas hagan lo recto. El enemigo del Reino busca intimidar al pueblo de Dios con amenazas de que incluso podrían perder la vida. Jesús cambió esto al citar un principio bíblico importante. El pueblo de Dios no debe temer a los hombres ni al enemigo de sus almas. Lo peor que puede suceder es el fin de la vida en este mundo. Pero la Escritura nos llama a temer a Dios (cf., 2 Corintios 7:1). Es decir, reconocemos a Dios como Creador y Señor, y lo veneramos hoy y por toda la eternidad por el poder y la autoridad que Él tiene sobre nosotros. Qué insensato sería enfocar nuestra atención en los enemigos terrenales en vez de mirar a nuestro Dios Todopoderoso.

Participación de los alumnos

❷ ¿Cómo reacciona ante la posibilidad de tener que sufrir mucho por su fe?

❷ ¿Por qué aun el cristiano más comprometido lucha para seguir a Cristo de manera constante?

☐ El cuidado de Dios   Mateo 10:29–33

Diga: Los niños pueden viajar sin preocupación alguna en el asiento trasero de un automóvil, porque confían en el padre (o el adulto) que conduce el automóvil. Más adelante, sin embargo, ese mismo niño tal vez pensará que él o ella puede conducir mejor que su padre o madre, u otro adulto. Esta ilustración nos recuerda que el creyente debe aprender a confiar en Dios con una fe como la de un niño. (Use el siguiente texto para profundizar los puntos que quiere destacar.)

Jesús aseguró a los discípulos que Dios se preocupaba por ellos, y los llamó a reflexionar en el cuidado de cada aspecto de su creación, incluso lo que consideramos insignificante (Mateo 10:29,30). Asimismo, Dios tiene tal cuidado de cada ser humano que sabe el número de cabellos que una persona tiene en su cabeza, algo aparentemente trivial y difícil de comprender. Si Dios está preocupado por las aves y el número de nuestros cabellos, ciertamente el creyente puede confiar en su cuidado. El creyente no debe vivir dominado por el temor, sino que debe meditar en que Dios lo ama y valora su vida (v. 31). Aunque el cuidado de Dios no garantiza una vida sin dificultades, sí debemos confiar que en Él tenemos una vida de gozo y paz, incluso en tiempos difíciles.

Jesús luego hizo un recordatorio importante: Los creyentes enfrentarían tentaciones reales de negar su lealtad a Cristo. Aquellos que estén dispuestos a identificarse como seguidores de Cristo serán reconocidos ante el Padre como seguidores fieles (v. 32). Pero aquellos que nieguen a Cristo, Él también los negará ante el Padre (v. 33).

Esto no significa que perdemos la salvación si tropezamos en la fe, porque Pedro fue restaurado después de haber negado a Cristo tres veces (véanse Lucas 22:54–62; Juan 21:7–19). Más bien, nos recuerda una categórica elección que debemos hacer. ¿Nos uniremos en solidaridad a nuestro Señor, o dividiremos nuestra lealtad entre el Señor y los hombres, dependiendo de la situación? Como discípulos suyos, elijamos valerosamente nuestra identidad de seguidores de Cristo.

Participación de los alumnos

❷ ¿Cómo puede un creyente vencer el temor cuando enfrenta oposición?

❷ ¿De qué manera Dios ha mostrado su cuidado y preocupación por usted?

¿Qué nos dice Dios?

Diga: Dios anhela que todas las personas tengan acceso a su Reino, porque Él no quiere que nadie perezca (2 Pedro 3:8–10). Sin embargo, en nuestro esfuerzo por alcanzarlo, también debemos tener en cuenta dos cosas. Primero, Dios nos ha llamado a ser discípulos. Nosotros mismos debemos de ser aprendices de por vida, creciendo en nuestra relación con Cristo. Esto nos capacita para ser fieles a Él. Segundo, debemos comprometernos con la tarea permanente del discipulado, ayudando a las personas a conocer a Cristo. Necesitamos invertir tiempo y recursos para ayudarlos a ser fieles seguidores de Cristo en un mundo difícil.

Una enseñanza para la vida

📖 El ministerio en acción

■ Redacte su testimonio de salvación u otro milagro que ha experimentado en su vida, para compartir mejor su testimonio cuando tenga la oportunidad.

■ Busque una oportunidad esta semana de hablar de Cristo con alguien.

■ Ore que Dios lo empodere para mantenerse firme y valiente cuando sea tentado a ocultar su relación con Cristo para eludir los problemas.

Lecturas bíblicas diarias

Ⓛ Pedro proclama las buenas nuevas.
Hechos 2:29–41

Ⓜ Felipe proclama las buenas nuevas.
Hechos 8:4–8

Ⓜ Saulo (Pablo) proclama las buenas nuevas.
Hechos 9:19–22

Ⓙ Instrucciones para la paz.
Filipenses 4:4–9

Ⓥ Instrucciones para estar contentos.
1 Timoteo 6:3–8

Ⓢ El encargo de Pablo a Timoteo.
1 Timoteo 6:11–21

3 de abril, 2022

LECCIÓN 5

Las señales de un verdadero discípulo

Texto para el estudio
Gálatas 5:16–26; 1 Juan 3:1–10; 4:7–21

Verdad central
Los discípulos de Cristo manifiestan características similares a las de Cristo.

📖 Versículo clave
Gálatas 5:25

Si vivimos por el Espíritu, andemos también por el Espíritu.

Metas de la enseñanza

- Los alumnos comprenderán y demostrarán las características bíblicas de un discípulo cristiano.

- Los alumnos apreciarán lo que significa ser guiados por el Espíritu.

- Los alumnos comprenderán la importancia de amar a otros como parte del estilo de vida de un discípulo cristiano.

Introducción al estudio

Diga: En la última lección analizamos una variedad de instrucciones asociadas con el estilo de vida de un discípulo, desde estar preparados contra los peligros de la tentación y el temor, hasta proclamar el reino de Dios. Hoy nos enfocaremos principalmente en la práctica cotidiana del discipulado.

Actividad inicial—Simón dice

Pregunte: ¿Cuántos de ustedes jugaron a «Simón dice» cuando eran niños? Juegue con su grupo una ronda corta de «Simón dice» usando órdenes que sean apropiadas para sus alumnos y se puedan hacer en su salón de clases. Luego pregunte: *¿De qué maneras «engañó» a otros cuando fue su turno de ser Simón?*

Diga: Cuando Dios nos da mandatos a seguir, Él no trata de engañarnos o despistarnos en cuanto a sus propósitos. Él es claro sobre lo que requiere, y nos equipa y empodera para tener éxito. Si seguimos sus instrucciones, podemos estar seguros de que estamos viviendo un estilo de vida de discipulado.
Pregunte: ¿Cómo describiría, en términos prácticos, lo que significa ser un discípulo, un seguidor de Cristo? (Dedique tiempo para unas cuantas respuestas, y luego use el siguiente texto para profundizar los puntos que quiere destacar.)

Hay descripciones claras en las Escrituras de lo que significa ser un seguidor de Cristo. El fundamento de estas descripciones es una relación cercana y personal, edificada sobre la fe y la sumisión a Dios. Tal relación se describe claramente en las Escrituras. La vida de un

Ga 5:16. Digo, pues: Andad en el Espíritu, y no satisfagáis los deseos de la carne.

17. Porque el deseo de la carne es contra el Espíritu, y el del Espíritu es contra la carne; y éstos se oponen entre sí, para que no hagáis lo que quisiereis.

18. Pero si sois guiados por el Espíritu, no estáis bajo la ley.

22. Mas el fruto del Espíritu es amor, gozo, paz, paciencia, benignidad, bondad, fe,

23. mansedumbre, templanza; contra tales cosas no hay ley.

24. Pero los que son de Cristo han crucificado la carne con sus pasiones y deseos.

25. Si vivimos por el Espíritu, andemos también por el Espíritu.

1 Juan 3:2. Amados, ahora somos hijos de Dios, y aún no se ha manifestado lo que hemos de ser; pero sabemos que cuando él se manifieste, seremos semejantes a él, porque le veremos tal como él es.

3 Y todo aquel que tiene esta esperanza en él, se purifica a sí mismo, así como él es puro.

5 Y sabéis que él apareció para quitar nuestros pecados, y no hay pecado en él.

6 Todo aquel que permanece en él, no peca; todo aquel que peca, no le ha visto, ni le ha conocido.

7 Hijitos, nadie os engañe; el que hace justicia es justo, como él es justo.

8 El que practica el pecado es del diablo; porque el diablo peca desde el principio. Para esto apareció el Hijo de Dios, para deshacer las obras del diablo.

9 Todo aquel que es nacido de Dios, no practica el pecado, porque la simiente de Dios permanece en él; y no puede pecar, porque es nacido de Dios.

4:7. Amados, amémonos unos a otros; porque el amor es de Dios. Todo aquel que ama, es nacido de Dios, y conoce a Dios.

8 El que no ama, no ha conocido a Dios; porque Dios es amor.

9 En esto se mostró el amor de Dios para con nosotros, en que Dios envió a su Hijo unigénito al mundo, para que vivamos por él.

10 En esto consiste el amor: no en que nosotros hayamos amado a Dios, sino en que él nos amó a nosotros, y envió a su Hijo en propiciación por nuestros pecados.

11 Amados, si Dios nos ha amado así, debemos también nosotros amarnos unos a otros.

(Nota: La lectura en la clase incluye solo una selección de los versículos del trasfondo de la lección.)

---

discípulo cristiano es una vida guiada por el Espíritu Santo, una vida que resiste y rechaza el pecado en favor de la dirección de Dios, y una vida que está marcada por el amor a Dios y a los demás. La lección de hoy examina esa vida desde el punto de vista de las Escrituras.

Parte 1—Sean guiados por el Espíritu

☐ **Escuchen y obedezcan**   **Gálatas 5:16–18**

Diga: El apóstol Pablo presentó un contraste entre una vida espiritual y una vida carnal o pecaminosa. Una vida espiritual sólo puede llevarse a través de una relación con Jesús, que incluye escuchar la voz del Espíritu Santo y caminar en obediencia a su voz. (Use el siguiente texto para profundizar los puntos que quiere destacar.)

Todos los que aman a Jesús desean agradarle con su manera de vivir. Tal estilo de vida implica andar en el Espíritu (en vez de satisfacer los deseos de la carne). Pablo escribió sobre esto en Gálatas 5:16–18. Para muchos cristianos, el concepto de escuchar la voz del Espíritu puede ser intimidatoria. Quizá tiendan a pensar que sólo ciertas personas tienen ese privilegio, o que escuchar al Espíritu significa algún tipo de gran señal o voz atronadora del cielo.

Al estudiar las Escrituras, vemos que Dios habló, y continúa hablando, de muchas maneras. A menudo habló a través de un suave susurro. Por lo tanto, debemos aceptar la idea de que Dios nos habla con un sentido de paz y anticipación en lugar de intimidación. Note que Pablo dijo que hay una batalla muy real en el corazón de los creyentes. Debido a que continuamos viviendo en este mundo caído, luchamos con nuestra vieja naturaleza, que quiere hacer el mal (v. 17). De hecho, no somos capaces en nuestras fuerzas de librar esta lucha dentro de nosotros mismos. Pero tenemos la gran seguridad de que el Espíritu nos da los deseos adecuados y la fortaleza para perseguirlos. De hecho, es una lucha constante. Pero con la ayuda del Espíritu, podemos seguir la voz del Señor conforme nos guían las Escrituras, así como su voz suave y apacible, que nos guía en la dirección correcta.

Folleto – Recurso 1: Escuchemos a Dios

Distribuya la hoja de información y pida a los alumnos que repasen las formas en que la Biblia muestra a Dios comunicándose con las personas. Tenga en cuenta que las Escrituras son el medio principal por el cual Dios nos habla, y todos los medios que Él usa deben compararse con las palabras de las Escrituras. Pida a los alumnos que hablen de las ocasiones en que Dios les habló de una de estas maneras.

El comportamiento que resulta de escuchar a Dios no es lo mismo que vivir según las reglas hechas por el hombre. Andar en el Espíritu es liberador. El cristianismo no se basa en un conjunto de reglas y regulaciones. Se basa en una relación con Dios.

Participación de los alumnos

❷ Describa un momento en que el Espíritu Santo le habló.

❷ ¿Cuál es un ejemplo de un momento en que Dios usó específicamente las Escrituras para hablarle sobre una situación en su vida?

☐ Las raíces producen frutos   Gálatas 5:19–26

Diga: El «sistema de raíces espirituales» de una persona producirá el fruto que represente sus raíces. Si el producto es fruto podrido, es claro que las raíces espirituales de la persona no son espiritualmente saludables. Pero si es el fruto de justicia lo que se manifiesta en la vida de una persona, es claro que las raíces de esa persona son espiritualmente saludables. (Use el siguiente texto para profundizar los puntos que quiere destacar.)

Ciertamente, la salvación no tiene sus raíces en nuestro fruto, sino en la gracia de Dios. Sin embargo, debemos recordar que el comportamiento es una señal de lo que sucede en el corazón de una persona. En Gálatas 5:19–21, Pablo enumeró las obras de la carne, es decir, los indicadores del estilo de vida de alguien que vive de acuerdo con los deseos pecaminosos. Si una persona está viviendo un estilo de vida marcado por actos como la inmoralidad sexual, la brujería, la ambición egoísta, y las palabras y acciones divisivas, es claro que el individuo no está en una relación con Jesús. Estas personas no heredarán el reino de Dios.

Es un error igualmente decir que el buen comportamiento unirá a una persona con Dios. El buen comportamiento, más bien, refleja lo que hay en el corazón del individuo. Cuando las personas aceptan a Jesús como Salvador, reciben una naturaleza nueva y transformada. La nueva naturaleza, equipada y empoderada por el Espíritu, les permite cultivar sus raíces espirituales a través de una relación fructífera con Dios. Las raíces cultivadas producen el tipo de vida que Dios desea. Los cristianos no van al cielo porque son buenos. Más bien, su comportamiento será recto por su relación con Dios.

Folleto – Recurso 2: La raíz del fruto
Distribuya la hoja de trabajo y pida a los alumnos que determinen la raíz que produce varios comportamientos que observamos en la sociedad. Pídales que evalúen la raíz de su propio comportamiento.

Pasando a los versículos 22–26, vale la pena señalar que la frase «el fruto del Espíritu» está en singular. No fue la intención de Pablo que sus lectores seleccionaran un fruto en particular y se esforzaran por desarrollarlo. De hecho, nuestro propio «trabajo» no puede hacer que seamos mejores en producir el fruto. Este surge como resultado de la obra del Espíritu en la vida de un creyente.

El fruto de nueve elementos representa el tipo de comportamiento que crecerá espontáneamente en la vida de un cristiano conforme el Espíritu obra en su interior. El objetivo del cristiano es cultivar un piadoso sistema de raíces a través de la comunicación continua con Dios, andando con Él en vez de seguir los caminos y valores del mundo. Cuando esto ocurre, la gente mostrará de forma natural y sobrenatural el amor, el gozo, la paz, etc. Esta es la esencia de la declaración de Jesús de que la gente conocerá a los cristianos por el amor que se muestran entre sí y a los demás (véase Juan 13:35).

El cultivo de nuestras raíces espirituales no ocurre de manera automática. Satanás desea tentar a los creyentes para que regresen a sus raíces corrompidas. Los cristianos necesitan decir continuamente «no» a la carne y «sí» al Espíritu. Esto solo puede suceder si nos decidimos a escuchar y obedecer la voz del Espíritu Santo.

Participación de los alumnos
❷ ¿Qué cambios nota en su comportamiento al haber madurado en Cristo?

❷ ¿Cómo cultiva su sistema de raíces espirituales?

Parte 2—Dejen de pecar
☐ **Actúen como su Padre**   1 Juan 3:1–6

Diga: El apóstol Juan usó el lenguaje de la familia para ilustrar el comportamiento que un cristiano debe mostrar. Juan afirmó que, quien ha nacido de nuevo, es parte de la familia de Dios. Como hijos, las características de nuestro carácter deben reflejar a nuestro Padre Dios. La experiencia de nacer de nuevo nos convierte en nuevas criaturas en Él, y nuestra vida debe dar testimonio de ese nuevo carácter. Eso no significa que los cristianos son perfectos en todo sentido, o que dejarán de luchar con las tentaciones y el pecado en su vida, pero sí significa que nuestras raíces han sido renovadas y el fruto que producimos cambiará. (Use el siguiente texto para profundizar los puntos que quiere destacar.)

Algunos dicen que todos los seres humanos son hijos de Dios simplemente porque Él los creó. Pero las Escrituras aclaran que esa noción es falsa. En Juan 3:1–6, Juan hizo un contraste entre aquellos que son hijos de Dios y aquellos que no lo son. Por medio del pecado de Adán y Eva, la humanidad renunció a una relación con Dios. Ahora necesitamos la redención a través de Cristo para restaurar esa relación. Nos volvemos hijos de Dios a través de la salvación, y sólo los hijos de Dios disfrutarán de la vida eterna con Él.

Vivir en pecado es un reflejo de la condición espiritual del ser humano. Todo ser humano es hijo de Dios o hijo del diablo (véase el versículo 10). Independientemente de lo que digan, si las personas viven un estilo de vida pecaminoso que ignora a Dios, no son hijos de Dios, porque los hijos reflejarán los rasgos del Padre. Juan dice que es imposible ser hijo de Dios y seguir viviendo en pecado. Jesús vino al mundo para darnos libertad del pecado. Si no hay evidencia de transformación, esa persona no ha hecho suyo el poder de la muerte y la resurrección de Jesús.

Participación de los alumnos

❷ ¿Cuál es una característica predominante, física o del comportamiento, que recibió o aprendió de sus padres?

❷ ¿Cuál es una característica predominante que recibió o aprendió como resultado de su relación con su Padre celestial?

☐ **Que nadie los engañe**   1 Juan 3:7–10 🖵

Diga: Legalismo o libertinaje—los cristianos no deben caer en ninguno de los dos extremos. El legalismo se caracteriza por personas que hacen listas de reglas para condenar a aquellos que no están a la altura de los estándares humanos. El otro extremo es el libertinaje, que enseña que, dado que una persona es salva por gracia, puede vivir por fuera de los mandamientos de Dios sin sufrir consecuencias. (Use el siguiente texto para profundizar los puntos que quiere destacar.)

Anteriormente en la primera epístola de Juan (1:8–10), él dejó claro que un cristiano que dice no tener pecado es un mentiroso. Los cristianos lucharán y pecarán en ocasiones, pero el Espíritu Santo es fiel para hacer que el cristiano sea consciente del pecado y llevarlo al arrepentimiento. Dios promete perdonar a quienes se arrepienten. Sin embargo, cuando el cristiano continúa practicando un comportamiento pecaminoso, ignorando las advertencias del Espíritu Santo, no está reflejando una relación con Dios (3:7–10). Cuando esto ocurre, el cristiano naturalmente se enfriará en su relación con el Señor. Esta persona eventualmente corre el riesgo de alejarse de Dios por completo, momento en el cual ya no podría identificarse como cristiana, o seguidora o seguidor de Cristo.

Juan estaba lidiando con un grupo de personas en la iglesia que intentaban justificar el comportamiento pecaminoso. Incluso hoy, algunos líderes espirituales miran para otro lado cuando las personas participan en chismes, practican inmoralidad o siguen los caminos del pecado. Los falsos maestros defienden su posición argumentando que las personas se salvan por la fe y no por las buenas acciones. Si bien es cierto que somos salvos por fe, la verdadera fe en Cristo debe producir acciones rectas por parte de los fieles. La Biblia enseña que debemos amar a Dios con todo nuestro ser. El comportamiento de una persona reflejará su creencia. Aquellos que enseñan lo contrario apelan a la carne, lo que conduce a la destrucción.

Algunas personas no apreciarían la franqueza de Juan, pero él tenía claro que los que viven en el pecado son hijos de Satanás y pasarán la eternidad con él. Aquellos que son hijos de Dios harán lo recto y amarán a Dios y a al prójimo.

Folleto – Recurso 3: ¿Legalismo o libertinaje?
Distribuya la hoja de trabajo, y pida a los alumnos que la completen, ya sea individualmente o en pequeños grupos, y luego comente sus observaciones.

Participación de los alumnos

❷ ¿Por qué algunas personas se sienten atraídas a adoptar el legalismo como una forma de vida, confiando en las buenas obras para estar bien con Dios?

❷ ¿Cómo describiría lo que significa vivir una vida de libertad en Cristo?

Parte 3—Amémonos unos a otros

☐ **El gran amor de Dios**   **1 Juan 4:7–12**

Diga: (Muestre el video para la lección 5, disponible en VidaNueva.com/Adulto.) Jesús estableció la norma por la cual el creyente debe vivir, declarando que el seguidor de Cristo debe amar a Dios y amar al prójimo. Juan hace eco de estas enseñanzas de Jesús en su epístola. El amor debe ser la motivación detrás de todo lo que hacemos. Cuando consideramos el gran amor que Dios tiene por nosotros, ¿cómo podemos hacer otra cosa que buscar amarnos siempre los unos a los otros como Él nos ordenó? (Use el siguiente texto para profundizar los puntos que quiere destacar.)

En 1 Juan 4:7–12, Juan estableció un contraste entre una persona piadosa y una persona que no conoce a Dios. Aquellos que muestran amor por los demás son piadosos. Aquellos que no aman al prójimo muestran claramente que no conocen a Dios. Esto puede parecer duro, pero uno no puede ser un verdadero reflejo de Dios sin amar a las personas, porque «Dios es amor» (v. 8). El amor es, en cierto sentido, la característica definitoria. Obviamente, debido a que no somos Dios, amar a los demás puede ser difícil. No todo el mundo es fácil de amar. Sin embargo, con la ayuda de Dios, podemos amarlos de todos modos.

Juan indicó que sólo los cristianos pueden mostrar amor verdadero a los demás porque el amor viene de Dios. Las personas que no conocen Dios pueden ofrecer un tipo de amor, pero no es amor puro y piadoso porque su fuente es carnal. El amor piadoso nos impulsa a ver a los demás como personas hechas a imagen de Dios.

Juan declaró que Dios mostró su amor por nosotros a través de su dádiva que es Jesucristo, su Hijo, como sacrificio por nuestra salvación. Dios entregó a su Hijo por su amor, no porque nosotros lo amáramos a Él. Pablo describió esto en su epístola a los Romanos: «Mas Dios muestra su amor para con nosotros, en que siendo aún pecadores, Cristo murió por nosotros» (Romanos 5:8).

Los cristianos, a su vez, hemos sido llamados a compartir las buenas nuevas del amor de Dios con aquellos que necesitan una relación con Él. Dios manifestó su amor a todos. Mientras que las personas todavía eran sus enemigos, Jesús realizó el máximo acto de amor por ellos. La generosidad de Dios, como se ve al enviar a Jesús al mundo para nuestra salvación, debemos vivirla cada día de nuestra vida independientemente de cómo nos traten los demás. Dios quiere que sus hijos se conviertan en faros de amor que iluminen un camino hacia Él. Dios expresa su amor a través de nosotros, conforme amamos a quienes nos rodean.

Participación de los alumnos

❷ ¿Qué hace que el amor de Dios sea tan único en este mundo?

❷ ¿De qué maneras puede el cristiano mostrar su amor por Dios y los demás?

☐ **Viviendo confiadamente** 1 Juan 4:13–21

Diga: El cristiano puede tener paz y confianza en Aquel que tiene su futuro eterno en sus manos. Dios envió a su unigénito Hijo para nuestra salvación. Por su amor, también proporciona una salida para huir de cualquier tentación que el diablo ponga en nuestro camino. Respondamos a las advertencias del Espíritu Santo cuando enfrentemos esas tentaciones. (Use el siguiente texto para profundizar los puntos que quiere destacar.)

Cuando las personas responden a Jesús con fe y se convierten en seguidoras, «Dios nos ha dado su Espíritu como prueba de que vivimos en él y él en nosotros» (1 Juan 4:13, NTV). El Espíritu le recuerda al cristiano el amor de Dios, que debe fluir naturalmente de su vida, y Él les ayuda a caminar en ese amor. Cuando un cristiano toma una decisión egoísta, el Espíritu Santo se lo mostrará. Conforme vive y practica el amor de Dios, el cristiano puede descansar en la seguridad de su salvación (vv. 16,17).

Es posible que tengamos dificultad para amar a toda persona, pero al vivir para Dios, nuestro amor por Él y por los demás «[se hace] perfecto» (v. 17, NTV; tenga en cuenta que «perfecto» conlleva un sentido de «cabalidad»). Sabemos que crecer en el amor de Dios es una de las mayores alegrías de vivir para Él. Así como nos entusiasma ver el progreso de un niño en la tabla que usamos para medir su estatura, podemos alegrarnos de nuestro crecimiento espiritual al practicar el amor por los demás.

El amor de Dios también libera al creyente del temor (vv. 17,18). Quizá el miedo humano más común y fundamental es la muerte y el día del juicio. Felizmente, nosotros, como cristianos, podemos ser libres del miedo. Para nosotros, la muerte es la entrada a la vida eterna. Esto no significa que imprudentemente desafiaremos a la muerte—y, en consecuencia, tentaremos a Dios. Pero nuestra esperanza nos da confianza para cuando estemos ante Dios «porque vivimos como vivió Jesús en este mundo» (v. 17, NTV).

En los versículos 19–21, Juan terminó este pasaje recordando a los lectores que la verdadera prueba de la fe de un cristiano es cómo trata a los demás. Si los creyentes guardan rencor, participan en disputas o chismes sobre otros en la iglesia, por ejemplo, no están viviendo como seguidores de Dios, y corren el riesgo de alejarse de Dios en pos de sus deseos exentos de amor.

La falta de amor es incompatible con lo que significa ser un siervo de nuestro supremo y amoroso Dios. Pero el amor por todos, incluidos aquellos a quienes preferiríamos no amar, es una prueba de que nuestro amor por Dios y nuestro compromiso con Él es real.

Participación de los alumnos

❷ ¿Cuál es su mayor temor, y cómo puede el amor de Dios ayudarlo a superar ese miedo?

❷ ¿Cómo puede el amor a los demás cambiar la vida de las personas al igual que la suya?

¿Qué nos dice Dios?

Diga: Si bien nuestro comportamiento es importante para Dios, Él no espera que vivamos piadosamente en nuestra propia fuerza. Tenemos al Espíritu Santo para guiarnos a toda verdad y a la victoria sobre la tentación. Dios quiere que amemos a los demás para que, cuando ellos vean a sus seguidores, tengan una imagen fiel de Él. Como discípulos de Jesucristo, nuestro comportamiento debe reflejar a nuestro Padre. Si no es así, debemos cultivar nuestra relación con Él. Pronto, veremos el fruto de una vida piadosa.

Una enseñanza para la vida

🖥 El ministerio en acción

- Dedique tiempo a escuchar la voz del Espíritu Santo y determine obedecerlo y seguirlo, conforme crece en el Señor.
- Comprométase a un estudio más profundo de las Escrituras, y ore que Dios use su Palabra para ayudarlo a vencer la tentación.
- Busque una forma práctica de mostrar el amor de Dios a alguien en su iglesia o comunidad esta semana.

Lecturas bíblicas diarias

- **L** El inicio del pecado.
  Génesis 3:1–13
- **M** El pecado es castigado.
  Génesis 3:14–19
- **M** El pecado se transmite a todos.
  Génesis 4:1–12
- **J** Cristo cubrió el pecado.
  Romanos 5:12–21
- **V** El amor cubre el pecado.
  1 Pedro 4:7–11
- **S** La serpiente es atada.
  Apocalipsis 20:1–3

Jeremías y Ezequiel

La profecía bíblica puede ser un tema complejo. El pensamiento de muchos cristianos de inmediato va al Apocalipsis, el fin del mundo y el juicio final del pecado. Sin embargo, al abordar estos dos extensos y decisivos libros de profecía en el Antiguo Testamento, es importante reconocer que la función del profeta era—y todavía es— «anunciar» más que «predecir». En otras palabras, Dios usa a los profetas para anunciar mensajes de exhortación, corrección, instrucción y aliento a su pueblo.

Es importante recordar esto al iniciar un estudio de Jeremías y Ezequiel, dos libros llenos de imágenes e intenso simbolismo, así como de fuertes palabras de represión y exhortación. No obstante, en estos libros también encontrará algunos de los más importantes y extensos mensajes de esperanza en todo el Antiguo Testamento. Estos profetas comunicaron grandes garantías de las promesas de Dios que aguardaban su cumplimiento en el futuro del pueblo de Dios, tanto entonces como hoy.

Y así, a medida que enseña, anime a los alumnos a ser receptivos a los muchos y diversos tipos de mensajes comunicados por estos profetas. Recuérdeles que esos mensajes pueden ser tan pertinentes hoy como lo fueron en esos años de la conquista y el exilio babilónico, cuando Jeremías y Ezequiel ministraron.

Notará una serie de similitudes entre los dos libros. Por ejemplo, ambos registran el llamamiento del profeta, que muestra tanto la dificultad de la misión como la provisión de Dios. Cada uno también contiene descripciones explícitas de los pecados del pueblo, así como las tristes consecuencias de esos pecados. Estas lecciones iniciales de cada libro brindan la oportunidad de desafiar a los alumnos en su comprensión de lo que significa seguir a Cristo, así como compartir su mensaje con otros.

Sin embargo, los mensajes no terminan con juicio. Tanto Jeremías como Ezequiel ofrecen grandes palabras de esperanza para el futuro. Dios promete restauración para aquellos que se comprometan nuevamente con Él. También promete un nuevo pacto, así como la gran esperanza de permanecer con su pueblo para siempre en los cielos nuevos y la tierra nueva. Es oportuno, entonces, que la lección de Pascua se incluya en esta unidad (lección 6). La esperanza de la venida de Cristo es tanto un recordatorio de la redención y la vida nueva, la libertad del pasado, como también una reafirmación de nuestra esperanza de la eternidad en que viviremos y nos regocijaremos en la presencia de Dios.

LECCIÓN 6

El llamamiento de Jeremías

Texto para el estudio

Jeremías 1:1–19

Verdad central

Dios empodera a través del Espíritu Santo a aquellos que Él llama al ministerio del evangelio.

🖥 Versículo clave
Jeremías 1:5

Antes que te formase en el vientre te conocí, y antes que nacieses te santifiqué, te di por profeta a las naciones.

Metas de la enseñanza

- Los alumnos comprenderán la naturaleza del llamado profético de Dios.

- Los alumnos comprenderán que Dios llama a cada persona de su pueblo de diversas maneras y para diferentes roles, y buscarán experimentar el llamado de Dios.

- Los alumnos se sentirán motivados a testificar del único Dios verdadero, tanto en su comunidad como en la sociedad.

Introducción al estudio

Diga: Hoy iniciamos un estudio de Jeremías, uno de los más importantes profetas en la Biblia. Debido a que su ministerio tuvo lugar durante acontecimientos catastróficos, a menudo se le conoce como «el profeta llorón». *(Muestre el video para la lección 6, disponible en VidaNueva.com/Adulto.)*

Actividad inicial—¿Dios me llama a mí?

Pregunte: *¿Tiene todo creyente un llamado de Dios o eso es sólo para los ministros? ¿Cómo podemos discernir lo que Dios nos está llamando a hacer en su reino?* Puede esperar respuestas como: Discernimos nuestro llamado teniendo en cuenta para lo que somos buenos, lo que nos apasiona, por la voz del Espíritu Santo o por la guía de líderes espirituales.

Diga: Todos estamos familiarizados con la palabra «vocación», que a menudo aplicamos a nuestro trabajo. Sin embargo, viene de la palabra latina *vocatio*, que significa literalmente «llamamiento». En la Edad Media, la Iglesia enseñaba que sólo el clero tenía una vocación o llamamiento sagrado. La Reforma Protestante introdujo una doctrina llamada «el sacerdocio de todos los creyentes», la cual enseña que toda vocación es un llamado sagrado de Dios. Jeremías fue llamado a ser un profeta, pero usted y yo también tenemos un llamado de Dios, que también es espiritual y necesario. (Use el siguiente texto para profundizar los puntos que quiere destacar.)

La Biblia sólo reconoce como legítimos profetas a aquellos que han recibido un llamado divino al oficio profético.

1:1. Las palabras de Jeremías hijo de Hilcías, de los sacerdotes que estuvieron en Anatot, en tierra de Benjamín.

2. Palabra de Jehová que le vino en los días de Josías hijo de Amón, rey de Judá, en el año decimotercero de su reinado.

4. Vino, pues, palabra de Jehová a mí, diciendo:

5. Antes que te formase en el vientre te conocí, y antes que nacieses te santifiqué, te di por profeta a las naciones.

6. Y yo dije: ¡Ah! ¡ah, Señor Jehová! He aquí, no sé hablar, porque soy niño.

7. Y me dijo Jehová: No digas: Soy un niño; porque a todo lo que te envíe irás tú, y dirás todo lo que te mande.

8. No temas delante de ellos, porque contigo estoy para librarte, dice Jehová.

10. Mira que te he puesto en este día sobre naciones y sobre reinos, para arrancar y para destruir, para arruinar y para derribar, para edificar y para plantar.

14. Me dijo Jehová: Del norte se soltará el mal sobre todos los moradores de esta tierra.

15. Porque he aquí que yo convoco a todas las familias de los reinos del norte, dice Jehová; y vendrán, y pondrá cada uno su campamento a la entrada de las puertas de Jerusalén, y junto a todos sus muros en derredor, y contra todas las ciudades de Judá.

16. Y a causa de toda su maldad, proferiré mis juicios contra los que me dejaron, e incensaron a dioses extraños, y la obra de sus manos adoraron.

17. Tú, pues, ciñe tus lomos, levántate, y háblales todo cuanto te mande; no temas delante de ellos, para que no te haga yo quebrantar delante de ellos.

18. Porque he aquí que yo te he puesto en este día como ciudad fortificada, como columna de hierro, y como muro de bronce contra toda esta tierra, contra los reyes de Judá, sus príncipes, sus sacerdotes, y el pueblo de la tierra.

19. Y pelearán contra ti, pero no te vencerán; porque yo estoy contigo, dice Jehová, para librarte.

(Nota: La lectura en la clase incluye solo una selección de los versículos del trasfondo de la lección.)

El Antiguo Testamento incluye varios relatos de tal llamado. El encuentro de Moisés con Dios en la zarza ardiente es un ejemplo (Éxodo 3), como lo es la visión que tuvo Isaías del Dios exaltado, alto y sublime (Isaías 6). Hoy exploraremos el llamado del profeta Jeremías y su importancia para la comprensión de nuestra propia misión profética en el mundo.

Parte 1—Llamamiento al ministerio profético

☐ **Llamamiento divino, elección divina** Jeremías 1:1–5

Diga: El llamamiento de Jeremías vino directamente de Dios. Este fue confirmado firmemente por el Espíritu Santo, y reconoció que Dios verdaderamente le había hablado. El llamado de Jeremías se ajusta al patrón de una serie de narrativas de llamados proféticos en el Antiguo Testamento, por lo que podemos aprender mucho de su llamado, y también recibir comprensión del llamamiento de otros. (Use el siguiente texto para profundizar los puntos que quiere destacar.)

El relato del llamado de Jeremías al oficio profético, en Jeremías 1, es una de varias narrativas de llamados proféticos en el Antiguo Testamento. Otras narrativas de llamados incluyen el de Isaías (véase Isaías 6), Ezequiel (véase Ezequiel 1—3) y Amós (véase Amós 7:10–15). Ciertamente, un llamamiento divino era un requisito absoluto para el ministerio profético.

Un llamado no es algo que las personas elijan por sí mismas. No es una elección de alguna carrera. No depende del ser humano; proviene de Dios. El autor de Hebreos escribió sobre el oficio sacerdotal: «Y nadie toma para sí esta honra, sino el que es llamado por Dios, como lo fue Aarón» (Hebreos 5:4). Este principio también aplica al llamamiento profético de hoy. Dios designa a quien Él quiere para que cumpla este ministerio; no podemos designarnos nosotros mismos como llamados. Quienes emprenden una carrera profética sin una comisión divina son como los profetas que Jeremías denuncia más adelante en su libro: «No envié yo aquellos profetas, pero ellos corrían; yo no les hablé, mas ellos profetizaban» (Jeremías 23:21).

> ### Folleto – Recurso 1: El perfil de un profeta
> Distribuya la hoja de información que ilustra la «descripción del trabajo» de un profeta del Antiguo Testamento. Comente los siete puntos y desafíe a los alumnos a reflexionar sobre esta lista a la luz de la declaración de Moisés: «Ojalá todo el pueblo de Jehová fuese profeta, y que Jehová pusiera su espíritu sobre ellos» (Números 11:29).

Jeremías 1:4,5 indica que el llamamiento de Jeremías se dio incluso antes de que fuera concebido en el vientre de su madre. Basado en su infalible presciencia, Dios había trazado un plan para la vida de Jeremías. El plan de Dios era usar a Jeremías como un instrumento para cumplir sus propósitos para su pueblo Israel. El llamado de Dios a Jeremías fue difícil. Traería un propósito a su vida, pero también dificultades y sufrimiento.

Asimismo, Dios tiene un propósito para cada uno de nosotros. No todo el mundo está llamado a ser profeta o ministro; muchos tienen un llamado para los negocios, la educación, la medicina o la paternidad. Cualesquiera que sean los detalles de nuestro llamamiento, saber que Dios tiene un propósito para cada ser humano le da sentido y significado a nuestra vida. Como Jeremías, cada uno de nosotros debe estar dispuesto a aceptar el desafío de nuestro llamado divino, ya sea que signifique reconocimiento o anonimato, riqueza o pobreza, aceptación o rechazo.

Participación de los alumnos

❷ ¿De qué manera las acciones de una persona podrían afectar su llamado? Explique su respuesta.

❷ ¿Cuál podría ser el resultado de que alguien entre al ministerio sin un llamado? ¿Por qué podría una persona entrar al ministerio a pesar de no tener un llamado de Dios?

❷ Si alguien fracasa en el ministerio o abusa de la gente, ¿indica que no fue llamado?

🖵 ☐ Resistencia y seguridad   Jeremías 1:6–10

Diga: Como muchos otros siervos de Dios, Jeremías no estaba anhelante de tomar el manto de profeta. Era plenamente consciente de las responsabilidades y los peligros que acompañaban a ese mandato. Si bien el ministerio no debe emprenderse con liviandad, cuando somos llamados por Dios, debemos depender de Él para el cumplimiento de ese llamado. (Use el siguiente texto para profundizar los puntos que quiere destacar.)

La respuesta inicial de Jeremías al llamado de Dios fue una objeción. «¡No puedo hablar por ti! ¡Soy demasiado joven!» (Jeremías 1:6, NTV). Los eruditos han señalado a menudo las similitudes entre la respuesta de Jeremías a la comisión de Dios y la de Moisés. (Éxodo 4:10–12). Ambos hombres pidieron que se los liberara de tal responsabilidad porque no podían hablar bien; Jeremías por su juventud e inexperiencia, y Moisés por falta de elocuencia. En ambos casos, Dios no aceptó sus razones. A Moisés, respondió: «¿Quién dio la boca al hombre?» (Éxodo 4:11), enfatizando que el Creador no está limitado por la habilidad o capacidad de sus instrumentos. Dios le dio confianza y seguridad a Jeremías tocando su boca y diciendo: «¡He puesto mis palabras en tu boca!» (v. 9, NTV). Dios prometió fortalecer la habilidad para hablar de Jeremías, capacitándolo así para cumplir su llamado.

Dios nunca pide a las personas que hagan algo sin apoyarlas para cumplir ese llamado. Les da su Espíritu Santo y las pone a la altura de la tarea. Nuestras razones e inhabilidades no pueden vencer al poder de Dios obrando en nuestra vida.

Folleto – Recurso 2: Jeremías y Jesús
Distribuya la hoja de trabajo a los alumnos. Pida a la mitad de la clase que busquen los pasajes bajo la columna «Jesús» y a la otra mitad, los pasajes bajo la columna «Jeremías». Conforme se identifican los paralelos entre Jesús y Jeremías, escríbalos en la pizarra y coméntenlos. Pregunte: «¿Qué nos dice sobre Jeremías como profeta el hecho de que su ministerio tiene importantes paralelos con Jesús y Moisés?»

Participación de los alumnos

❷ ¿Alguna vez le ha pedido Dios que haga algo para lo cual no se sentía capacitado, o que temía hacer? ¿Cómo resultó?

❷ ¿Qué otros momentos en la Biblia puede recordar en que las personas que no estaban calificadas desde el punto de vista humano recibieron habilidad divina para cumplir una tarea?

Parte 2—Visión del juicio divino

☐ **Una rama de almendro** Jeremías 1:11,12

Diga: Siempre que a alguien se le encarga una tarea seria y difícil, esa persona querrá saber que cuenta con el respaldo de quien ha confiado en él o ella. En la primera de dos visiones, Dios le mostró a Jeremías que, así como lo estaba llamando, también iba a proveer para Jeremías en su ministerio. (Use el siguiente texto para profundizar los puntos que quiere destacar.)

Hebreos nos dice que Dios habló a los profetas «de muchas maneras» (Hebreos 1:1). Una de las maneras en que Dios habló a Jeremías fue a través de visiones y, en esta parte de la narrativa del llamado de Jeremías, Dios le dio dos visiones. En la primera visión, Dios le mostró un almendro (Jeremías 1:11), y le preguntó: «¿Qué es lo que ves?» (NTV).

No es de sorprender que Jeremías respondiera que veía una rama de almendro, a lo que Dios le explicó: «Así es…y eso significa que yo estoy vigilando y ciertamente llevaré a cabo todos mis planes» (v. 12, NTV). Si bien es difícil entender la conexión en nuestro idioma, el término hebreo para «almendro» (*shaqed*) fonéticamente es muy parecido al término para «observar» (*shoqed*), por lo que este juego de palabras enfatizaría el punto.

La visión sirvió como una palabra de aliento y garantía de que las profecías de Jeremías no fallarían, porque Dios velaría para garantizar su cumplimiento. Por lo tanto, el joven y reacio profeta podía comunicar el mensaje de Dios con valentía, sabiendo que el Señor estaba comprometido con su cumplimiento. Saber que Dios ciertamente honraría las declaraciones de Jeremías habría sido extremadamente importante para el profeta.

Participación de los alumnos

❷ ¿Alguna vez puso Dios una verdad en su corazón que reconoció como una palabra de aliento? ¿Cómo se sintió cuando la vio confirmada?

❷ ¿Alguna vez dudó de que una palabra que usted sentía que debía compartir realmente viniera de Dios? ¿Cómo respondió?

💬 ▢ Una olla de agua hirviendo   Jeremías 1:13–16

Diga: Si bien la primera visión de Jeremías le infundió seguridad de que Dios lo apoyaría con el mensaje profético, una segunda visión reveló la sustancia del mensaje y el ministerio de Jeremías. (Use el siguiente texto para profundizar los puntos que quiere destacar.)

La segunda visión fue una olla de agua hirviendo, derramándose desde el norte (esto es, hacia el sur). El Señor le explicó a Jeremías que esta olla hirviente representaba pueblos y reinos que vendrían desde el norte y que un día invadirían a Judá y sitiarían a Jerusalén. Sabemos por la historia que aquí se habla de Babilonia, la ciudad principal de la región de Mesopotamia y homónima del imperio babilónico. Babilonia estaba casi al este de Judá, pero debido a las vastas extensiones de desierto en esta región, los invasores de Mesopotamia venían del norte. Esta fue también la ruta utilizada anteriormente por los asirios en su conquista de Israel, en los días de Isaías, y sería el camino que tomarían los babilonios en tiempos de Jeremías. Esta visión inaugural de Jeremías, en los versículos 13 a 16, fue un adelanto del enfoque principal del futuro ministerio de Jeremías—la amenaza babilónica y cómo deberían responder a ella los líderes de Judea. La olla hirviente se derramaría desde el norte y fluiría sobre los líderes y el pueblo de Judá, causando dolor y destrucción indecibles, y finalmente el exilio.

📖 Folleto – Recurso 3: Profeta a las naciones

La mención de Babilonia aquí abre una oportunidad para comentar el papel de Jeremías como profeta a las naciones. Asigne a personas o grupos que busquen los pasajes enumerados en la hoja de trabajo, y comenten el hecho de que el ministerio de Jeremías no se limitaba a Judá, sino que también se extendía a otras naciones. ¿Cómo podría esto ayudarlo a comprender mejor el ministerio de los profetas?

Participación de los alumnos

❷ ¿Piensa que los acontecimientos desastrosos que vemos hoy son manifestaciones del juicio divino a las naciones? Explique.

❷ ¿Cómo cree que los cristianos del siglo veintiuno responderían a un profeta contemporáneo que anuncia un desastre para la nación o el mundo?

Parte 3—Aliento y empoderamiento divinos

☐ **Una comisión**   Jeremías 1:17

Diga: Como un buen entrenador u oficial de mando, el Señor le dio a Jeremías sus órdenes de marcha. Le dijo al profeta lo que quería que hiciera y cómo debía hacerlo. Estas mismas órdenes de marcha se pueden aplicar a los mensajeros de Dios hoy. (Use el siguiente texto para profundizar los puntos que quiere destacar.)

¡Prepárate! A la luz de la gravedad del mensaje de Jeremías, Dios le ordenó que se preparara para hacer frente a la oposición que inevitablemente vendría (Jeremías 1:17). Jeremías necesitaba prepararse emocional y espiritualmente para enfrentar esta oposición. Sabemos por las confesiones de Jeremías (véanse Jeremías 11:18–23; 12:1–4; 15:10–21; 17:14–18; 18:19–23; 20:7–18) que el profeta luchó con su llamado, con la gente a la que fue enviado, e incluso con su entendimiento de Dios mismo. Algunos de los siervos de Dios, como Jeremías, son llamados de forma notable a soportar dificultades y rechazo. Cuando decimos sí al llamado de Dios, debemos estar preparados para lo que venga, descansando en la paz de que Dios está con nosotros y preservándonos.

¡Háblales todo cuanto te mande! Dios también exhortó a Jeremías a levantarse y hablar. Jeremías necesitaba superar su vacilación y comunicar el mensaje de Dios con denuedo. Al profeta también se le dijo que comunicara «todo cuanto te mande» (v. 17). En los días de Jeremías, muchos de los llamados profetas comunicaban visiones de su propia imaginación, no de la «boca de Jehová» (23:16). Ahora, como en el tiempo de Jeremías, es imperativo que los portavoces de Dios hablen solo lo que Dios ha dicho, y no lo que hayan pensado en su propio corazón, no importa cuán bien suenen esas palabras. Dios sólo honrará su Palabra, no la nuestra. Cuando el rey David estaba contemplando la construcción de un templo, le presentó la idea al profeta Natán, quien, suponiendo que conocía la mente de Dios, le dijo que hiciera lo que estaba en su corazón. Sin embargo, más tarde esa noche, Dios le habló a Natán y le dijo que cambiara su mensaje a David. No era la voluntad de Dios que David construyera el templo; más bien lo haría su hijo, Salomón (2 Samuel 7:1–17). Es algo solemne hablar en nombre de Dios, por lo que hablamos solo lo que Dios nos dirige, basados en las verdades de su Palabra.

¡No tengas miedo! Más adelante en Jeremías 1:17, Dios le dijo al profeta que no se dejara amedrentar por sus oyentes. El término que se traduce como «temor», en hebreo, el verbo literalmente significa «romperse en pedazos», por lo que podría traducirse «no te rompas delante de ellos». Varios estudios han indicado que hablar en público es más aterrador para las personas que casi cualquier otra cosa, más que las alturas, el vuelo en avión y la oscuridad. Podemos imaginar fácilmente que los temores de Jeremías se vieron agravados por la idea de hablar ante una audiencia hostil y comunicar un mensaje que

nadie quería escuchar. Es por eso que el mandato de Dios a Jeremías hace eco del mandato a Josué: «No temas ni desmayes, porque Jehová tu Dios estará contigo en dondequiera que vayas» (Josué 1:9). Cuando somos obedientes a Dios, Él está a nuestro lado y nos fortalece para cada desafío.

Participación de los alumnos

❷ ¿Alguna vez ha vacilado en compartir la Palabra de Dios con alguien porque temía el rechazo? ¿Cómo manejó la situación?

❷ Dedique un momento a leer Jeremías 9:1. ¿Alguna vez se ha sentido tan agobiado al pensar en alguien o en alguna circunstancia que lo haya hecho llorar? ¿Cómo refleja esto el corazón de Dios?

Si estamos dispuestos a obededer estamos dispuestos un compromiso

💬 ☐ **Un compromiso** *un Compromiso* **Jeremías 1:18,19**

Un llamado es un compromiso y

Diga: Un compromiso es una responsabilidad de dos partes. Debemos estar comprometidos con la obra a la que Dios nos ha llamado. Al mismo tiempo, Él se compromete con nosotros, como lo hizo con Jeremías, que estará presente siempre, dándonos la fortaleza que necesitamos y cuidándonos. (Use el siguiente texto para profundizar los puntos que quiere destacar.)

En Jeremías 1:18,19, Dios le advirtió a Jeremías que los gobernantes, los sacerdotes y el pueblo se opondrían a su predicación. Habría un precio por la obediencia. Frente a los implacables ataques, Jeremías debía convertirse en una «ciudad fortificada», una «columna de hierro» y un «muro de bronce» (v. 18). En otras palabras, debía comprometerse con su llamamiento y mantenerse firme contra toda resistencia. Nunca es fácil enfrentarse solo a la opinión popular. Como ser humano, Jeremías probablemente anhelaba el apoyo y la aprobación de aquellos que más significaban para él. Sin embargo, en este caso, necesitaría poner su deseo de la aprobación de Dios por encima de su deseo de recibir la alabanza humana.

La mayoría de la gente tendría dificultades adoptando la postura que Dios le estaba pidiendo a Jeremías. A lo largo de la historia, sólo unas pocas personas han podido hacerlo. Uno recuerda al gran reformador Martín Lutero, específicamente su citación para comparecer ante el emperador del Sacro Imperio Romano en la Dieta de Worms, en 1521, para defender su enseñanza de la justificación por la fe y otras enseñanzas de la Reforma. Cuando se le pidió que se retractara bajo la amenaza del martirio, se dice que dijo: «No puedo ni me retractaré de nada, porque ir en contra de la conciencia no es ni correcto ni seguro. Aquí estoy, no puedo hacer otra cosa, así que ayúdame, Dios. Amén». Jeremías necesitó este tipo de determinación. Él fue fortalecido en su compromiso por la promesa de Dios: «yo estoy contigo…para librarte» (v. 19). Es reconfortante saber que, al comprometernos con Dios, podemos saber que Él ha prometido cuidarnos.

Participación de los alumnos

❷ ¿Cómo se determina la diferencia entre tomar una posición firme contra la impiedad y alienar innecesariamente a las personas y, por lo tanto, correr el riesgo de alejarlas del mensaje del evangelio?

❷ Piense en un momento en que se le pidió que tomara una posición impopular. ¿Qué pasó por su mente cuando tuvo que enfrentar esa circunstancia?

¿Qué nos dice Dios?

Diga: El llamado de Dios no es solo para los profetas del Antiguo Testamento. El libro de Jeremías nos desafía a creer que Dios tiene un propósito para cada uno de nosotros. Su llamado se verá diferente en la vida de cada persona. A veces, su propósito será difícil de aceptar e incluso puede resultar intimidante. Sin embargo, si obedecemos, Él estará con nosotros y nos capacitará para hacer lo que nos pida.

Una enseñanza para la vida

FINAL TAREA. 3 puntos.

📖 El ministerio en acción

- ■ Pregúntese si Dios lo está llamando a un nuevo compromiso con el ministerio. ¿Qué lo está llamando a hacer?
- ■ ¿Hay alguna persona con quien Dios lo esté impulsando a hablar, pero que está evitando por temor al rechazo? Pídale a Dios que le dé valor para hablar a la vida de aquellos a quienes ama.
- ■ Ore por la nación de la que es ciudadano. Interceda por sus líderes, sus necesidades y su gente. Pídale a Dios que lo use como un instrumento para traer avivamiento.

Lecturas bíblicas diarias

- Ⓛ El llamado de Abram es reafirmado. Génesis 17:1–8
- Ⓜ El llamado de Moisés es reafirmado. Éxodo 4:10–17
- Ⓜ El llamado de Gedeón. Jueces 6:11–18
- Ⓙ El llamado de Samuel. 1 Samuel 3:1–3, 8–14
- Ⓥ El llamado de Elías. 1 Reyes 19:13–21
- Ⓢ El llamado de Isaías. Isaías 6:1–8

Evidencias de la resurrección de Cristo

Texto para el estudio

Juan 20:1–31

Verdad central

La fe cristiana se basa en la evidencia histórica de la vida, la muerte y la resurrección de Jesucristo.

Versículo clave
Juan 20:31

Éstas se han escrito para que creáis que Jesús es el Cristo, el Hijo de Dios, y para que creyendo, tengáis vida en su nombre.

Metas de la enseñanza

- Los alumnos describirán la evidencia de la muerte y la sepultura de Jesús, y dirán por qué es importante.

- Los alumnos comprenderán por qué un seguidor de Cristo debe de creer que Él es el Cristo resucitado y el Hijo de Dios.

- Los alumnos les explicarán a otros las buenas nuevas sobre Jesús, el Salvador que vive.

Introducción al estudio

Diga: C.S. Lewis dijo en *Mero Cristianismo*: «Un hombre que fuera simplemente un hombre y dijera el tipo de cosas que Jesús dijo no sería un gran maestro moral. O sería un lunático…o de lo contrario sería el diablo del infierno. Usted debe hacer su elección». Entonces, ¿quién es Jesús? Esa pregunta se basa en un evento histórico: la resurrección de Jesús.

Actividad inicial—Evaluando la evidencia

Pregunte: ¿Qué situaciones de la vida puede nombrar en que podría ser necesario que las personas encuentren y evalúen la evidencia? ¿Qué tipo de evidencia podrían descubrir estas personas y cómo la evaluarían? Los ejemplos pueden incluir cualquier cosa desde el trabajo policial hasta la crianza de los hijos (por ejemplo, averiguar qué niño rompió el plato favorito de la abuela).

Diga: Nuestras creencias y acciones a menudo se basan en evidencia que hemos recopilado y procesado. De hecho, inconscientemente reunimos y procesamos evidencia todo el tiempo para determinar qué creer y cómo responder a diversas situaciones. (Use el siguiente texto para profundizar los puntos que quiere destacar.)

La evidencia de la resurrección de Cristo corrobora claramente que Él, verdaderamente, se levantó de la tumba. Si los discípulos hubieran robado el cuerpo (como se les instruyó a los guardias que dijeran en Mateo 28:13,14), no les habría sorprendido el informe de las mujeres, ni Tomás hubiera dudado hasta que vio a Jesús por sí

1. El primer día de la semana, María Magdalena fue de mañana, siendo aún oscuro, al sepulcro; y vio quitada la piedra del sepulcro.

2. Entonces corrió, y fue a Simón Pedro y al otro discípulo, aquel al que amaba Jesús, y les dijo: Se han llevado del sepulcro al Señor, y no sabemos dónde le han puesto.

6. Luego llegó Simón Pedro tras él, y entró en el sepulcro, y vio los lienzos puestos allí,

7. y el sudario, que había estado sobre la cabeza de Jesús, no puesto con los lienzos, sino enrollado en un lugar aparte.

8. Entonces entró también el otro discípulo, que había venido primero al sepulcro; y vio, y creyó.

11. Pero María estaba fuera llorando junto al sepulcro; y mientras lloraba, se inclinó para mirar dentro del sepulcro;

12. y vio a dos ángeles con vestiduras blancas, que estaban sentados el uno a la cabecera, y el otro a los pies, donde el cuerpo de Jesús había sido puesto.

13. Y le dijeron: Mujer, ¿por qué lloras? Les dijo: Porque se han llevado a mi Señor, y no sé dónde le han puesto.

15. Jesús le dijo: Mujer, ¿por qué lloras? ¿A quién buscas? Ella, pensando que era el hortelano, le dijo: Señor, si tú lo has llevado, dime dónde lo has puesto, y yo lo llevaré.

16. Jesús le dijo: ¡María! Volviéndose ella, le dijo: ¡Raboni! (que quiere decir, Maestro).

24. Pero Tomás, uno de los doce, llamado Dídimo, no estaba con ellos cuando Jesús vino.

25. Le dijeron, pues, los otros discípulos: Al Señor hemos visto. Él les dijo: Si no viere en sus manos la señal de los clavos, y metiere mi dedo en el lugar de los clavos, y metiere mi mano en su costado, no creeré.

27. Luego dijo a Tomás: Pon aquí tu dedo, y mira mis manos; y acerca tu mano, y métela en mi costado; y no seas incrédulo, sino creyente.

28. Entonces Tomás respondió y le dijo: ¡Señor mío, y Dios mío!

(Nota: La lectura en la clase incluye solo una selección de los versículos del trasfondo de la lección.)

---

mismo. Tampoco habrían visto al Jesús vivo más de quinientas personas a la vez, como se informa en 1 Corintios 15:6. Hoy, vamos a examinar la evidencia que apunta a la resurrección de Jesús, la pieza central de nuestra fe cristiana.

Parte 1—La tumba vacía

☐ **Desaparece el cuerpo de Jesús**   **Juan 20:1,2**

Diga: María y las otras mujeres no fueron a la tumba para ver si Jesús había resucitado— aunque Él les había dicho que lo haría. Su meta era ungir el cuerpo de su Señor, para completar la labor de sepultura que José de Arimatea y Nicodemo habían comenzado antes del día de reposo. (Use el siguiente texto para profundizar los puntos que quiere destacar.)

Según el cálculo judío, ya habían pasado tres días desde la muerte y sepultura de Cristo: fue sepultado antes de la puesta del sol del viernes, permaneció en la tumba el sábado, y ahora era después del amanecer del domingo, el tercer día (Juan 20:1–2; tenga en cuenta que, si bien el día del entierro de Cristo se debate en algunos círculos, tales debates no deben distraernos del mensaje central de que Jesús resucitó de los muertos en la mañana del primer día de la semana).

Marcos 16:1–4 ofrece dos puntos que nos ayudan a comprender la escena del pasaje de Juan. Primero, las mujeres iban a la tumba de Cristo para ungir Su cuerpo con especias aromáticas para contrarrestar el hedor de la descomposición. En segundo lugar, la piedra que cubría la tumba de Cristo era grande y las mujeres necesitarían ayuda para moverla.

Cuando María Magdalena y las demás se acercaron a la tumba, rápidamente notaron que la piedra ya había sido movida. Esto en sí mismo habría sido alarmante, en parte porque la tumba había sido sellada por orden del propio Pilato para evitar que alguien la perturbara (véase Mateo 27:63–66). Al entrar en la tumba, las mujeres vieron que el cuerpo de Cristo había desaparecido (véase Marcos 16:5,6). Este fue un evento inquietante. Pensaron que quizá los enemigos de Cristo habían robado su cuerpo. María corrió rápidamente donde estaban Pedro y Juan—este último identificado como el discípulo que Jesús amaba—para darles la inquietante noticia.

Folleto – Recurso 1: La tumba de Jesús

Distribuya la hoja de información, y resalte los pasos de un entierro, como era la costumbre. Como información de fondo, anime a los alumnos a leer Juan 19:38–42. Observe que María Magdalena y otros no habían podido completar esta fase del entierro debido al día de reposo.

Participación de los alumnos

❷ ¿Qué pensamientos pudieron haber pasado por la mente de María Magdalena cuando vio que la tumba de Cristo había sido perturbada?

❷ ¿Por qué la visita matutina de María a la tumba es una prueba de que Jesús había resucitado en vez de que sus seguidores se hubieran llevado su cuerpo?

La investigación comienza   Juan 20:3–10

Diga: Si la historia de los ancianos judíos fuera cierta, Pedro y Juan no habrían tenido razón de correr a la tumba. Ya habrían sabido que estaba vacía. Obviamente, no habían sido responsables de la remoción del cuerpo de Jesús, y estaban tan desconcertados por su ausencia como lo había estado María. (Use el siguiente texto para profundizar los puntos que quiere destacar.)

Al recibir la noticia de María, Pedro y Juan corrieron a la tumba (Juan 20:3-4). Juan llegó primero, se inclinó, miró dentro y vio los lienzos de lino. Pedro, sin embargo, entró en la tumba. Él también vio los lienzos de lino (vv. 5–7), y también el sudario, que había cubierto la cabeza de Jesús; estaba doblado y en un lugar aparte de los lienzos de lino.

Los seguidores de Cristo que fueron a la tumba mostraron un amor sincero por Él a través de su preocupación por el cuerpo de Jesús. Los acontecimientos de los últimos días los habían dejado confusos y desesperanzados. Hoy, conocemos la historia completa y podemos mostrar nuestro amor por Jesús siguiéndolo con fervor y celo. Jesús se ofreció como el sacrificio por nuestros pecados. Nuestra respuesta debe ser seguirlo como Salvador y Señor.

Como había hecho Pedro, Juan también entró en la tumba. A diferencia de los demás, respondió a la escena con fe de que Jesús verdaderamente había resucitado (vv. 8,9). Juan reconoció la validez de la evidencia tangible, aun cuando él, como los demás, no comprendía plenamente las Escrituras que anunciaban la resurrección de Cristo.

Los creyentes hoy tenemos la ventaja de dar una mirada a la historia y leer el registro de la resurrección de Cristo. Esto sirve para fortalecer y afirmar en gran medida nuestra fe. De hecho, es el fundamento mismo de nuestra fe y esperanza; sin la Resurrección, nuestra existencia sería infeliz y sin esperanza (véase 1 Corintios 15:12–19). Aunque no estaban seguros de lo que había sucedido, los discípulos sabían que era algo extraordinario. Sin embargo, permanecer en la tumba no servía de nada y podría haber despertado sospechas de que habían robado el cuerpo. Así que regresaron al lugar donde se alojaban en Jerusalén (en Juan 20:10 la frase «volvieron a los suyos» denota un grupo de personas). Ellos no tenían residencia permanente en Jerusalén, así que probablemente alojaban con amigos o familiares.

Participación de los alumnos

❷ ¿Por qué María, Pedro y Juan estaban tan preocupados por ubicar el cuerpo de Cristo?

❷ ¿Cómo puede impactar su fe el reconocer que Jesús resucitó?

Parte 2—Jesús se aparece a María Magdalena

☐ **Un encuentro con ángeles**   Juan 20:11–13

Diga: Pedro y Juan regresaron al lugar donde se hospedaban en Jerusalén, pero María permaneció un tiempo más cerca de la tumba. Quizá, para consolarse, necesitaba un tiempo a solas cerca del lugar donde había estado el cuerpo de Cristo. Sin embargo, estaba a punto de experimentar un encuentro transformador. (Use el siguiente texto para profundizar los puntos que quiere destacar.)

Juan 20:11–13 inicia el primero de doce relatos únicos de la aparición de Cristo a grupos o individuos después de su resurrección. (Cuatro de estos se encuentran en Juan; véase Juan 20:14–17, 19–25, 26–29; 21:1–23). Jesús se apareció varias veces a muchos hombres y mujeres durante los cuarenta días entre su resurrección y ascensión. Hubo muchos testigos oculares de este tan decisivo momento.

Aunque los discípulos partieron, María permaneció en el lugar de la tumba, llorando (Juan 20:11,12). Renuente a irse, se asomó nuevamente al interior. Esta vez vio a dos ángeles con vestiduras blancas sentados donde había estado el cuerpo de Jesús. Los ángeles le preguntaron el motivo de su dolor. La Escritura no dice que ella supiera que en realidad eran ángeles. Nublada por el dolor, es posible que haya luchado por entender todo lo que estaba sucediendo.

Los ángeles ciertamente sabían cual era la razón de su dolor. Sin embargo, su pregunta en el versículo 13 refleja una compasión por ella. «Apreciada mujer, ¿por qué lloras?» (NTV). María tendría la oportunidad de expresar sus sentimientos—quizá un recordatorio para nosotros de cómo podríamos responder en momentos de dolor, dando oportunidad para expresar la tristeza. María había experimentado la pérdida de su Salvador, un golpe sólo agravado por la misteriosa desaparición de su cuerpo. No obstante, la pregunta también prepara el escenario para que ella reflexionara sobre la posibilidad de que hubiera ocurrido algo maravilloso. Había motivo de esperanza.

Participación de los alumnos

❷ ¿Por qué cree que los ángeles preguntaron cuál era el motivo del dolor de María?

❷ ¿Cómo habría respondido usted si hubiera estado en el lugar de María esa mañana?

☐ Conversación con Jesús   **Juan 20:14–18**

Diga: Cuando María fue a la tumba ese domingo por la mañana, ciertamente no pensaba que tendría una conversación con el Cristo viviente. Ella fue allí para ungir su cuerpo y llorar su muerte. En cambio, se convirtió en la primera persona que vio al Jesús resucitado y la primera persona comisionada a anunciar las buenas nuevas. (Use el siguiente texto para profundizar los puntos que quiere destacar.)

María probablemente sintió la presencia de alguien detrás de ella cuando, después de responder a los ángeles, se dio la vuelta (Juan 20:14). Era Jesús, aunque no lo reconoció. Jesús hizo eco de la pregunta de los ángeles sobre el motivo de su dolor (v. 15). María le preguntó si Él se había llevado el cuerpo de la tumba. Consumida por el dolor, María no pudo ver que de hecho estaba hablando con Aquel a quien buscaba.

Los desafíos de la vida pueden nublar nuestra perspectiva. En esos momentos, es importante reafirmar nuestra fe en Dios y sus promesas. Algo que parece imposible desde nuestro punto de vista puede volverse real cuando lo vemos a través de los ojos de la fe.

En el momento de confusión de María, Jesús la llamó por su nombre (v. 16). El nombre es importante para la persona. Las personas que son cercanas se llamarán por su nombre, creando así una relación personal y única que denota confianza y cercanía. Quizá no sea sorprendente, entonces, que María supiera inmediatamente que era Jesús cuando pronunció su nombre. Él la conocía muy bien y ella conocía el sonido de su voz cuando pronunciaba su nombre.

Tanto Juan como María experimentaron un cambio extraordinario esa mañana. Ambos pensaban que Jesús estaba muerto. Al no encontrar el cuerpo en la tumba y ver solo la vestimenta mortuoria, Juan creyó en la resurrección de Cristo. María creyó cuando vio a Jesús parado frente a ella y lo escuchó pronunciar su nombre. Para ambos, la consternación y el miedo dieron paso a la fe.

Puede ser tentador para nosotros también sucumbir a la duda y al temor. Sabemos que Jesús vive. Sabemos que ascendió al cielo y ahora intercede ante el Padre por nosotros (véase Romanos 8:34; Hebreos 7:25). Cuando dudamos, hacemos bien en recordar sus promesas en nuestro corazón. Él nos ama profundamente. Podemos confiar en Él a pesar de las circunstancias.

María inmediatamente comenzó a alabar al Cristo resucitado (Juan 20:16–18). Su entusiasmo la impulsó a aferrarse al Señor, pero Él le dijo que no lo hiciera y que se enfocara en la tarea que tenía para ella: decirle a los discípulos que Jesús estaba vivo, y que Él regresaría al Padre.

La redacción del versículo 17 en ninguna forma implica la existencia de dos dioses separados. Más bien, iluminan nuestro entendimiento de quién es Jesús para que podamos diferenciar entre nuestra humanidad y la humanidad de Cristo; Él es plenamente humano y plenamente divino. Nuestra relación con el Padre es diferente a la Suya. Él es Dios Hijo, enviado por el Padre para asumir nuestra humanidad. Somos su creación humana, los beneficiarios de su obra redentora.

La adoración y el testimonio de María son un ejemplo para nosotros. Debemos escuchar las palabras de Jesús y hacer lo que Él dice: Ve y cuéntalo. Nuestro testimonio del poder de Dios da evidencia al mundo de que Jesús realmente ha resucitado de los muertos.

Participación de los alumnos

❷ ¿Cómo pueden las emociones o los temores intensos impactar nuestra capacidad para discernir realidades espirituales—o incluso apreciar las promesas de Dios?

❷ ¿Cómo podemos vencer la incredulidad en momentos difíciles?

Parte 3—Tomás ve y cree

☐ **Tomás luchó hasta que vio a Cristo**   Juan 20:24–28

Diga: Las personas aprenden de diferentes maneras. Algunos aprenden por lo que escuchan, otros por lo que ven. Algunos necesitan hacer una actividad para aprender. Algunos aprenden de las experiencias de otros. Tomás necesitaba una experiencia directa antes de creer en la Resurrección. Es fácil para nosotros criticarlo, pero bien podríamos haber reaccionado como él. (Use el siguiente texto para profundizar los puntos que quiere destacar.)

Juan 20:24–28 concluye este estudio de las evidencias de la resurrección de Cristo con la bien conocida historia del discípulo Tomás. Algunos de nosotros somos como Tomás, somos difíciles de convencer. Por lo tanto, no juzguemos a Tomás con tanta rapidez. Los demás discípulos de Jesús habían visto al Salvador resucitado, pero Tomás no había estado con ellos (vv. 24,25). Podemos entender, entonces, por qué sería difícil creer que un hombre a quien vio morir había aparecido repentinamente cuando Tomás no estaba presente. Tomás dijo que no creería hasta que pudiera tocar las heridas de Jesús (v. 25). Para algunos esto podría parecer como una extrema falta de fe, pero debemos tener presente el profundo dolor que sentían sus seguidores. Habían visto el arresto de Jesús. Habían presenciado su horrible muerte. Estos horrendos recuerdos todavía estaban muy frescos para Tomás.

¿Hay momentos en que el dolor llena de tal manera su mente que le es difícil escuchar otra cosa? Quizá esa fue la experiencia de Tomás. Si no vemos a Tomás con empatía, fácilmente podríamos criticarlo. Pero Jesús no se ofendió. En cambio, Él satisfizo la necesidad de Tomás. Vino para traer paz a Tomás (vv. 26–28). Tomás creyó cuando el Señor le habló, y lo llamó Señor y Dios.

Dios conoce nuestras luchas. Pida a Dios que le dé la fe que necesita para confiar en el Señor resucitado. Él lo ama como amó a Tomás. Él también estará con usted, así como estuvo con Tomás.

Participación de los alumnos

❷ ¿Por qué piensa que a Tomás le fue tan difícil creer que Jesús estaba vivo?

Nosotros también somos testigos de Cristo Juan 20:29–31

Diga: Así como Jesús llamó a esos primeros seguidores a creer en Él y a hablar al mundo
acerca de Él, también nos llama a nosotros a ser sus testigos. Con la evidencia que
tenemos de la resurrección y el poder transformador de Jesús, tenemos el mensaje
que nuestro mundo necesita hoy. (Use el siguiente texto para profundizar los puntos
que quiere destacar.)

Tomás había conocido a Jesús como maestro, Señor y amigo. Había compartido los alimentos con Él y habían recorrido juntos largos caminos. Luego Tomás pierde a Jesús por la horrible muerte de la crucifixión. Tomás necesitaba ver a Jesús para creer que estaba vivo. Esto no debería ser demasiado sorprendente, ya que otros también habían luchado por comprender esta asombrosa noticia. Pero el punto culminante de la respuesta de Jesús a Tomás fue cuando dijo: «Bienaventurados los que no vieron, y creyeron» (Juan 20:29). Definitivamente, la fe es un mensaje clave de todo el evangelio de Juan.

Los lectores actuales del evangelio de Juan no hemos visto a Jesús en persona. No fuimos testigos personales de su maravillosa resurrección. Recibimos nuestro conocimiento de Jesús a través de la Palabra escrita, la Biblia. Así que las palabras de Jesús son una bendición. Aquellos de nosotros que nunca conocimos a Jesús en la tierra seguimos siendo parte de este gran círculo de creyentes. Jesús vino no solo por sus primeros seguidores, sino también por nosotros. Experimentamos un tipo de encuentro con Jesús diferente al que tuvo Tomás. A lo largo de los Evangelios, nos encontramos con el Señor viviente. Dios nos dio este registro por una razón. No es el registro completo de la vida de Jesús (v. 30), sino un registro que nos permite verlo y abrir nuestro corazón a su presencia con nosotros. Creemos y, a su vez, nos convertimos en testigos de Jesús. Llevamos sus palabras a los demás para que tengan nueva vida.

La declaración: «para que creáis que Jesús es el Cristo, el Hijo de Dios, y para que creyendo, tengáis vida en su nombre» (v. 31), resume de muchas maneras por qué celebramos el domingo de Resurrección. Celebramos porque, además del Antiguo Testamento, creemos en el testimonio de los Evangelios, así como de las Epístolas y del libro de Apocalipsis que siguen. Nuestra fe, y de hecho nuestra esperanza, se centran en Jesús, el Salvador, el Hijo de Dios. Jesús es Señor y Dios. Cuando ponemos nuestra confianza en Él, podemos decir que ha comenzado la verdadera vida. Sólo a través de Él experimentamos el gozo eterno en la presencia de Dios.

Participación de los alumnos

❷ ¿Qué ventajas tienen los creyentes de hoy sobre aquellos primeros discípulos respecto
a creer en la Resurrección?

Diga: ¿Cuál es la evidencia de la resurrección de Jesús? Juan 20 y otras escrituras registran a personas comunes como nosotros que pusieron su fe en Dios. Algunos de ellos dudaron al principio. Algunos eran valerosos, mientras que otros eran tímidos. A través del tiempo, innumerables vidas han cambiado gracias a la obra salvadora de Cristo. Conocer la evidencia puede fortalecer nuestra fe. Pero saber no es suficiente; necesitamos creer y elegir recibirlo como Salvador y Señor. ¡La promesa de que todos los que creen en Él tendrán vida eterna es una buena noticia que vale la pena compartir con quienes nos rodean!

Una enseñanza para la vida

🖵 El ministerio en acción

- Comparta hoy el gozo de la resurrección con sus hermanos en la fe.
- Busque oportunidades de comentar las evidencias de la resurrección de Jesús con un no creyente o con alguien que esté luchando con su fe.
- Ore por aquellos que nunca han oído las buenas nuevas del evangelio y dé generosamente tiempo y recursos para alcanzarlos.

Lecturas bíblicas diarias

- **L** La aparición de Jesús en el monte. Mateo 28:16–20
- **M** La aparición de Jesús en el camino a Emaús. Lucas 24:15–27
- **M** La aparición de Jesús a los Once. Lucas 24:36–49
- **J** La aparición de Jesús a siete discípulos. Juan 21:1–14
- **V** La aparición de Jesús a varios de sus discípulos. 1 Corintios 15:1–8
- **S** La aparición de Jesús a Pablo. Hechos 9:1–9

Pecado, castigo y promesa de restauración

Texto para el estudio
Jeremías 8:4–17; 31:31–34

Verdad central
Dios llama a todo ser humano a vivir en obediencia a Él.

📖 Versículo clave
Jeremías 31:33

Pero este es el pacto que haré con la casa de Israel después de aquellos días, dice Jehová: Daré mi ley en su mente, y la escribiré en su corazón; y yo seré a ellos por Dios, y ellos me serán por pueblo.

Metas de la enseñanza

- Los alumnos comprenderán las consecuencias de la violación del pacto.
- Los alumnos desearán vivir en obediencia como el pueblo del pacto de Dios.
- Los alumnos serán llamados a renovar su pacto personal con Dios.

Introducción al estudio

Diga: Hoy exploraremos el mensaje de Jeremías de juicio contra la nación de Judá por violar su pacto con el Señor. Al leer los pasajes de hoy, observe cuán severos son los juicios, y cuán personal es el tono. Esto se debe a que un convenio se basa en lazos de lealtad y obligación personales. Romper un pacto no es solamente violar la Ley, sino violar una relación.

Actividad inicial—Los pactos de hoy

Pregunte: ¿Qué tipos de convenios celebran las personas en el mundo actual? ¿Cuáles son las consecuencias de romper estos pactos? Ejemplos podrían incluir el matrimonio, las adopciones, la compra de una vivienda, etc.

Diga: Hoy día, mucha gente, incluyendo algunos cristianos, no consideran que los compromisos de pacto sean vinculantes. Es posible que sientan que son libres de hacer lo que quieran y que se puede ignorar cualquier cosa que limite su libertad. Sin embargo, la Biblia indica que Dios toma los compromisos de pacto muy en serio, y aquellos que son llamados por Dios deben caminar en fidelidad al pacto con Él. (Use el siguiente texto para profundizar los puntos que quiere destacar.)

El Antiguo Testamento es un registro del fracaso humano—incluyendo el fracaso en el huerto del Edén, el fracaso antes del Diluvio, el fracaso en la Torre de Babel, el fracaso en la época de los jueces y el fracaso de la monarquía en conducir al pueblo por los caminos del

8:4. Les dirás asimismo: Así ha dicho Jehová: El que cae, ¿no se levanta? El que se desvía, ¿no vuelve al camino?

5. ¿Por qué es este pueblo de Jerusalén rebelde con rebeldía perpetua? Abrazaron el engaño, y no han querido volverse.

6. Escuché y oí; no hablan rectamente, no hay hombre que se arrepienta de su mal, diciendo: ¿Qué he hecho? Cada cual se volvió a su propia carrera, como caballo que arremete con ímpetu a la batalla.

8. ¿Cómo decís: Nosotros somos sabios, y la ley de Jehová está con nosotros? Ciertamente la ha cambiado en mentira la pluma mentirosa de los escribas.

9. Los sabios se avergonzaron, se espantaron y fueron consternados; he aquí que aborrecieron la palabra de Jehová; ¿y qué sabiduría tienen?

12. ¿Se han avergonzado de haber hecho abominación? Ciertamente no se han avergonzado en lo más mínimo, ni supieron avergonzarse; caerán, por tanto, entre los que caigan; cuando los castigue caerán, dice Jehová.

13. Los cortaré del todo, dice Jehová. No quedarán uvas en la vid, ni higos en la higuera, y se caerá la hoja; y lo que les he dado pasará de ellos.

14. ¿Por qué nos estamos sentados? Reuníos, y entremos en las ciudades fortificadas, y perezcamos allí; porque Jehová nuestro Dios nos ha destinado a perecer, y nos ha dado a beber aguas de hiel, porque pecamos contra Jehová.

31:31. He aquí que vienen días, dice Jehová, en los cuales haré nuevo pacto con la casa de Israel y con la casa de Judá.

33. Pero este es el pacto que haré con la casa de Israel después de aquellos días, dice Jehová: Daré mi ley en su mente, y la escribiré en su corazón; y yo seré a ellos por Dios, y ellos me serán por pueblo.

34. Y no enseñará más ninguno a su prójimo, ni ninguno a su hermano, diciendo: Conoce a Jehová; porque todos me conocerán, desde el más pequeño de ellos hasta el más grande, dice Jehová; porque perdonaré la maldad de ellos, y no me acordaré más de su pecado.

(Nota: La lectura en la clase incluye solo una selección de los versículos del trasfondo de la lección.)

Señor. El libro de Jeremías registra eventos cercanos al fin del reino de Judá. El profeta confrontó al pueblo con su fracaso pecaminoso en obedecer a Dios, les advirtió del juicio venidero, y también anticipó el establecimiento de un nuevo pacto con un nuevo pueblo del pacto cuyo corazón sería fiel a Dios.

Parte 1—La Palabra de Dios es rechazada

☐ **Siguen un camino de autodestrucción**   Jeremías 8:4–6

Diga: A veces, no importa lo que hagamos, no podemos salvar a los que amamos de las consecuencias de sus elecciones. Sin embargo, en nuestro corazón sabemos que no nos podemos dar por vencidos con ellos, y ciertamente no nos alegra decir: «te lo dije». Jeremías enfrentó este tipo de situación en los días previos a la caída del reino de Judá. (Use el siguiente texto para profundizar los puntos que quiere destacar.)

Nada más perturbador que ver a un ser querido seguir un camino autodestructivo y no poder detenerlo. No importa cuánto les suplique, advierta o razone con ellos, persisten obstinadamente en comportamientos y elecciones que conducen al desastre. Bien podría ser así como se sintió Jeremías cuando repetidamente le advirtió a Judá de las consecuencias de su pecado, solo para descubrir que sus palabras de advertencia eran rechazadas. Muchos eruditos creen que esta profecía en el capítulo 8 llegó tarde en el ministerio de Jeremías, después de décadas suplicando a Judá que volviera a Dios. Note en los versículos 4 a 6 que, en medio de las vívidas y poéticas descripciones del Señor, Jeremías ciertamente expresó dolor por la terquedad de Judá en seguir el camino del pecado.

Más tarde, Jeremías se lamentó: «Pasó la siega, terminó el verano, y nosotros no hemos sido salvos» (Jeremías 8:20). Este es sin duda uno de los versículos más tristes de la Biblia. Después de años de advertencias y ruegos al pueblo en fogosos sermones marcados por lágrimas de compasión, nada había cambiado. Ahora era sólo cuestión de tiempo hasta que cayera el juicio. Frustrado, el profeta clamó: «¿Hay alguien que esté apenado por haber hecho lo malo? ¿Hay alguien que diga: «¡Qué cosa tan terrible he hecho!»? ¡No! ¡Todos corren por el camino del pecado tan veloces como galopa un caballo a la batalla!» (Jeremías 8:6, NTV).

Participación de los alumnos

❷ ¿Cómo cree que se sintió Jeremías al ver al pueblo tropezando hacia el desastre seguro después de años de haberlos llamado al arrepentimiento, y no poder detenerlo?

❷ ¿Por qué cree que algunas personas continúan por caminos autodestructivos, sabiendo lo que está sucediendo, pero no parecen dispuestas a cambiar de rumbo?

🖥 ☐ Escuchan a falsos maestros   Jeremías 8:7–9

Diga: Un antiguo proverbio afirma: «No hay peor ciego que aquel que no quiere ver». Esto se aplica a la vista espiritual. Dios se ha dado a conocer a la humanidad, ¿pero elegirán ellos reconocerlo?». (Use el siguiente texto para profundizar los puntos que quiere destacar.)

Se ha señalado que Dios se revela en «dos libros»: el libro de la creación y el libro de las Escrituras. Los teólogos se refieren al libro de la creación como la «revelación general». Alguien ha dicho que Dios dejó sus huellas digitales en el mundo que hizo. Ciertamente, los antiguos sabios de Israel creían que uno podía aprender acerca de Dios observando la creación. Vieron que los principios de la sabiduría estaban incorporados en el mundo que Dios hizo. «Jehová con sabiduría fundó la tierra; afirmó los cielos con inteligencia» (Proverbios 3:19). Dado que el mundo fue fundado en la sabiduría, las personas pueden observar la creación de Dios y obtener sabiduría y entendimiento de ella. El Salmo 19:1 declara: «Los cielos cuentan la gloria de Dios, y el firmamento anuncia la obra de sus manos». En el Nuevo Testamento, Pablo escribió: «Porque las cosas invisibles de él, su eterno poder y deidad, se hacen claramente visibles desde la creación del mundo, siendo entendidas por medio de las cosas hechas…» (Romanos 1:20).

Jeremías señaló a una variedad de aves como ejemplos de comportamiento sabio que el pueblo de Dios debería haber reconocido, pero no lo hizo (Jeremías 8:7). Las aves que Jeremías mencionó saben cuándo es el momento de migrar y cuándo es el momento de regresar de la migración. Dios lo ha plantado en ellas. De manera similar, Isaías escribió: «Hasta un buey conoce a su dueño, y un burro reconoce los cuidados de su amo, pero Israel no conoce a su amo» (Isaías 1:3, NTV).

Del mismo modo, el pueblo de Judá necesitaba abrir los ojos, ver su situación desesperada y saber que lo único sabio que podía hacer era volver a Dios. Pero el pecado lo tenía cegado, le impedía ver su peligrosa situación. Aún hoy, el pecado enceguece a las personas y las mantiene en el rumbo equivocado.

Jeremías acusó al pueblo de Judá, no solo de ignorar la creación, sino también de rechazar la clara Palabra de Dios: «Ellos no conocen las leyes del Señor. ¿Cómo pueden decir: «Somos sabios porque tenemos la palabra del Señor», cuando, al escribir mentiras, sus maestros la han torcido?» (Jeremías 8:7,8, NTV). Continuó diciendo: «Han rechazado la palabra del Señor. Después de todo, ¿son ellos tan sabios?» (v. 9, NTV). La palabra del Señor de la que habló Jeremías aquí es la sagrada Torá, el libro del pacto que Dios hizo con Israel. Ese libro está lleno de bendiciones y maldiciones—bendiciones si Israel cumplía el pacto, maldiciones si no lo hacía (Deuteronomio 28). Jeremías vio claramente que Israel iba en el camino hacia las maldiciones del pacto, pero el pueblo en su ignorancia, se contentaba con seguir el camino del pecado sin tener en cuenta las consecuencias. Había rechazado la palabra del Señor y ahora, atrapado en su rebeldía, ya no podía escuchar la Palabra del Señor.

Participación de los alumnos

❷ ¿Por qué algunas personas que han conocido la verdad sobre Dios a veces voluntariamente la rechazan, aun cuando reconocen que es verdad?

❷ Alguien una vez dijo que «si bien la verdad acerca de Dios es convincente, no es coercitiva». ¿Qué cree que significa eso? ¿Está de acuerdo? Explique.

Parte 2—Las consecuencias de rechazar la Palabra de Dios

☐ **Engañados con una falsa esperanza** Jeremías 8:10–14

Diga: Lamentablemente, siempre ha habido personas dispuestas a usar la Palabra de Dios para obtener ganancias personales, popularidad o por otras motivaciones. Esto hace la tarea de aquellos que predican la verdad mucho más difícil, y tanto más importante. (Use el siguiente texto para profundizar los puntos que quiere destacar.)

Los contemporáneos de Jeremías persistieron en sus pecados a pesar de las advertencias. Incluso fueron alentados a hacerlo por los profetas y sacerdotes de Judá (Jeremías 8:10). Jeremías confrontó a estos hombres por desviar al pueblo, evitando así el arrepentimiento al dar «garantías de paz cuando no hay paz» (v. 11, NTV). Su falsa enseñanza fue como una droga que los adormeció a la realidad de los síntomas sin eliminar la enfermedad subyacente. Entonces, esa enfermedad del pecado empeoró y el «paciente» ignoraba que la medicina que supuestamente lo ayudaría era, en verdad, una copa de veneno mortal (v. 14).

Hay muchas similitudes entre los problemas de los días de Jeremías y los problemas actuales. Hoy algunos están dispuestos a calmar la consciencia de la gente por un precio. En vez de predicar un mensaje que lleve a las personas al arrepentimiento, predican un evangelio de superación personal para que la gente se sienta bien. La verdadera labor de los mensajeros debería centrarse en exhortar a la gente al arrepentimiento y a «huir de la ira venidera» (Mateo 3:7); sin embargo, calman su consciencia diciéndole a la gente que están bien, que la condición en que viven es aceptable. Predican un tipo de «gracia barata»; que es, gracia sin la cruz y sin arrepentimiento. Debido a que los falsos maestros no predican el evangelio completo, la gente adopta la actitud de que tienen derecho al perdón de Dios sin ninguna respuesta de su parte. ¡Esto es un engaño mortal!

Participación de los alumnos

❷ ¿Cómo podemos distinguir entre los que predican la Palabra de Dios fielmente y los que anuncian engaño?

❷ ¿Por qué cree que el engaño tiene éxito? ¿Qué podemos hacer para asegurarnos de que seamos fieles a Dios y no nos dejemos engañar por aquellos que trastocan la verdad?

🖥 ☐ **Un futuro oscuro**	**Jeremías 8:15–17**

Diga: La caída del reino de Judá no fue un colapso repentino. Más bien, fue la culminación de generaciones de apatía espiritual y rebelión. La Biblia dice claramente que Dios le dio a su pueblo una amplia oportunidad de arrepentirse, pero ellos la rechazaron. (Use el siguiente texto para profundizar los puntos que quiere destacar.)

Folleto – Recurso 1: Discerniendo la verdad
Distribuya la hoja de trabajo y divida su clase en pequeños grupos. Lea el párrafo introductorio, y luego asigne una de las escrituras a cada grupo. Después de 3–5 minutos vuelva a reunir la clase para compartir las comparaciones.

¿Qué trajo al pueblo de Dios hasta este punto, en que el juicio era inminente (Jeremías 8:15–17)? Podemos encontrar la respuesta en Deuteronomio. Cuando Dios formalizó su pacto con Israel, incluyó bendiciones y maldiciones—bendiciones por la obediencia y maldiciones por la desobediencia. Entre esas maldiciones estaba la amenaza del exilio si Israel rehusaba arrepentirse. Dios previó que su pueblo no cumpliría con su parte del pacto y que un día irían al exilio. «En el futuro, cuando experimentes todas las bendiciones y las maldiciones que te detallé y estés viviendo entre las naciones a las que el Señor tu Dios te haya desterrado, toma muy en serio todas estas instrucciones» (Deuteronomio 30:1, NTV).

Una de las duras verdades de las Escrituras es que, desde un punto de vista humano, el Antiguo Testamento llega a su fin con un matiz de fracaso espiritual. Dios había elegido un pueblo para sí mismo, había establecido un pacto con ellos, les había dado una tierra, un reino y una dinastía selecta. También les había dado textos sagrados con verdades y revelaciones que no se habían concedido a ningún otro pueblo en la tierra. Sin embargo, conforme el Antiguo Testamento llega a su fin, vemos al pueblo de Dios sin reino, sin rey ni imperio. Incluso después de regresar del cautiverio babilónico, necesitaban desesperadamente una renovación y esperanza.

Folleto – Recurso 2: El mensaje de los profetas

Distribuya la hoja de información. Explique que Jeremías fue uno de los llamados «profetas clásicos»; el mensaje central de estos profetas era «transformación después del juicio». Una vez que los alumnos hayan leído la información, indague si tienen alguna pregunta sobre el juicio, el exilio o el nuevo remanente después del exilio.

Jeremías fue un mensajero de lo que vendría. Como muchos profetas antes que él, había advertido al pueblo de las consecuencias de transgredir el pacto. Sus descripciones del ajuste de cuentas venidero eran gráficas. No se anduvo con rodeos. Si la gente hubiera prestado atención, habría reconocido la llegada de «los caballos de guerra del enemigo» y el «relincho de sus sementales» (Jeremías 8:16, NTV). En una profecía que evoca a las serpientes ardientes que Dios envió contra Israel durante una de sus rebeliones en el desierto (Números 21:4–9), Jeremías advirtió a sus oyentes que serían mordidos por «serpientes venenosas a las que no pueden encantar» (v. 17, NTV).

Participación de los alumnos

❷ ¿Qué paralelos ve entre la situación que enfrentó Jeremías en su día y la situación de nuestro mundo actual?

❸ Oseas escribió: «Sembraron vientos y cosecharán torbellinos» (Oseas 8:7, NTV). ¿Cómo aplica esto a los oyentes de Jeremías?

Parte 3—La promesa de un nuevo pacto

☐ **Un nuevo pacto**   **Jeremías 31:31,32**

Diga: No es una exageración decir que el libro de Jeremías destila tristeza, y el profeta comunicó la noticia del inminente juicio de Dios. Sin embargo, la profecía de Jeremías también incluyó palabras de promesa para el futuro. (Use el siguiente texto para profundizar los puntos que quiere destacar.)

Si bien el Antiguo Testamento terminó con una nota triste de fracaso espiritual, ese no sería el final de la historia. Jeremías proclamó que Dios establecería un nuevo pacto, que tendrá éxito donde el primero no satisfizo las expectativas. Escribió que el nuevo pacto «no será como el que hice con sus antepasados» (Jeremías 31:32, NTV). En el Nuevo Testamento, Pablo distinguió el nuevo pacto del pacto mosaico, comparándolo con los pactos de Dios con Abraham y David. Pablo se refirió a Abraham como un ejemplo de salvación otorgada, no como un salario ganado, sino como un regalo gratuito (Romanos 4:4). Pablo además citó a David, quien también «habla de la bienaventuranza del hombre a quien Dios atribuye justicia sin obras» (v. 6; véase Salmo 32:1,2).

Esta distinción corresponde con lo que los eruditos han señalado acerca de la diferencia entre los pactos mosaico, abrahámico y davídico. El pacto mosaico encaja en el molde del antiguo pacto de soberanía hitita, que es condicional y se basa en la lealtad y obediencia continuas del vasallo del rey. Los pactos abrahámico y davídico encajan en la categoría del «pacto de concesión», que es un don incondicional otorgado por el señor del vasallo, y se basa en la buena voluntad del señor en el futuro. Asimismo, el nuevo pacto se basa en lo que Dios ha hecho, no en lo que hará el ser humano. El evangelio se enfoca en lo que Jesús hizo por la humanidad.

Jesús dejó esto claro en la Última Cena (Lucas 22:20) cuando declaró que el nuevo pacto entre el mayor (Dios) y el menor (su pueblo) fue confirmado a través de su muerte sacrificial.

Participación de los alumnos

❷ ¿Cómo describiría usted lo que es tener una relación con Dios bajo el nuevo pacto?

❷ Lea Hebreos 8:6. ¿De qué manera o maneras el nuevo pacto, cuyo mediador es Jesús, se basa en mejores promesas que el antiguo pacto?

🖥 ☐ Un nuevo pueblo   Jeremías 31:33,34

Diga: Como gente pecadora, somos incapaces de vivir a la altura de la norma perfecta que Dios demanda. Cualquier pacto que dependa de la fidelidad de los pecadores está condenado al fracaso. Esa es una importante razón de que nos regocijamos en el nuevo pacto. Según 2 Corintios 3:6, es un pacto del Espíritu. (Use el siguiente texto para profundizar los puntos que quiere destacar.)

La deficiencia del antiguo pacto no estaba en el pacto en sí, sino en la naturaleza pecaminosa del pueblo a quien se le dio. En palabras de Pablo: «Por lo tanto, el problema no es con la ley, porque la ley es buena y espiritual. El problema está en mí, porque soy demasiado humano, un esclavo del pecado» (Romanos 7:14, NTV). Jeremías profetizó que, bajo el nuevo pacto, la ley de Dios estaría escrita en el corazón humano, no en tablas de piedra (Jeremías 31:33). Debido al sacrificio de Cristo, el Espíritu Santo reside en nuestro corazón, haciendo de la Ley de Dios una parte de nuestro ser. Tenga en cuenta que Pablo escribió que los justos requisitos de la Ley de Dios se cumplieron plenamente «a favor de nosotros, que ya no seguimos a nuestra naturaleza pecaminosa sino que seguimos al Espíritu» (Romanos 8:4, NTV). Cuando los creyentes andan en el Espíritu, naturalmente se sienten atraídos a buscar, obedecer y agradar a Dios. El hecho de que el nuevo pacto no se base en obras o logros humanos no significa que sea ilegal o impío. Los creyentes del nuevo pacto buscan obedecer el mandamiento más grande de las Escrituras: «Amarás a Jehová tu Dios de todo tu corazón, y de toda tu alma, y con todas tus fuerzas» (Deuteronomio 6:5; véase también Marcos 12:30). Al hacerlo, cumplimos con la verdadera intención de la Ley.

📑 Folleto – Recurso 3: ¿Qué hay de nuevo en el nuevo pacto?

Distribuya la hoja de trabajo y divida la clase en grupos pequeños. Asigne una sección a cada grupo y deles tiempo para responder. Luego pida que compartan sus respuestas con la clase.

Participación de los alumnos

❷ ¿Cuáles son algunas formas en que los creyentes del nuevo pacto podrían comportarse como si vivieran bajo el antiguo pacto?

❷ ¿De qué manera la promesa de que «si alguno está en Cristo, nueva criatura es; las cosas viejas pasaron; he aquí todas son hechas nuevas» (2 Corintios 5:17) encaja con la promesa del nuevo pacto en Jeremías 31:31–34?

¿Qué nos dice Dios?

Diga: El plan de redención de Dios se enfoca en la redención de un pueblo de pacto que hará la voluntad de Dios y lo glorificará. Trágicamente, el pueblo de Dios en los días de Jeremías no fue fiel en mantener el pacto. Se rebelaron y sufrieron un juicio catastrófico como resultado. No obstante, Dios proveyó un nuevo pacto, que fue diseñado para tener éxito donde el anterior no fue eficaz. Como pueblo del nuevo pacto, se nos ha dado la presencia del Espíritu Santo para ayudarnos a ser fieles a nuestro Señor del pacto.

Una enseñanza para la vida

🖥 El ministerio en acción

- Dedique tiempo esta semana para agradecerle a Dios su gracia, al hacerlo miembro de su familia.
- Haga un inventario de las áreas de su vida en las que tal vez está ignorando la corrección de Dios.
- Ore por aquellos en su familia y comunidad que no conocen a Jesús como Salvador.

Lecturas bíblicas diarias

L Expulsados del huerto.
Génesis 3:14–24

M Excluidos de la tierra prometida.
Números 20:2–13

M Rechazado como rey.
1 Samuel 15:1–3, 10, 11, 24–29

J Escapar de la muerte.
Juan 8:48–51

V Amados por Dios.
Juan 14:15–24

S Perseverar en la fe.
Gálatas 5:1–6

Promesa de salvación y favor divino

Texto para el estudio

Jeremías 32:1–15, 36–44

Verdad central

Dios restaura vidas que han sido destrozadas por el pecado.

📖 **Versículo clave
Jeremías 32:37**

He aquí que yo los reuniré de todas las tierras a las cuales los eché con mi furor, y con mi enojo e indignación grande; y los haré volver a este lugar, y los haré habitar seguramente.

Metas de la enseñanza

- Los alumnos estarán equipados para relacionar las acciones simbólicas de Jeremías con su mensaje profético de restauración.

- Los alumnos comprenderán que el castigo de Dios es, fundamentalmente, de naturaleza redentora.

- Los alumnos creerán en Dios para la salvación y restauración de aquellos que sufren las consecuencias de sus propias elecciones.

Introducción al estudio

Diga: Dios es misericordioso y perdonador por naturaleza. En la Biblia Él mismo se describe como «¡El Dios de compasión y misericordia! Soy lento para enojarme y estoy lleno de amor inagotable y fidelidad» (Éxodo 34:6, NTV). La lección de hoy mostrará que Dios es misericordioso y su voluntad es restaurar, aun cuando no haya señales de que el ser humano con quien está tratando esté dispuesto a cambiar, o aun escuchar su Palabra.

Actividad inicial—Un rayo de esperanza

Pregunte: Describa un momento en el que sintió un rayo de esperanza en una circunstancia caótica o difícil. Los ejemplos pueden ser tan sencillos como palabras amables o una tarjeta de un amigo, etc.

Diga: En la Navidad de 1914, en medio del fragor de una guerra mundial, los soldados británicos y alemanes experimentaron un momento de paz. Las tropas alemanas, se rindieron ante el dulce espíritu navideño, y comenzaron a cantar, *Stille Nacht, Heilige Nacht.* Los soldados británicos los escucharon y respondieron con la versión en su propio idioma, *Silent Night, Holy Night* (en nuestro idioma, *Noche de paz, noche de amor*). Pronto, esos hombres que se habían enfocado en matar a su enemigo, comenzaron a salir de las trincheras para darse la mano e intercambiar regalos. En medio del caos, la paz y la esperanza les ofrecieron una breve tregua y un momento de paz. En la lección de hoy

3. Porque Sedequías rey de Judá lo había puesto preso, diciendo: ¿Por qué profetizas tú diciendo: Así ha dicho Jehová: He aquí yo entrego esta ciudad en mano del rey de Babilonia, y la tomará;

4. y Sedequías rey de Judá no escapará de la mano de los caldeos, sino que de cierto será entregado en mano del rey de Babilonia, y hablará con él boca a boca, y sus ojos verán sus ojos,

5. y hará llevar a Sedequías a Babilonia, y allá estará hasta que yo le visite; y si peleareis contra los caldeos, no os irá bien, dice Jehová?

6. Dijo Jeremías: Palabra de Jehová vino a mí, diciendo:

7. He aquí que Hanameel hijo de Salum tu tío viene a ti, diciendo: Cómprame mi heredad que está en Anatot; porque tú tienes derecho a ella para comprarla.

8. Y vino a mí Hanameel hijo de mi tío, conforme a la palabra de Jehová, al patio de la cárcel, y me dijo: Compra ahora mi heredad, que está en Anatot en tierra de Benjamín, porque tuyo es el derecho de la herencia, y a ti corresponde el rescate; cómprala para ti. Entonces conocí que era palabra de Jehová.

9. Y compré la heredad de Hanameel, hijo de mi tío, la cual estaba en Anatot, y le pesé el dinero; diecisiete siclos de plata.

37. He aquí que yo los reuniré de todas las tierras a las cuales los eché con mi furor, y con mi enojo e indignación grande; y los haré volver a este lugar, y los haré habitar seguramente;

38. y me serán por pueblo, y yo seré a ellos por Dios.

39. Y les daré un corazón, y un camino, para que me teman perpetuamente, para que tengan bien ellos, y sus hijos después de ellos.

40. Y haré con ellos pacto eterno, que no me volveré atrás de hacerles bien, y pondré mi temor en el corazón de ellos, para que no se aparten de mí.

41. Y me alegraré con ellos haciéndoles bien, y los plantaré en esta tierra en verdad, de todo mi corazón y de toda mi alma.

(Nota: La lectura en la clase incluye solo una selección de los versículos del trasfondo de la lección.)

vemos un extraordinario ejemplo de esperanza en medio del caos, un momento de paz en tiempo de guerra. (Use el siguiente texto para profundizar los puntos que quiere destacar.)

Parte 1—Juicio anunciado

☐ Jerusalén es sitiada   **Jeremías 32:1,2**

Diga: El pueblo de Judá no pudo decir que no había sido advertido. Durante siglos, Dios les había enviado mensajeros, así como al reino norteño de Israel, para hablar del juicio venidero, sin embargo, se negaron a arrepentirse. Ahora se estaban acercando al cumplimiento de la profecía de que serían capturados y llevados al exilio. El proceso había comenzado y la ciudad de Jerusalén había estado bajo sitio durante tres años. (Use el siguiente texto para profundizar los puntos que quiere destacar.)

Los acontecimientos de Jeremías 32 sucedieron en el décimo año de Sedequías, rey de Judá (586 a.C.), pocos meses antes de la caída de Jerusalén ante los babilonios (vv. 1,2). En 589 a.C., Nabucodonosor había sitiado a Jerusalén en respuesta a una rebelión iniciada por el rey Sedequías. El asedio se prolongó durante casi tres años, con un solo respiro cuando Nabucodonosor lo levantó para responder a los movimientos militares amenazantes de los egipcios, que habían prometido apoyo militar a Sedequías. El nombramiento de Sedequías como rey y el encarcelamiento de Jeremías se describen más adelante en el libro.

Jeremías, que vivía en Jerusalén en ese momento, aprovechó la tregua en la lucha para viajar a su ciudad natal de Anatot en Benjamín (a unas tres millas, o cinco kilómetros, de distancia). El propósito del viaje fue resolver un negocio familiar relacionado con la redención de bienes. Sin embargo, cuando salía de Jerusalén, el centinela arrestó a Jeremías, acusándolo de desertar al enemigo (véase Jeremías 37–38). Jeremías negó la acusación, pero fue en vano. Terminó detenido en el patio de la guardia del palacio.

Participación de los alumnos

❷ ¿Alguna vez ha habido un momento en su vida en que se sintió «sitiado»? ¿En qué forma lo ayudó Dios durante ese tiempo?

❷ Jeremías fue falsamente acusado y encarcelado. ¿Cómo usó Dios esas circunstancias para sus propósitos?

🖥 ☐ El mensaje perturbador de Jeremías   Jeremías 32:3–5

Diga: Winston Churchill una vez describió a un fanático como alguien que «no puede cambiar de opinión y no cambiará de tema». Según esta definición, Jeremías seguramente fue un fanático a los ojos de sus oponentes. Para el mundo, las personas que afirman haber escuchado de Dios son fanáticos irracionales, nada más que alborotadores. (Use el siguiente texto para profundizar los puntos que quiere destacar.)

Las autoridades veían a Jeremías con sospecha por el mensaje de su predicación. Le había dicho a los líderes que no prevalecerían contra su enemigo. Profetizó que Dios entregaría la ciudad al enemigo y que Sedequías sería capturado y llevado a Babilonia (Jeremías 32:3,4). Anteriormente, Jeremías incluso había declarado que el Señor entregaría al rey de Judá (Joaquín en ese momento) a Nabucodonosor. Así lo anunció: «Vivo yo, dice Jehová, que si Conías hijo de Joacim rey de Judá fuera anillo en mi mano derecha, aun de allí te arrancaría» (Jeremías 22:24).

Tal predicación no tuvo buena recepción. Para los contemporáneos de Jeremías, sus palabras sonaban traidoras. ¿Qué tipo de patriota anuncia derrota cuando el enemigo está a la puerta? Los líderes creían que tal predicación podría debilitar la determinación del pueblo para resistir al invasor mucho más fuerte y mejor equipado. El rey Sedequías exasperado se quejó al profeta, preguntándole por qué seguía profetizando así (32:3). Sedequías quería que él cambiara su mensaje para apoyar el esfuerzo de guerra. ¿Por qué ser un fanático tan irracional? Sin embargo, incluso bajo la increíble presión de personas poderosas, Jeremías no cambiaría su predicación. Insistió en que su mensaje era de Dios y que no tenía autoridad para alterarlo. Tenía que comunicar las palabras que Dios le había dado y ninguna otra. De no hacerlo, se convertiría en un mercenario y un charlatán. Había muchos de estos en Jerusalén en ese momento, y Jeremías se negó a ser uno de ellos.

❷ ¿Qué mandatos de Dios podrían considerarse fanáticos o incluso traidores hoy?

❷ ¿Cómo son presionados los cristianos para cambiar el mensaje de la Palabra de Dios de modo que se ajuste a la cultura que los rodea?

Parte 2—Acción profética y simbólica

☐ **Simbolismo profético**   Jeremías 32:6

Diga: A veces tenemos una comprensión muy estrecha de ciertos conceptos bíblicos. Esto es cierto respecto a la profecía. Aunque tengamos una idea preconcebida de lo que es, un estudio cuidadoso muestra que la profecía abarca mucho más de lo que pensamos. Dios usó a sus profetas de muchas maneras para comunicar mensajes a su pueblo. (Use el siguiente texto para profundizar los puntos que quiere destacar.)

Folleto – Recurso 1: Los profetas hablan
Distribuya la hoja de información y dedique tiempo a revisar la lista. Mantenga presente estos principios a lo largo de esta lección y el resto de la unidad.

Cuando pensamos en la profecía, generalmente pensamos en la palabra hablada. Imaginamos al profeta anunciando: «Así dice el Señor», seguido de un mensaje profético de juicio o salvación. Sin embargo, los profetas antiguos a menudo ilustraban sus profecías con acciones simbólicas. Hay unos cuantos relatos en las Escrituras de profetas empleando tales acciones, incluyendo individuos como Ahías el silonita (1 Reyes 11:29–31), Isaías (8:1–4; 20:2–3), Oseas (1:2–11), Ezequiel (4:1—5:5) y uno de los hijos de los profetas (1 Reyes 20:36–43). Estas profecías ilustrativas abarcan toda la gama desde lecciones objetivas sencillas (Jeremías rompiendo una vasija de barro para ilustrar el futuro de la nación [Jeremías 19:1–11]), hasta acciones simbólicas que requerían que el profeta encarnara su mensaje de una manera profunda y personal. Oseas ejemplificó esto cuando Dios le ordenó: «Ve y cásate con una prostituta, de modo que algunos de los hijos de ella sean concebidos en prostitución. Esto ilustrará cómo Israel se ha comportado como una prostituta, al volverse en contra del Señor y al rendir culto a otros dioses» (Oseas 1:2, NTV). A Isaías también, se le ordenó quitarse la ropa y andar desnudo para ilustrar el juicio de Dios sobre Cus (Isaías 20:1–6).

A veces incluso se daban nombres proféticos a los hijos de los profetas, algunos de los cuales no eran halagadores. (Por ejemplo, la hija de Oseas fue nombrada Lo-ruhamah, que significa, «no amada» [Oseas 1:6, NTV].) A Jeremías mismo se le requirió que encarnara su mensaje al permanecer soltero y sin hijos (Jeremías 16:1–4), una perspectiva que era socialmente impensable para un joven en su cultura. De hecho, Jeremías se destaca entre los profetas como alguien que utilizó una serie de acciones simbólicas.

Participación de los alumnos

❷ ¿Cómo nos ayuda el simbolismo para compartir el evangelio con los demás?

❷ ¿Qué simbolismos usamos en la iglesia regularmente y qué representan?

Diga: En Jeremías 32:7–12, vislumbramos una importante costumbre social del antiguo Israel. Vemos la dinámica de la obligación familiar, la aplicación de las leyes del Antiguo Testamento respecto a la redención de la propiedad y las formalidades requeridas para testificar y completar una transacción legal. Todo esto era parte del mensaje de Dios a su pueblo. (Use el siguiente texto para profundizar los puntos que quiere destacar.)

Y, en efecto, mientras Jeremías estaba bajo arresto domiciliario en el patio de la guardia del palacio, Hanameel vino de Anatot y dijo: «Compra mi terreno en Anatot. Por ley tienes derecho a comprarlo antes de que lo ofrezca a algún otro» (Jeremías 32:7, NTV). Este era probablemente el asunto familiar que Jeremías estaba tratando de resolver cuando fue arrestado por su intento de dejar la ciudad, en 37:12–15. Aunque este pasaje aparece más adelante en el libro, es importante recordar que las porciones narrativas de Jeremías no están ordenadas cronológicamente.

La transacción descrita en 32:6–12 es un ejemplo de la redención de la propiedad familiar que se analiza en Levítico 25:25: «Cuando tu hermano empobreciere, y vendiere algo de su posesión, entonces su pariente más próximo vendrá y rescatará lo que su hermano hubiere vendido». El término traducido como «rescatar» en este pasaje significa «redimir», que no es un término que normalmente se aplica para «comprar». Al pariente que «redime» la propiedad se lo llama el *go'el* o «redentor». La responsabilidad del pariente-redentor era preservar la integridad financiera de la familia, manteniendo el patrimonio de todos dentro del núcleo familiar. Al redimir esta propiedad, Jeremías ayudaría a asegurar el bienestar financiero de su clan para las futuras generaciones. (Otro ejemplo bien conocido del oficio de redentor se encuentra en el libro de Rut, donde Booz acepta redimir la propiedad de Elimelec, el esposo de Noemí [véase Rut 4:1–11].) Pero el caso de Jeremías tenía una importancia aun mayor. Era una transacción profética, que muestra cómo Dios mismo cumpliría el papel de redentor de Israel. Dios no permitiría que su pueblo se alejara de Él de manera permanente, sino que los redimiría en el exilio, restaurándolos a la tierra y a la comunión con Él. El profeta Isaías previó algo similar. «El Redentor vendrá a Jerusalén para rescatar en Israel a los que se hayan apartado de sus pecados, dice el Señor» (Isaías 59:20).

Jeremías consintió en cumplir el papel de redentor en esta situación y contó diecisiete siclos, o 6,29 onzas [178 gramos] de plata (un siclo pesa aproximadamente 0,37 oz. [10,5 grs]). Luego, la escritura fue firmada, sellada y entregada a Baruc, el escriba que fungía como testigo de la transacción. Baruc, el hijo de Nerías, era un colaborador cercano de Jeremías y fue responsable de transcribir muchas de sus profecías (Jeremías 32:12; véase 36:4). Luego, Baruc tomó el documento y lo colocó en una vasija de barro para guardarlo (véanse los versículos 13–15). Dichos documentos estaban escritos en papiro, una especie de papel antiguo hecho de la pulpa de cañas de papiro. (La eficacia de almacenar documentos de papiro a largo plazo en vasijas de barro se demuestra por la supervivencia de los papiros conservados de esta manera de los rollos del mar Muerto.) Después de que se completó la transacción, Jeremías explicó el significado profético de lo que acababa de suceder: «Pues esto dice el Señor de los Ejércitos Celestiales, Dios de Israel: «Algún día de nuevo habrá dueños de estos terrenos que comprarán y venderán casas, viñedos y campos»» (v. 15, NTV). El evento fue una profecía actuada, un mensaje de esperanza para el futuro.

> **Folleto – Recurso 2: Las acciones simbólicas de Jeremías**
> Distribuya la hoja de trabajo y asigne cada sección a una persona o grupo pequeño diferente. Luego pídales que comenten sus conclusiones ante la clase.

Participación de los alumnos

❷ ¿En qué sentido el mandato de Dios a Jeremías de comprar una propiedad fue simbólico de lo que iba a hacer por su pueblo en el futuro?

Parte 3—La seguridad de la salvación y el favor divino

☐ **Un mensaje más**   Jeremías 32:36–41

Diga: Dios no había concluido su mensaje a través de Jeremías. Es difícil creer cosas buenas en medio de una catástrofe. Pero por haber escuchado de Dios, Jeremías pudo mirar más allá de sus circunstancias y ver que no todo estaba perdido. Dios todavía estaba obrando a través de él y sus profecías. (Use el siguiente texto para profundizar los puntos que quiere destacar.)

En la última sección de Jeremías (32:36–44), el profeta amplió el significado de las acciones descritas en el relato anterior. Explicó que el exilio babilónico, aunque devastador, sería de duración limitada. El Señor prometió: «ciertamente traeré de regreso a mi pueblo de todos los países adonde lo esparcí en mi furor. Lo traeré de regreso a esta misma ciudad para que viva en paz y seguridad» (v. 37, NTV). Al principio del libro, Dios había prometido a través de Jeremías que el exilio duraría setenta años (Jeremías 29:10). Muchos eruditos calculan este período de setenta años desde el año en que Nabucodonosor anexó a Judá al imperio babilónico en el 605 a.C. hasta el año en que los primeros exiliados comenzaron a regresar a Judá bajo el rey persa Ciro el Grande (535 a.C.). En el 586 a.C., cuando Jeremías realizó la profecía simbólica descrita en este capítulo, muchos de sus compatriotas ya habían estado varios años en el exilio. Daniel y sus tres amigos fueron a Babilonia en el 605 a.C., y Ezequiel fue al exilio en 597 a.C., junto con el rey Joaquín y miles de habitantes de Jerusalén.

Dios no iba a dejar a su pueblo en el cautiverio para siempre. Algún día los llevaría de regreso a su tierra natal, a pesar de que muchos de los que estaban exiliados morirían lejos de su territorio. Pero llegaría el día en que Dios les daría «un solo corazón y un solo propósito: adorarme para siempre para su propio bien y el bien de todos sus descendientes» (v. 39, NTV). Dios los había escogido para adorarlo, y no solo los llevaría de regreso a su tierra natal, sino que les daría un corazón para adorarlo, a pesar de su anterior rebelión.

Esta porción del mensaje de Dios al pueblo refleja el consuelo que Jeremías registró en el capítulo 31, estableciendo que Dios los sacaría del exilio, ellos serían su pueblo, y Él sería su Dios. El corazón de Dios por su pueblo se expresa especialmente allí en Jeremías 31:18–20, un pasaje que algunos creen es el trasfondo del Antiguo Testamento para la parábola del hijo pródigo. En el versículo 20 leemos: «¿No es aún Israel mi hijo, mi hijo querido?—dice el Señor—. A menudo tengo que castigarlo, pero aun así lo amo. Por eso mi corazón lo anhela y ciertamente le tendré misericordia» (NTV). Este es el corazón de Dios para todos sus hijos errantes. No se complace en su sufrimiento, sino que anhela su regreso a la seguridad de su gracia. Su castigo es redentor y restaurador, no vengativo ni cruel.

Participación de los alumnos

❶ ¿Qué paralelos ve entre Jeremías 31:18–20 y la parábola del hijo pródigo, en Lucas 15:11–32?

❷ ¿Cómo influye la promesa de misericordia de Dios a su pueblo en el Antiguo Testamento en la manera en que usted ve su propia relación con Él?

🖥 ☐ El bien seguirá   Jeremías 32:42–44

Diga: Dios siempre cumple sus promesas. Su juicio a Judá sería redentor. Y sus promesas eran tan seguras como el juicio que les imponía. La tierra sería restaurada, y la vida volvería a la normalidad. (Use el siguiente texto para profundizar los puntos que quiere destacar.)

Los últimos tres versículos de Jeremías 32 hacen eco del símbolo que Dios le había ordenado usar a Jeremías—la compra de un terreno. Dios prometió que la tierra se volvería a comprar y vender, que se reanudarían los asuntos comerciales normales. Habló de Jerusalén y de la tierra a su alrededor e incluso de las regiones desérticas del sur conocidas como Neguev, la palabra hebrea para el sur (vv. 42–44). No importa cuán desanimados se sintieran durante el tiempo del exilio, todavía tenían la promesa de Dios.

Cuando estamos desanimados por nuestra situación actual, y parece que no hay esperanza a la vista, podemos recordar que Dios nunca olvida a los suyos. Podemos confiar que Él siempre cumple sus promesas. Nuestra completa restauración vendrá cuando habitemos con Él en la nueva Jerusalén en la eternidad (véase Apocalipsis 21 y 22).

Participación de los alumnos

❶ ¿A qué promesas de Dios está aferrado ahora mismo? ¿Cómo puede usar este tiempo para acercarse más a Dios?

¿Qué nos dice Dios?

Diga: El pueblo de Dios está llamado a vivir con esperanza. Aun cuando nos apartamos de la voluntad de Dios y nos encontramos viviendo circunstancias catastróficas, Dios todavía tiene un plan de restauración. Él desea apasionadamente nuestro regreso y espera para ser misericordioso con nosotros. A veces hay que soportar una temporada de dolor antes de que pueda ocurrir la reconciliación, pero en el plan de Dios, el dolor puede ser redentor. No permita que las dificultades o los sufrimientos lo aparten del Único que puede sanarlo. Con el tiempo, verá Su poder salvador obrando en su vida.

Una enseñanza para la vida

El ministerio en acción

- Si conoce a alguien que esté sufriendo las consecuencias de malas decisiones, o que se ha alejado de Dios, ore por esa persona ahora mismo.
- Busque una oportunidad para ministrar palabras de vida a la situación de alguien para mostrarle que Dios se preocupa profundamente por él o ella y desea restaurarlo.
- Reflexione en las promesas de Dios esta semana, y regocíjese de que Él provee todo lo que necesitamos.

Lecturas bíblicas diarias

- **L** Promesa de la descendencia.
  Génesis 22:15–18
- **M** Promesa del reino eterno.
  2 Samuel 7:8–17
- **M** Promesa del pago de la salvación.
  Isaías 53:4–12
- **J** El Hijo prometido.
  Gálatas 3:15–22
- **V** El Rey eterno.
  Hebreos 1:5–13
- **S** Pago hecho por la salvación.
  1 Pedro 1:18–21

8 de mayo, 2022

LECCIÓN

10

La visión y el llamado inaugural de Ezequiel

Texto para el estudio
Ezequiel 1:1 a 3:11

Verdad central
Jesucristo llama s sus discípulos a llevar con paciencia las dificultades a medida que lo siguen.

Versículo clave
Ezequiel 2:2
Y luego que me habló, entró el Espíritu en mí y me afirmó sobre mis pies, y oí al que me hablaba.

Metas de la enseñanza

- Los alumnos comprenderán el significado y la importancia del llamado profético de Ezequiel.

- Los alumnos activamente buscarán el empoderamiento del Espíritu Santo.

- Los alumnos consistentemente dedicarán tiempo a enfocarse en la Palabra de Dios y a aplicarla a la vida diaria.

Introducción al estudio

Diga: El estudio de hoy explora el inicio del ministerio profético de Ezequiel, otro profeta del Antiguo Testamento que fue llamado a soportar tiempos y experiencias difíciles debido a su llamamiento. Los libros de Ezequiel y Jeremías, nos presentan una perspectiva íntima de las motivaciones y el conocimiento introspectivo de estos grandes profetas de Dios. Son para nosotros ejemplos que nos inspiran la seguridad de que Dios nos ayudará a cumplir la misión que nos encomiende.

Actividad inicial—Instrucciones difíciles
Pregunte: *¿Cuál es la tarea más difícil que un supervisor u otra persona en autoridad sobre usted le ha pedido que haga? ¿Qué entrenamiento o ayuda recibió que le aseguró el éxito en el cumplimiento de esa tarea?*

Diga: Ezequiel es único entre los profetas del Antiguo Testamento. Ningún otro profeta tiene visiones tan detalladas e intrigantes, y pocos profetas encarnan su mensaje de una manera más personal y sacrificial que él. (Use el siguiente texto para profundizar los puntos que quiere destacar.)

Anteriormente, estudiamos el llamado del profeta Jeremías y vimos cómo Dios eligió a este joven para un ministerio poderoso pero difícil, en un momento crucial en la historia del pueblo de Dios. En la lección de hoy estudiaremos el llamamiento de Ezequiel, que fue un contemporáneo de Jeremías. Sus ministerios fueron similares, pero se realizaron en diferentes lugares. Mientras que Jeremías todavía predicaba en Jerusalén, Ezequiel ministraba al pueblo de Dios en el exilio. Como

1:3. Vino palabra de Jehová al sacerdote Ezequiel hijo de Buzi, en la tierra de los caldeos, junto al río Quebar; vino allí sobre él la mano de Jehová.

4. Y miré, y he aquí venía del norte un viento tempestuoso, y una gran nube, con un fuego envolvente, y alrededor de él un resplandor, y en medio del fuego algo que parecía como bronce refulgente,

5. y en medio de ella la figura de cuatro seres vivientes. Y esta era su apariencia: había en ellos semejanza de hombre.

12. Y cada uno caminaba derecho hacia adelante; hacia donde el espíritu les movía que anduviesen, andaban; y cuando andaban, no se volvían.

15. Mientras yo miraba los seres vivientes, he aquí una rueda sobre la tierra junto a los seres vivientes, a los cuatro lados.

16. El aspecto de las ruedas y su obra era semejante al color del crisólito. Y las cuatro tenían una misma semejanza; su apariencia y su obra eran como rueda en medio de rueda.

20. Hacia donde el espíritu les movía que anduviesen, andaban; hacia donde les movía el espíritu que anduviesen, las ruedas también se levantaban tras ellos; porque el espíritu de los seres vivientes estaba en las ruedas.

2:2. Y luego que me habló, entró el Espíritu en mí y me afirmó sobre mis pies, y oí al que me hablaba.

3. Y me dijo: Hijo de hombre, yo te envío a los hijos de Israel, a gentes rebeldes que se rebelaron contra mí; ellos y sus padres se han rebelado contra mí hasta este mismo día.

7. Les hablarás, pues, mis palabras, escuchen o dejen de escuchar; porque son muy rebeldes.

3:3. Y me dijo: Hijo de hombre, alimenta tu vientre, y llena tus entrañas de este rollo que yo te doy. Y lo comí, y fue en mi boca dulce como miel.

11. Y ve y entra a los cautivos, a los hijos de tu pueblo, y háblales y diles: Así ha dicho Jehová el Señor; escuchen, o dejen de escuchar.

(Nota: La lectura en la clase incluye solo una selección de los versículos del trasfondo de la lección.)

Jeremías, enfrentó dificultades y oposición, pero fue sustentado por la fortaleza de Dios, así como su fervor por el llamado de Dios en su vida.

Parte 1—Visión inaugural

☐ **Un sacerdote exiliado; una visión de Dios**   **Ezequiel 1:1–4**

Diga: Como Jeremías, Ezequiel provenía de una familia sacerdotal. Sin embargo, a diferencia de Jeremías, la familia de Ezequiel todavía servía en el templo en el momento del exilio babilónico. El mensaje de Jeremías comenzó como un precursor del exilio, mientras que el mensaje de Ezequiel comenzó después del inicio del exilio. (Use el siguiente texto para profundizar los puntos que quiere destacar.)

En 597 a.C., Nabucodonosor llevó al rey de Judá, Joaquín, cautivo a Babilonia junto con diez mil judíos de la clase alta de la sociedad de Jerusalén (véase 2 Reyes 24:14). Como era la práctica habitual, dejaban en la tierra sólo a los pobres. Entre los exiliados estaba un sacerdote zadokita llamado Ezequiel. Los babilonios (llamados caldeos en la versión Reina Valera) instalaron a este joven sacerdote en un pueblo llamado Tel-Abib, en el canal de Quebar, a unos 322 kilómetros (200 millas) al norte de la ciudad capital (Ezequiel

3:15). Cuando Ezequiel tenía treinta años, Dios agregó el oficio de profeta a su llamado sacerdotal. Como «sacerdote…en la tierra de los caldeos» (1:3), Ezequiel sería la persona a quien los judíos en el exilio acudirían en busca de orientación. Y como sacerdote y profeta piadoso, él estaría interesado también en el bienestar espiritual de ellos.

Un día Ezequiel tuvo una visión de Dios acercándose en la distancia. Dios apareció en una forma que estaba asociada con su presencia salvadora y liberadora, algo muy alentador y que necesitaban los exiliados de Judea. Fue una visión impresionante. La presencia del Señor fue precedida por una nube enorme «que resplandecía con relámpagos» (v. 4, NTV). Esto es lo que se llama una «teofanía de tormenta». (Una teofanía es una manifestación de Dios visible o tangible.) Tal teofanía es una imagen familiar en el Antiguo Testamento (por ejemplo, Salmo 18:7–14 y Salmo 29). Cuando Dios se acerca en la nube de la tormenta, su poderosa presencia derrota al enemigo y libera a su pueblo. La visión de esta nube con toda seguridad llenó el corazón de Ezequiel de esperanza y gozo. El pueblo de Dios estaba cautivo en el exilio, pero Dios tenía el control y el poder para liberarlos.

Participación de los alumnos

❷ ¿Por qué cree que los babilonios sólo deportaban a la clase dirigente, y no a los pobres de la sociedad judía?

❷ ¿Cómo podría una tormenta simbolizar el poder de Dios?

🖥 ☐ **Cuatro seres vivientes y el trono de Dios**   **Ezequiel 1:5–28**

Diga: La visión de Ezequiel es la descripción física más clara de querubines en la Biblia. Llevan en alto el trono de Dios, transformándolo en un carro de guerra. (Use el siguiente texto para profundizar los puntos que quiere destacar.)

Dentro de la nube, Ezequiel vio a cuatro criaturas extraordinarias con características tanto humanas como animales. La forma básica de cada criatura era humana, pero cada una tenía cuatro caras: la de un hombre, un león, un águila y un buey. Además, cada criatura tenía pezuñas como de becerro, manos humanas y cuatro alas, dos de las cuales estaban elevadas y tocaban el ala del ser a su lado (Ezequiel 1:5–10). Más tarde, Ezequiel reveló que estas criaturas eran querubines (10:1). Los serafines, que aparecen en la narración del llamamiento de Isaías (Isaías 6:1–4) son similares en algunos aspectos (los serafines tienen seis alas, mientras que los querubines de Ezequiel tienen cuatro), pero se describen con menos detalle. Una cosa está clara: la concepción pagana de un querubín como un hermoso y regordete bebé con alas está lejos de ser precisa.

Los querubines a menudo se asocian con el trono de Dios, como los vemos en este pasaje. Quizá el ejemplo más familiar de esto es el arca del pacto, que estaba flanqueada por querubines en ambos extremos con sus alas extendidas y tocándose por encima del propiciatorio (o tapa de la expiación, NTV). El arca representaba el trono de Dios, al que sostenían las alas de los querubines. Varias veces en el Antiguo Testamento, se dice que Dios está entronizado entre los querubines, sin duda aludiendo al arca del pacto (véase 1 Samuel 4:4; 2 Reyes 19:15; Salmos 80:1; 99:1). Muchos eruditos creen que el propósito de los querubines era proteger el trono de Dios y otros lugares sagrados, como por ejemplo, la entrada al huerto del Edén (Génesis 3:24).

El verdadero enfoque de la visión de Ezequiel no eran los querubines, sino el trono de Dios y Aquel que estaba sentado en él. De este trono irradiaba la gloria de Dios, un tema central del libro de Ezequiel.

Ezequiel pasó a describir el trono de Dios, que los querubines sostenían desde abajo. El trono tenía cuatro ruedas, y dentro de cada una había otra rueda, probablemente en ángulo recto. Estas ruedas permitían que los querubines movieran el trono hacia adelante o hacia los lados «a semejanza de relámpagos», en cualquier dirección sin girar (vv. 14–21). El trono se asentaba sobre una superficie de cristal que se asemejaba al cielo (vv. 22–25). Parecía estar hecho de una piedra preciosa de color azul oscuro conocida como lapislázuli (v. 26), que a menudo era utilizada por los antiguos soberanos con fines ornamentales. Dios mismo estaba sentado en el trono. Era de apariencia humana (vv. 26,27), y parecía de ámbar reluciente desde el torso hacia arriba y como una llama encendida desde los lomos hacia abajo. La gloria divina rodeaba el trono, y tenía la apariencia de un arco iris (v. 28).

El hecho de que el trono de Dios pudiera aparecer en una tierra lejana indicaba que la soberanía de Dios se extendía a toda la tierra y no estaba confinada al templo. Por lo tanto, Dios le mostró a Ezequiel que Él estaba tan presente con su pueblo exiliado como lo estaba con los que todavía permanecían en Jerusalén, y estaba designando a Ezequiel como su mensajero para convocarlos a la fidelidad. Mientras Jeremías predicaba en Jerusalén, manteniendo al pueblo de Dios responsable del pacto, Ezequiel predicaba el mismo mensaje en Babilonia. Dios siempre hablará y siempre confiará su mensaje a siervos fieles.

Folleto – Recurso 1: El trono de Dios en Ezequiel y Apocalipsis
Divida la clase en tres o cuatro grupos y distribuya la hoja de trabajo. Deles tiempo para leer los dos pasajes y llenar el cuadro. Luego vuelva a reunir la clase y comparen las respuestas.

Participación de los alumnos

❷ Compare la narrativa del llamado de Ezequiel con la de Isaías (véase Isaías 6:1–13). ¿En qué se parecen? ¿En qué se diferencian?

❷ ¿Cuál es el significado simbólico de un trono? ¿Por qué habría sido importante el trono para Ezequiel y los exiliados de Judea?

Parte 2—Llamado al ministerio profético

☐ **Lleno del Espíritu**   Ezequiel 2:1–5

Diga: Los líderes ejecutivos o políticos a menudo tienen un portavoz que está autorizado a hablar en su nombre. Cuando Dios eligió a Ezequiel como su portavoz, puso su Espíritu en Ezequiel. Para ser un instrumento eficaz en la mano de Dios, debemos entender que sólo cuando somos ungidos con el Espíritu podemos ser aptos para el servicio. (Use el siguiente texto para profundizar los puntos que quiere destacar.)

Dios se dirigió a Ezequiel como «hijo de hombre» (Ezequiel 2:1,3; note que esta frase aparece más de noventa veces en el libro de Ezequiel.) Algunos pueden equiparar esto con el título «Hijo del Hombre» como se aplica a Jesús en los Evangelios (por ejemplo,

Marcos 2:10; tenga en cuenta que la frase aparece más de ochenta veces en los Evangelios). Sin embargo, tal conclusión sería errónea. El título «Hijo del Hombre», aplicado a Jesús, tiene trascendencia mesiánica; el término aplicado a Ezequiel enfatizaba su humanidad. Más específicamente, Dios estaba enfatizando la debilidad de Ezequiel y la necesidad de la fortaleza y el empoderamiento divinos. Ezequiel explicó que en el momento en que Dios le habló: «el Espíritu entró en mí y me afirmó sobre mis pies» (Ezequiel 2:2). Llenar al profeta con el Espíritu y ponerlo de pie indica que Dios lo estaba preparando para la acción y capacitándolo para realizar la tarea a la que fue llamado.

En el Antiguo Testamento, como en el libro de los Hechos, el otorgamiento del Espíritu indica el poder para el servicio. Además, en el Antiguo Testamento, la profecía está específicamente ligada a la operación del Espíritu. Moisés dijo: «Ojalá todo el pueblo de Jehová fuese profeta y que Jehová pusiera su espíritu sobre ellos» (Números 11:29). El profeta Joel previó un día en que el Señor derramaría su Espíritu sobre toda la gente, «y profetizarán vuestros hijos y vuestras hijas» (Joel 2:28). El profeta Miqueas declaró: «Mas yo estoy lleno de poder del Espíritu de Jehová, y de juicio y de fuerza» (Miqueas 3:8). Los creyentes pentecostales de hoy todavía esperan el empoderamiento del Espíritu y anticipan la unción de Dios para el servicio.

Habiendo llenado al profeta con su Espíritu, Dios lo comisionó. Ezequiel informó: «Oí al que me hablaba» (Ezequiel 2:2). El llamado de Ezequiel vino de Dios, quien dijo: «Yo te envío» (v. 3). Ezequiel no se nombró a sí mismo; fue un hombre enviado por Dios. No era como los falsos profetas de quienes el Señor dijo: «No envié yo aquellos profetas, pero ellos corrían; yo no les hablé, mas ellos profetizaban» (Jeremías 23:21).

Participación de los alumnos

❷ ¿De qué manera el bautismo en el Espíritu Santo lo ayuda a escuchar la voz de Dios?

❷ ¿Por qué es vital para los creyentes recordar su constante necesidad del empoderamiento de Dios?

▤ ☐ Hablar sin temor   **Ezequiel 2:6–8**

Diga: Aun cuando tenemos el poder del Espíritu Santo, a veces nos preguntamos cómo recibirán nuestros oyentes el mensaje que Dios nos ha dado. Al observar el pecado y la rebelión que nos rodean, podríamos dudar que lo que digamos o hagamos marcará una diferencia. (Use el siguiente texto para profundizar los puntos que quiere destacar.)

Al ser comisionado para comunicar el mensaje de Dios, Ezequiel enfrentaría burla, persecución, desánimo y rebelión. A la luz de esto, Dios le advirtió al profeta que no dejara que esas cosas lo distrajeran de su misión (Ezequiel 2:6).

Habiendo obedecido el mandato de Dios de ir, Ezequiel debía «darles mis mensajes» (v. 7, NTV); dicho de otra manera, la misión de Ezequiel era expresar las palabras de Dios y no las suyas. Como mensajero de Dios, no poseía autoridad independiente. Debía comunicar la Palabra de Dios sin agregar, restar o distorsionar nada.

Nosotros también estamos llamados a proclamar el mensaje de Dios, no nuestras opiniones o ideas. Si bien no somos profetas como Ezequiel, tenemos una Palabra segura de

Dios: las Sagradas Escrituras. Como mensajeros fieles de Dios, debemos tener cuidado de no alterar sus palabras o sustituirlas por las nuestras. Somos enviados a un mundo que está muriendo por falta de la verdad que nosotros poseemos. Nuestro papel es simplemente comunicar el mensaje salvador de Dios a quienes lo necesitan.

Participación de los alumnos

❷ ¿Qué temores u otras distracciones pueden impedir que la gente comunique la Palabra de Dios?

❷ ¿Cuáles son algunas de las formas en que las personas pueden tergiversar a Dios al agregar o restar de su Palabra?

Parte 3—Advertencia sobre un ministerio difícil

☐ «Come este rollo»   Ezequiel 2:9—3:3

Diga: A la mayoría de nosotros se nos enseñó desde niños a no hablar con la boca llena, pero en este pasaje Dios le ordena a Ezequiel llenar su boca para expresar las palabras de Dios y no las suyas. A nosotros, también, se nos ordena llenar nuestro ser con la Palabra de Dios. (Use el siguiente texto para profundizar los puntos que quiere destacar.)

Después de darle a Ezequiel su comisión profética, Dios le mostró otra visión, una mano extendida hacia él que sostenía un rollo (Ezequiel 2:9). En la época de Ezequiel, la mayoría de los rollos estaban escritos en papiro (aunque también se usaban rollos de cuero o pergaminos). Normalmente, tales rollos estaban escritos solo en el lado en que las fibras de la pulpa de papiro corrían horizontalmente. El reverso del rollo de papiro, donde las fibras corrían verticalmente, rara vez se usaba. El hecho de que este rollo tuviera escritura en ambos lados indica que el mensaje que contenía era extenso. De hecho, consistía de «cantos fúnebres, lamentos y declaraciones de condena» (2:10, NTV). Estas sombrías profecías probablemente fueron anuncios de juicio dirigidos al reino de Judá, que enfrentaba una destrucción y un exilio inminentes.

📑 Folleto – Recurso 2: Papiro–cómo se elabora

Distribuya la hoja de información. Repase brevemente el proceso de producción del papiro. Tenga en cuenta la dificultad de producir productos de escritura en los tiempos bíblicos en comparación con la actualidad, ya sea papiro o pergamino (pieles de animales: ovejas, terneros y cabras). Explique que el rollo que se le presentó a Ezequiel en su visión probablemente estaba hecho de papiro.

A Ezequiel se le dijo que comiera el rollo, este contenía la esencia de su mensaje a la nación (Ezequiel 3:1; véase también Jeremías 15:16; Apocalipsis 10:8–11). Al comerlo, Ezequiel estaría digiriendo el mensaje, haciéndolo parte de su propio ser.

Los cristianos de hoy también están llamados a «digerir» la Palabra de Dios para que nos transforme y se convierta en parte del tejido de nuestro ser. Aunque el mensaje de Ezequiel era severo, y sería un trago amargo para sus oyentes, «fue en mi boca dulce como miel» (Ezequiel 3:3). La dulzura de Dios preparó al profeta para la amargura y el rechazo de la oposición, y le permitió resistir. Nosotros también somos llamados a veces a proclamar mensajes que pueden parecer ofensivos para los oyentes, pero podemos pronunciarlos debido a la dulzura de la presencia de Dios que nos acompaña.

Participación de los alumnos

❓ Comparta un momento en que la Palabra de Dios fue «dulce como la miel» para usted.

❓ ¿De qué manera el digerir la Palabra de Dios lo ayuda a vivir para Cristo diariamente?

Folleto – Recurso 3: Descripciones visuales
Distribuya la hoja de trabajo y pida a los alumnos que la completen individualmente o en pequeños grupos. Comenten brevemente sus descripciones visuales y la pregunta que sigue.

Un profeta obstinado   Ezequiel 3:4–11

Diga: La obstinación casi siempre se considera un rasgo negativo. Sin embargo, a veces necesitamos ejercitar nuestro carácter, especialmente cuando luchamos por una causa justa. Dios le dio a Ezequiel un don especial de perseverancia que, en otro contexto, podría considerarse terquedad. (Use el siguiente texto para profundizar los puntos que quiere destacar.)

El Señor le advirtió a Ezequiel que sus compatriotas menospreciarían su mensaje: «No te envío a un pueblo de extranjeros que habla un idioma que no comprendes. No, no te envío a gente que habla un idioma extraño y difícil de entender. Si te enviara a esas personas, ¡ellas te escucharían!» (Ezequiel 3:5-6, NTV). De manera similar, Jesús testificó que «No hay profeta sin honra sino en su propia tierra, y entre sus parientes, y en su casa» (Marcos 6:4). A menudo es difícil para las personas recibir instrucción de alguien con quien están familiarizados, especialmente si no están acostumbrados a ver a esa persona como alguien con autoridad. Ezequiel estaba recibiendo el trato que Jesús recibió más tarde, como Aquel que «a lo suyo vino, y los suyos no le recibieron» (Juan 1:11).

Debido a que el mensaje de Ezequiel llegaría a oídos sordos y corazones duros, Dios le advirtió: «¡Pero los israelitas no te escucharán a ti como tampoco me escuchan a mí! Pues todos y cada uno de ellos son tercos y duros de corazón» (Ezequiel 3:7, NTV). Un pueblo obstinado necesitaba un profeta obstinado: «Mira, te he hecho tan obstinado y duro de corazón como ellos. ¡Endurecí tu frente tanto como la roca más dura!» (vv. 8,9, NTV). Un profeta debe preocuparse por las personas a quienes está llamado a alcanzar, más que por cómo le responderán. Si bien el pueblo se arrepentiría con el tiempo, Ezequiel no experimentó el apoyo y el respaldo del pueblo durante su vida. Los que hoy sirven al Señor deben comprender que tal vez no reciban recompensa o reconocimiento por su obediencia hasta que lleguen al cielo. Sin embargo, al final pueden saber que Dios dirá: «Bien hecho».

Participación de los alumnos

❷ El nombre de Ezequiel significa «Dios fortalece». ¿Cómo estuvo el profeta a la altura de su nombre en este libro?

❷ ¿Cómo cree que se sintió Ezequiel cuando se le dijo al comienzo de su ministerio que su mensaje sería rechazado?

¿Qué nos dice Dios?

Diga: Aunque nunca experimentaremos las asombrosas visiones que marcaron el llamado de Ezequiel al ministerio profético, nuestro servicio no es menos importante. Como Ezequiel, debemos alimentarnos de la Palabra de Dios y ser llenos del Espíritu Santo, resolviendo que no nos dejaremos intimidar por el desprecio del mundo. Debemos obedecer el plan de Dios en las buenas y en las malas. Dios no nos abandonará, sino que nos fortalecerá y empoderará.

Una enseñanza para la vida

🖥 El ministerio en acción

- ◼ Haga una lista de personas en su vida que necesitan a Cristo.
- ◼ Seleccione a una o más personas de la lista y acérquese a ellas con el amor de Dios y la verdad del evangelio.
- ◼ Determine amar y orar por cada una de estas personas, aunque resistan su esfuerzo por acercarse.

Lecturas bíblicas diarias

L Llamado a los primeros discípulos. Lucas 5:1–11

M Llamado a otros discípulos. Juan 1:43–51

M Llamado a los cansados. Mateo 11:25–30

J Llamado a la salvación. Hechos 2:36–41

V Recuento del llamado de Pablo. Hechos 22:6–16

S Llamado al ministerio fiel. 1 Timoteo 4:6–16

Se exige la responsabilidad moral

Texto para el estudio
Ezequiel 3:16–27; 18:1–32

Verdad central
Los seguidores de Jesucristo son responsables de andar en santidad.

🖥 Versículo clave
Ezequiel 18:32 (NTV)
No quiero que mueras, dice el SEÑOR Soberano. ¡Cambia de rumbo y vive!

Metas de la enseñanza

- Los alumnos reconocerán y afirmarán que Dios hace responsable a cada persona de sus elecciones espirituales.

- Los alumnos decidirán honrar a Dios en su vida, y elegirán la santidad y la obediencia.

- Los alumnos escudriñarán su vida y su corazón para descubrir si están escuchando la voz de Dios y respondiendo adecuadamente.

Introducción al estudio

Diga: La lección de hoy continúa explorando la importancia del llamado y el ministerio de Ezequiel en el oficio profético. En esta parte de la historia, el enfoque cambia a la responsabilidad—la responsabilidad de Ezequiel hacia las personas a las que fue llamado a alcanzar, y la responsabilidad individual de estas de regresar a Dios con arrepentimiento y obediencia en respuesta a las advertencias proféticas de Ezequiel.

Actividad inicial—Cuidado: peligro en la vía
Pregunte: *¿Qué advertencias comunes se le ocurren? Pueden ser advertencias que le da a los demás o advertencias a las que presta atención. Pueden provenir de otras personas o de la tecnología (como los semáforos amarillos).*

Diga: Con mucha seguridad usted y yo no somos profetas. Posiblemente nunca nos desempeñemos en ningún tipo de ministerio profético. Sin embargo, todos necesitamos visión espiritual para que podamos dar advertencias oportunas a quienes nos rodean y que desconocen los peligros espirituales inminentes. La pregunta es, ¿hablaremos y trataremos de llegar a otros, o nos quedaremos callados y nos conformaremos con nuestro propio sentido de seguridad al caminar con Dios? (Use el siguiente texto para profundizar los puntos que quiere destacar.)

El gran reformador Martín Lutero una vez dijo: «Usted no sólo es responsable de lo que dice, sino también de lo que no dice». Hay un tiempo para el silencio y un tiempo para hablar. Cuando otros enfrentan un grave peligro, o

3:16. Y aconteció que al cabo de los siete días vino a mí palabra de Jehová, diciendo:

17. Hijo de hombre, yo te he puesto por atalaya a la casa de Israel; oirás, pues, tú la palabra de mi boca, y los amonestarás de mi parte.

24. Entonces entró el Espíritu en mí y me afirmó sobre mis pies, y me habló, y me dijo: Entra, y enciérrate dentro de tu casa.

25. Y tú, oh hijo de hombre, he aquí que pondrán sobre ti cuerdas, y con ellas te ligarán, y no saldrás entre ellos.

26. Y haré que se pegue tu lengua a tu paladar, y estarás mudo, y no serás a ellos varón que reprende; porque son casa rebelde.

27. Mas cuando yo te hubiere hablado, abriré tu boca, y les dirás: Así ha dicho Jehová el Señor: El que oye, oiga; y el que no quiera oír, no oiga; porque casa rebelde son.

18:1. Vino a mí palabra de Jehová, diciendo:

2. ¿Qué pensáis vosotros, los que usáis este refrán sobre la tierra de Israel, que dice: Los padres comieron las uvas agrias, y los dientes de los hijos tienen la dentera?

3. Vivo yo, dice Jehová el Señor, que nunca más tendréis por qué usar este refrán en Israel.

4. He aquí que todas las almas son mías; como el alma del padre, así el alma del hijo es mía; el alma que pecare, esa morirá.

29. Si aún dijere la casa de Israel: No es recto el camino del Señor; ¿no son rectos mis caminos, casa de Israel? Ciertamente, vuestros caminos no son rectos.

30. Por tanto, yo os juzgaré a cada uno según sus caminos, oh casa de Israel, dice Jehová el Señor. Convertíos, y apartaos de todas vuestras transgresiones, y no os será la iniquidad causa de ruina.

31. Echad de vosotros todas vuestras transgresiones con que habéis pecado, y haceos un corazón nuevo y un espíritu nuevo. ¿Por qué moriréis, casa de Israel?

32. Porque no quiero la muerte del que muere, dice Jehová el Señor; convertíos, pues, y viviréis.

(Nota: La lectura en la clase incluye solo una selección de los versículos del trasfondo de la lección.)

cuando van por un camino peligroso, no debemos callar. En los pasajes que estudiaremos en esta lección, Dios inculcó en Ezequiel su responsabilidad de advertir a las personas cuando estas se acercaban al desastre espiritual a través de su comportamiento. Esta advertencia también se aplica a nosotros. ¿Qué responsabilidad tenemos de advertir a nuestros amigos, familiares y vecinos descarriados?

Parte 1—Advertencia de muerte inminente

☐ **Nombrado para vigilar y advertir**   Ezequiel 3:16–21

Diga: En una situación de emergencia, cualquier persona que sepa algo que es vital para la seguridad de la comunidad está obligada a compartir esa información. Esto también es cierto en el sentido espiritual. En Ezequiel 3, vemos que esta fue la responsabilidad que Dios le dio a Ezequiel cuando llamó al profeta a ser un atalaya para los exiliados de Judá. (Use el siguiente texto para profundizar los puntos que quiere destacar.)

Siete días después de su visión inaugural, Dios le habló nuevamente a Ezequiel. Esta vez el Señor le recalcó que su ministerio sería similar al trabajo de un atalaya o vigilante (Ezequiel 3:16,17). En el mundo antiguo, era deber del atalaya pararse sobre el muro de la ciudad, o en otro lugar estratégico, y estar atento a las señales de peligro inminente. Si el atalaya detectaba peligro, era su responsabilidad dar la voz de alarma para que los habitantes y sus líderes pudieran unirse y defender la ciudad. Si, por alguna razón, un vigilante sabía, o debería haber sabido, que se estaba produciendo un ataque y no hacía nada para alertar a la ciudad, era responsable de la pérdida de vidas y del posible desastre militar.

Dios le dijo a Ezequiel que había hecho de él un atalaya espiritual para el pueblo, y que si no le advertía cuando se acercara el peligro, sería responsable de las vidas que se perdieran. Por el contrario, si daba la alarma y el pueblo no escuchaba, entonces las muertes estarían en las manos de estos. La responsabilidad del atalaya era vigilar y advertir. La responsabilidad del pueblo era escuchar al atalaya y actuar en consecuencia (vv. 18,19).

Todo creyente está llamado a advertir a aquellos en su círculo de influencia de los peligros del pecado. ¿Cuántos de nosotros encontramos hombres y mujeres que necesitan el evangelio, pero nunca les advertimos del peligro espiritual? ¿Hasta qué punto somos responsables de compartir el evangelio de Jesucristo con nuestros amigos y compañeros de trabajo? Sin embargo, como vemos en Ezequiel, los pecadores no son los únicos que necesitan una advertencia. El Señor exhortó a Ezequiel a que también advirtiera a los justos que se desvían del camino correcto. «Si los justos se desvían de su conducta recta y no hacen caso a los obstáculos que pongo en su camino, morirán» (Ezequiel 3:20, NTV). Los creyentes son responsables de sus decisiones desastrosas si abandonan a Dios y aceptan el pecado.

Folleto – Recurso 1: Características de los atalayas
Distribuya la hoja de trabajo y pida que alguien lea los pasajes asociados con cada característica. Comente la trascendencia de esa característica en la vida diaria.

Participación de los alumnos

❷ ¿Cuáles son algunas razones de que la gente a veces se muestra reacia a hablar con alguien sobre su estilo de vida a pesar de que saben que la persona está al borde del desastre?

❷ Comparta una experiencia personal en la que alguien le advirtió de un problema del cual no era consciente y, al hacerlo, evitó que sufriera perjuicios.

En espera del mensaje   Ezequiel 3:22–27

Diga: Comunicar el mensaje de Dios es una gran responsabilidad. Aquellos que asumen esta responsabilidad deben de tener cuidado de que el mensaje que anuncien sean las palabras de Dios y no las suyas propias. (Use el siguiente texto para profundizar los puntos que quiere destacar.)

Después de encargarle a Ezequiel que cumpliera fielmente su papel de atalaya, el Señor le dio su primera tarea: «Entra, y enciérrate dentro de tu casa» (Ezequiel 3:24). Lo que sigue es una descripción de una circunstancia inusual para un profeta. Dios haría que Ezequiel enmudeciera y no pudiera hablar con la gente a la que había sido enviado (v. 26). Sin embargo, Dios le aseguró, que cuando fuera el momento adecuado, «abriré tu boca, y les dirás» (Ezequiel 3:27). Este fue un mensaje poderoso. Ezequiel no debía hablar extemporáneamente, desde su propio corazón o según su propio criterio. Debía esperar una palabra de Dios. De esa manera, cada vez que Ezequiel hablara, lo haría con la autoridad que acompañaba a las palabras de Dios.

Participación de los alumnos

❷ ¿Cuáles son algunas razones de que la gente debe ser cautelosa cuando presume hablar en nombre de Dios?

❷ ¿Cuáles son algunas pautas que podemos seguir cuando no estamos seguros de si debemos hablar sobre un tema o, más bien, guardar silencio?

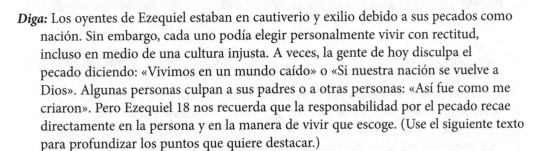

Parte 2—El principio de la responsabilidad individual

☐ **La justicia recompensada**   **Ezequiel 18:1–9**

Diga: Los oyentes de Ezequiel estaban en cautiverio y exilio debido a sus pecados como nación. Sin embargo, cada uno podía elegir personalmente vivir con rectitud, incluso en medio de una cultura injusta. A veces, la gente de hoy disculpa el pecado diciendo: «Vivimos en un mundo caído» o «Si nuestra nación se vuelve a Dios». Algunas personas culpan a sus padres o a otras personas: «Así fue como me criaron». Pero Ezequiel 18 nos recuerda que la responsabilidad por el pecado recae directamente en la persona y en la manera de vivir que escoge. (Use el siguiente texto para profundizar los puntos que quiere destacar.)

Ezequiel desafió una idea que era popular entre los exiliados de Judá, la noción de que estaban sufriendo por los pecados de sus antepasados y no por los suyos propios. Esta idea se resumía en un proverbio conciso que decía: «Los padres comieron las uvas agrias, y los dientes de los hijos tienen la dentera» (Ezequiel 18:2). Tal idea no carecía de fundamento. La Torá misma declaraba que Dios «[visita] la maldad de los padres sobre los hijos hasta la tercera y cuarta generación de los que me aborrecen» (Éxodo 20:5). De hecho, el exilio fue la culminación de generaciones de rebelión y elecciones pecaminosas. En 2 Reyes, el Señor respondió a los pecados del malvado rey Manasés con una amenaza ominosa: «yo traigo tal mal sobre Jerusalén y sobre Judá, que al que lo oyere le retiñirán ambos oídos» (2 Reyes 21:12). Y aunque Josías, nieto de Manasés, fue quizás el más piadoso de los reyes de Judá y llevó a cabo una renovación completa de la vida espiritual de Judá, esto no cambiaría la opinión de Dios sobre el castigo que había jurado enviar. «Con todo eso, Jehová no desistió del ardor con que su gran ira se había encendido contra Judá, por todas las provocaciones con que Manasés le había irritado. Y dijo Jehová: «También quitaré de mi presencia a Judá, como quité a Israel, y desecharé a esta ciudad que había escogido, a Jerusalén, y a la casa de la cual había yo dicho: Mi nombre estará allí»» (2 Reyes 23:26,27).

Sin embargo, aunque el exilio fue un juicio colectivo, provocado por los pecados de varias generaciones, esto no significaba que la generación actual fuera inocente o que estuviera sufriendo por los pecados de otros y no por los suyos propios. Las generaciones anteriores habían pecado y habían provocado al Señor, pero esta generación había agregado sus propios pecados a los que se habían cometido antes.

No obstante, Dios también llamó a Ezequiel para anunciarles que incluso en medio del castigo colectivo, Él todavía ofrecía la promesa de vida (Ezequiel 18:5–9). Dios se comprometió a dar vida a cada hebreo que rechazara la idolatría, la inmoralidad sexual, la injusticia y la violencia. En otras palabras, cada persona podía decidir que obedecería sus mandamientos y seguiría a Dios fielmente.

Todos nos vemos afectados por las decisiones tomadas por otros, ya sea en nuestra familia o en la sociedad en general, pero esto no nos deja sin esperanza, ni tampoco significa que Dios no pueda bendecirnos a pesar de nuestros antepasados o de nuestras experiencias pasadas. Cualesquiera que sean nuestras circunstancias, la salvación siempre es posible para aquellos que responden con fe y obediencia a la oferta de vida que Dios extiende a través de las buenas nuevas de Jesucristo.

Participación de los alumnos

❷ ¿Cómo puede la gente romper el ciclo de pecado que afecta a su familia o su cultura?

❷ ¿Por qué somos responsables de los pecados individuales aun en un mundo muy pecaminoso?

🖥 ☐ La próxima generación   Ezequiel 18:10–18

Diga: Si bien es cierto que uno puede vivir una vida cristiana confiando en Dios y alejándose de los pecados de nuestros antepasados y nuestra cultura, lo contrario también es cierto. Es posible criarse en un buen hogar cristiano y en un ambiente eclesiástico saludable y, sin embargo, alejarse de Dios. (Use el siguiente texto para profundizar los puntos que quiere destacar.)

En Ezequiel 18:10–18, Dios le recordó a su pueblo a través de Ezequiel que cada individuo en cada generación toma una decisión personal acerca de servir a Dios o rebelarse contra Él. Tener padres rectos no garantiza la justicia para la próxima generación, ni tener padres injustos significa que uno está condenado a vivir separado de Dios. Cada persona toma su propia decisión acerca de aceptar la salvación y la vida ofrecidas por Jesucristo.

Folleto – Recurso 2: Distinguiendo entre la Ley y el Evangelio
Divida la clase en pequeños grupos. Pida a los alumnos que completen el ejercicio en la hoja de trabajo. Analicen si el mensaje de Ezequiel 18 es principalmente la ley o el evangelio. Tome nota de cómo los dos conceptos, la ley y el evangelio, se relacionan entre sí. Enfatice que, como creyentes, reconocemos tanto la responsabilidad personal como la esperanza futura.

Participación de los alumnos

❷ ¿Cuál es la responsabilidad espiritual de los padres y abuelos cristianos respecto a las decisiones de vida de sus hijos y nietos?

❷ ¿Cómo nos da paz y consuelo la gracia de Dios cuando vemos a nuestros seres queridos alejarse de Él?

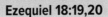
Diga: En la época medieval, un príncipe solía tener un «niño de los azotes» que recibía el castigo corporal que merecía el noble por no cumplir con sus deberes. La injusticia de tal arreglo es obvia. En nuestros tiempos, casi en cada cultura se entiende instintivamente que ningún ser humano debería ser castigado por las acciones reprochables de otra persona. (Use el siguiente texto para profundizar los puntos que quiere destacar.)

A lo largo de la historia de la humanidad, las personas han sido castigadas o perseguidas por pertenecer a un grupo en particular. En tiempos de crisis o guerra, a menudo se identificaba a los miembros de una determinada raza, etnia o clase social como una amenaza, y ciertos grupos se sentían justificados para castigar a los seres humanos que eran percibidos como una amenaza. En Estados Unidos, tanto durante la Primera Guerra Mundial como durante la Segunda Guerra Mundial, las personas que compartían la herencia familiar o ancestral con naciones identificadas como enemigos a veces eran tratadas con sospecha o incluso discriminadas debido a su conexión, por remota que fuera, con esas naciones. De manera similar, el pueblo judío ha sido perseguido en Europa y en otros lugares por culparlos de la crucifixión de Cristo, un hecho con el que personalmente no tenían nada que ver, pero que se atribuyó a sus antepasados.

Claramente, es injusto castigar a las personas por los actos de otros—aunque estén asociados con los transgresores de alguna manera. Ezequiel 18:19,20 enfatiza la justicia y la misericordia de Dios al insistir en que Él no castiga a nadie por lo que sus antepasados hayan hecho. Dios ciertamente castiga el pecado, pero no castiga a nadie por las malas acciones de otra persona. En cambio, declara: «El alma que pecare, esa morirá; el hijo no llevará el pecado del padre, ni el padre llevará el pecado del hijo; la justicia del justo será sobre él, y la impiedad del impío será sobre él» (Ezequiel 18:20). Dios responsabiliza a cada persona de sus actos. Cuando estemos ante Dios en el Día del Juicio, recibiremos lo que justamente merecemos por las obras realizadas en nuestra vida (2 Corintios 5:10). No seremos perdonados porque venimos de una familia o nación cristiana, y no seremos condenados por lo malo que haya hecho cualquier otra persona, grupo o clase con la que podamos estar conectados.

Si bien la Biblia ciertamente enseña que todos somos pecadores por naturaleza, y que todos, de hecho, hemos pecado y estamos destituidos de la gloria de Dios (Romanos 3:23), también claramente enseña que cada uno de nosotros es juzgado por sus propios pecados, y no por los de nuestro primer antepasado. En la obra de Shakespeare, *Enrique V*, un soldado afirma que el rey es responsable de las fechorías que cometen sus hombres en la batalla, a lo que el rey responde con el siguiente argumento: «El deber de todo súbdito es del rey, pero el alma de todo súbdito es suya propia» (*Enrique V*, Acto 4, Escena 1). De hecho, Dios le dijo a los exiliados, y a cada uno de nosotros, a través de Ezequiel: «El alma que pecare, esa morirá; el hijo no llevará el pecado del padre, ni el padre llevará el pecado del hijo; la justicia del justo será sobre él, y la impiedad del impío será sobre él» (Ezequiel 18:20).

Participación de los alumnos

❷ ¿Cuál es la relación entre el principio de la responsabilidad individual y la declaración de Pablo: «todo lo que el hombre sembrare, eso también segará» (Gálatas 6:7)?

❷ ¿Qué hay de malo en la culpa por asociación?

🖵 ☐ **El pasado no determina el futuro**   **Ezequiel 18:21–32**

Diga: Nuestra relación con Dios nunca es estática. Si por alguna razón, nuestra comunión con Él se ha interrumpido, la puerta siempre está abierta para nuestro regreso; por otro lado, si nos alejamos de Dios y elegimos el camino del pecado, no debemos suponer que Dios pasará por alto nuestra decisión. (Use el siguiente texto para profundizar los puntos que quiere destacar.)

Ezequiel continuó su explicación de la justicia de Dios al declarar que las acciones pasadas de uno no determinarían definitivamente el futuro de una persona. Dios evaluaría a su pueblo en base a las decisiones que tomaran en el futuro. «El impío, si se apartare de todos sus pecados que hizo, y guardare todos mis estatutos e hiciere según el derecho y la justicia, de cierto vivirá; no morirá. Todas las transgresiones que cometió, no le serán recordadas; en su justicia que hizo vivirá» (Ezequiel 18:21,22). Por otro lado, «Apartándose el justo de su justicia, y haciendo iniquidad, él morirá por ello; por la iniquidad que hizo, morirá» (Ezequiel 18:26).

Hay dos conclusiones principales de estas declaraciones. Primero, los pecadores no deben ceder a la desesperación. Lo que han hecho en el pasado no tiene por qué afectar el futuro. Si se vuelven a Dios con un corazón sincero, Él los recibirá con bondad y les permitirá volver a comenzar con borrón y cuenta nueva. Pablo lo expresó de esta manera: «De modo que si alguno está en Cristo, nueva criatura es; las cosas viejas pasaron; he aquí todas son hechas nuevas» (2 Corintios 5:17). Como el padre en la parábola del hijo pródigo (Lucas 15:11–32), Dios se regocija cuando sus hijos perdidos vuelven a casa. A la inversa, aquellos que son justos deben tener cuidado de no volverse autocomplacientes o creer que su justicia pasada los protegerá del castigo divino cuando elijen el camino del pecado.

En su primera epístola a los Corintios, Pablo escribió acerca de los cristianos que creían que por haber sido bautizados y haber participado en la Santa Cena, podían pecar sin temor. En el capítulo 10, le recordó a estos creyentes mal informados que, en el Antiguo Testamento, Dios castigó a Israel por sus pecados a pesar de que habían sido «bautizados» al pasar por el mar (vv. 1,2) y habían comido alimento espiritual y satisficieron su sed con bebida espiritual similares al maná y al agua de la roca (vv. 3–5). Pablo resumió su exhortación con la advertencia: «Si ustedes piensan que están firmes, tengan cuidado de no caer» (v. 12, NTV). Básicamente, es el creyente que persevera en la fe hasta el fin el que será salvo.

📑 **Folleto – Recurso 3: Ezequiel 18 para hoy**
Distribuya el recurso a la clase. Como grupo, motívelos a pensar cómo este capítulo se aplica a nuestra vida hoy. Asigne tiempo suficiente para comentar este asunto a fondo.

Participación de los alumnos

❓ Dios no trata nuestras acciones pasadas, ya sean buenas o malas, como determinantes de nuestro futuro. Un cambio para bien o para mal impactará nuestra posición con Él. ¿Es eso reconfortante o aleccionador para usted? Explique.

❓ ¿Puede pensar en una persona o un grupo de personas en las Escrituras que empezaron mal o bien, pero terminaron en una condición opuesta? Explique la Escritura.

¿Qué nos dice Dios?

Diga: Aunque vivimos en una cultura que está lejos de ser piadosa, Dios nos ama a cada uno de nosotros y nos ofrece la oportunidad de aceptar a su Hijo, Jesús, y de vivir para Él. Como creyentes, hemos sido llamados a ser atalayas para quienes nos rodean, tanto dentro de la iglesia como fuera de ella. Nuestro deber es advertir de las consecuencias de la rebelión contra Dios. Nuestro Señor nos llama a dejar nuestra pasividad y desconexión de la realidad y, en cambio, hablar la verdad, en amor, a quienes necesitan escucharla.

Una enseñanza para la vida

🖥 El ministerio en acción

- Evalúe su lugar en su familia y en la comunidad. ¿Está influyendo para que otros conozcan a Jesús?
- Ore por los líderes a todo nivel: que reconozcan a Cristo como Salvador y busquen la sabiduría de Dios en su liderazgo.
- Examine su actitud y su estilo de vida para determinar si está abriendo la puerta a comportamientos que no agradan a Dios.

Lecturas bíblicas diarias

L Leyes contra la idolatría.
Éxodo 20:1–6

M Leyes contra la opresión.
Éxodo 22:21–24

M Leyes contra la usura.
Éxodo 22:25–27

J Prohibición del adulterio.
Mateo 5:27–32

V Atención a los necesitados.
Mateo 25:31–40

S Prohibición de la parcialidad.
Santiago 2:1–8

22 de mayo, 2022

LECCIÓN
12

El buen Pastor

Texto para el estudio
Ezequiel 34:1–31

Verdad central
Jesucristo es el buen Pastor, que se preocupa por sus ovejas.

📖 Versículo clave
Ezequiel 34:16
Yo buscaré la perdida, y haré volver al redil la descarriada; vendaré la perniquebrada, y fortaleceré la débil; mas a la engordada y a la fuerte destruiré; las apacentaré con justicia.

Metas de la enseñanza
- Los alumnos comprenderán que Cristo, nuestro buen Pastor, es el ejemplo verdadero y perfecto del liderazgo piadoso.
- Los alumnos confiarán en Jesús para ser el buen Pastor de su vida.
- Los alumnos demostrarán la justicia de Cristo a través de sus palabras y acciones.

Introducción al estudio

Diga: En la lección anterior, aprendimos que Dios responsabiliza individualmente a todas las personas por sus actos. En esta lección, Dios critica a los pastores o líderes de Israel por abusar de su posición de poder. Al hacerlo, vemos la gran promesa de Dios del buen Pastor, Jesucristo, quien cuidará de sus ovejas.

Actividad inicial—El Señor: Nuestro modelo de pastor
Lea en voz alta el Salmo 23. Pregunte: *¿Cuáles son algunas de las formas en que Dios es como un pastor, según se describe en este salmo?*

Diga: En el Salmo 23, el Señor describe para nosotros lo que un verdadero pastor debe hacer. En esta descripción se nos recuerda que nuestros pastores humanos, como líderes espirituales son responsables del bienestar de las ovejas que Dios ha puesto a su cuidado. (Use el siguiente texto para profundizar los puntos que quiere destacar.)

Dios se preocupa por su pueblo como un pastor se preocupa por su rebaño. Es el ejemplo perfecto de lo que debería ser un pastor. Como Gran Pastor, Dios no tolera a los que abusan de sus ovejas y las maltratan. En Ezequiel 34, el Señor reprendió a los pastores humanos, o líderes, de Israel por ser negligentes y egoístas en sus deberes, sólo cuidando de sí mismos. Si bien Dios hablaba específicamente a los líderes, debemos ser conscientes de que Él espera que todos los creyentes ejemplifiquen lo que es servir y cuidar a quienes nos rodean, especialmente a los necesitados.

Los hombres son los pastores de su casa

Introducción

2. Hijo de hombre, profetiza contra los pastores de Israel; profetiza, y di a los pastores: Así ha dicho Jehová el Señor: ¡Ay de los pastores de Israel, que se apacientan a sí mismos! ¿No apacientan los pastores a los rebaños?

3. Coméis la grosura, y os vestís de la lana; la engordada degolláis, mas no apacentáis a las ovejas.

9. por tanto, oh pastores, oíd palabra de Jehová.

10. Así ha dicho Jehová el Señor: He aquí, yo estoy contra los pastores; y demandaré mis ovejas de su mano, y les haré dejar de apacentar las ovejas; ni los pastores se apacentarán más a sí mismos, pues yo libraré mis ovejas de sus bocas, y no les serán más por comida.

11. Porque así ha dicho Jehová el Señor: He aquí yo, yo mismo iré a buscar mis ovejas, y las reconoceré.

12. Como reconoce su rebaño el pastor el día que está en medio de sus ovejas esparcidas, así reconoceré mis ovejas, y las libraré de todos los lugares en que fueron esparcidas el día del nublado y de la oscuridad.

16. Yo buscaré la perdida, y haré volver al redil la descarriada; vendaré la perniquebrada, y fortaleceré la débil; mas a la engordada y a la fuerte destruiré; las apacentaré con justicia.

17. Mas en cuanto a vosotras, ovejas mías, así ha dicho Jehová el Señor: He aquí yo juzgo entre oveja y oveja, entre carneros y machos cabríos.

18. ¿Os es poco que comáis los buenos pastos, sino que también holláis con vuestros pies lo que de vuestros pastos queda; y que bebiendo las aguas claras, enturbiáis además con vuestros pies las que quedan?

19. Y mis ovejas comen lo hollado de vuestros pies, y beben lo que con vuestros pies habéis enturbiado.

20. Por tanto, así les dice Jehová el Señor: He aquí yo, yo juzgaré entre la oveja engordada y la oveja flaca,

21. por cuanto empujasteis con el costado y con el hombro, y acorneasteis con vuestros cuernos a todas las débiles, hasta que las echasteis y las dispersasteis.

22. Yo salvaré a mis ovejas, y nunca más serán para rapiña; y juzgaré entre oveja y oveja.

23. Y levantaré sobre ellas a un pastor, y él las apacentará; a mi siervo David, él las apacentará, y él les será por pastor

(Nota: La lectura en la clase incluye solo una selección de los versículos del trasfondo de la lección.)

Folleto – Recurso 1: Las tareas de un pastor
Distribuya la hoja de información y, como clase, discutan las formas en que las tareas de un líder en una iglesia son similares a las tareas de un pastor que se describen.

Parte 1—Pastores malvados descritos y juzgados

☐ **Los pastores negligentes son condenados** — Ezequiel 34:1–9

Diga: Jesús dijo: «A todo aquel a quien se haya dado mucho, mucho se le demandará» (Lucas 12:48). Aquellos que ocupan puestos de privilegio y son responsables de usar esos cargos para el bien de los que están a su cargo. Imagínese cómo se sintió Ezequiel cuando Dios le dio el mensaje de profetizar contra los «pastores» de Israel.

Seguramente quería estar absolutamente seguro de que estaba escuchando a Dios, porque profetizar contra el liderazgo ciertamente sería arriesgado. (Use el siguiente texto para profundizar los puntos que quiere destacar.)

En el mundo antiguo fuera de la Biblia, el término pastor era a menudo un título real que se aplicaba a los reyes, ya que eran responsables del bienestar de sus naciones. Un ejemplo es el conocido y antiguo rey babilónico Hammurabi. No es difícil entender por qué sería así, y el hecho de que la gente en general viera esta conexión es un buen recordatorio del valor del papel de pastor que cumple un líder. Por lo tanto, no debería sorprendernos que el título, «pastor», se aplique a David en su papel de rey: «Jehová te ha dicho: "Tú apacentarás a mi pueblo Israel, y tú serás príncipe sobre Israel"» (2 Samuel 5:2). El término «pastor» se aplicó a todos los reyes de Israel (diecinueve reyes) y Judá (veinte reyes). Como pastor, cada rey era responsable del bienestar espiritual y temporal del pueblo de Dios. Por extensión, este título se aplicaba a toda la clase gobernante del antiguo Israel, incluida la burocracia real, magistrados, recaudadores de impuestos, sacerdotes, etc. Estos personajes tenían la tarea de preservar la justicia y la equidad en el sistema legal y social.

Lamentablemente, el comportamiento de la clase dominante israelita a menudo se caracterizaba por la injusticia y la opresión en vez de la justicia y la misericordia (véase Isaías 5:7). De manera similar, Ezequiel los acusó de engordar en el abrevadero público mientras las ovejas se empobrecían y pasaban hambre (Ezequiel 34:1–9). Estas violaciones traerían consecuencias: «¡Ay de los pastores de Israel, que se apacientan a sí mismos! ¿No apacientan los pastores a los rebaños?» (Ezequiel 34:2). Ezequiel también los acusó de gobernar al pueblo con mucha dureza en vez de hacerlo con bondad y solicitud. «No fortalecisteis las débiles, ni curasteis la enferma; no vendasteis la perniquebrada, no volvisteis al redil la descarriada, ni buscasteis la perdida, sino que os habéis enseñoreado de ellas con dureza y con violencia» (Ezequiel 34:4).

Como resultado del mal gobierno, el pueblo se había dispersado como ovejas sin pastor. Esta dispersión no es solo metafórica. La delincuencia de los pastores había llevado a que muchos del pueblo de Dios (incluido Ezequiel) fueran enviados al exilio. Sin embargo, los pastores no buscaron a la oveja descarriada como lo haría un buen pastor. Se preocuparon por las ovejas sólo en la medida en que pudieran enriquecerse a sus expensas.

Participación de los alumnos

❷ ¿En qué se diferenciaba el comportamiento de estos pastores gobernantes de Israel del Pastor modelo descrito en el Salmo 23?

❷ ¿De qué maneras condena Dios a los «pastores» negligentes en la cultura actual?

Los pastores negligentes son juzgados   Ezequiel 34:10

Diga: Santiago, el medio hermano de Jesús, advirtió a sus lectores: «No os hagáis maestros muchos de vosotros, sabiendo que recibiremos mayor condenación» (Santiago 3:1). Aquellos en posiciones de responsabilidad están sujetos a un estándar más alto que otros. Si hacen mal uso de su cargo, Dios los hará responsables. Eso era cierto respecto a los líderes de Israel. (Use el siguiente texto para profundizar los puntos que quiere destacar.)

Dios se comprometió a responsabilizar de sus acciones a los que habían descuidado a su pueblo (Ezequiel 34:10). No especificó qué tipo de castigo se aplicaría a estos pastores, pero otras Escrituras también indican que aquellos que abusan del rebaño del Señor y se aprovechan de él enfrentarán serias consecuencias. En el evangelio de Lucas, Jesús se refirió a la responsabilidad de aquellos a quienes se les ha confiado el bienestar del reino de Dios: «Si aquel siervo dijere en su corazón: Mi señor tarda en venir; y comenzare a golpear a los criados y a las criadas, y a comer y beber y embriagarse, vendrá el señor de aquel siervo en día que éste no espera, y a la hora que no sabe, y le castigará duramente, y le pondrá con los infieles…. Mas el que sin conocerla [la voluntad de su señor] hizo cosas dignas de azotes, será azotado poco; porque a todo aquel a quien se haya dado mucho, mucho se le demandará; y al que mucho se le haya confiado, más se le pedirá» (Lucas 12:45,46,48).

Aquellos del pueblo de Dios que buscan posiciones de poder y responsabilidad en la iglesia deben hacerlo con buen juicio, entendiendo que Dios les pedirá que rindan cuenta de la manera en que ejercen los cargos que se les han confiado. Deben tener presente que el Señor dijo que quitaría a los pastores falsos de sus puestos, rescatando así a sus ovejas del gobierno corrupto.

Participación de los alumnos

❷ ¿Por qué a los líderes de la iglesia se los sujeta a estándares de conducta más altos que a aquellos en su congregación?

❷ Lea 1 Pedro 5:1–4. ¿Cómo contrastan las instrucciones en estos versículos con el comportamiento de los pastores de Israel?

Parte 2—Ovejas malvadas descritas y juzgadas

☐ **No solo los líderes eran malvados**   **Ezequiel 34:17–19**

Diga: Para que no lleguemos a la conclusión de que las únicas personas a las que se juzga en Ezequiel 34:17–19 eran los que estaban en el liderazgo, debemos tener en cuenta que cada ser humano es responsable de verlar por el bienestar de su prójimo. La riqueza es una bendición que puede convertirse en maldición si la usamos de manera indebida, o creemos erróneamente que nos otorga el derecho de hacer lo que nos plazca. Las bendiciones de Dios están destinadas a ser compartidas, no explotadas. (Use el siguiente texto para profundizar los puntos que quiere destacar.)

La denuncia de Ezequiel de la sociedad israelita no se detuvo con su crítica a los gobernantes y su conducta. Prosiguió a condenar la manera en que se trataba la gente común. Dios prometió juzgar, «[separando] carneros y machos cabríos» (Ezequiel 34:17); o como lo expresa la Nueva Traducción Viviente: «separaré a la ovejas de las cabras». La redacción en ambas versiones es lo suficientemente cercana y nos permite escuchar el eco de otro pasaje donde Dios también juzga. En Mateo 25:31–46, Jesús nos dijo que, al final de la era, Dios separará «las ovejas de los cabritos» (o «las ovejas de las cabras», NTV). Explicó que las ovejas y los cabritos se diferencian por la manera en que tratan a los demás. En términos inequívocos, dijo: «En cuanto lo hicisteis a uno de estos mis hermanos más pequeños, a mí lo hicisteis» (v. 40; véanse vv. 37–39). A través de Ezequiel,

Dios acusó a los «cabritos» de tomar «los mejores pastizales» para sí mismos (Ezequiel 34:18, NTV). Es decir, los ricos eran culpables de acaparar las mejores tierras de cultivo, dejando lo que quedaba a los pobres.

El profeta Isaías lanzó una crítica similar contra los ricos de su época: «¡Ay de los que juntan casa a casa, y añaden heredad a heredad hasta ocuparlo todo! ¿Habitaréis vosotros solos en medio de la tierra?» (Isaías 5:8). Dios cuida de los pobres y está atento a cualquier injusticia que se cometa contra ellos. Los ricos de Israel no solo se estaban apoderando egoístamente de la mejor tierra, sino que estaban usando en formas que eran dañinas para los pobres el poder que les confería su aventajada posición económica. Ezequiel clamó: «¿Os es poco que comáis los buenos pastos, sino que también holláis con vuestros pies lo que de vuestros pastos queda; y que bebiendo las aguas claras, enturbiáis además con vuestros pies las que quedan? Y mis ovejas comen lo hollado de vuestros pies, y beben lo que con vuestros pies habéis enturbiado» (vv. 18,19). Debido a la codicia y la falta de preocupación por el bienestar de los demás, los ricos de esa sociedad habían aumentado las cargas y las dificultades de los pobres.

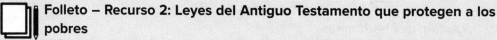

Folleto – Recurso 2: Leyes del Antiguo Testamento que protegen a los pobres

Pida a varias personas que lean en voz alta su resumen de uno o dos de los pasajes enumerados. Luego, analice cómo vemos la obediencia a estos pasajes en la cultura actual.

Participación de los alumnos

❷ ¿Cuál es la responsabilidad de la Iglesia hacia los pobres en el mundo actual?

❷ ¿Qué cosas prácticas pueden y deben hacer los creyentes para satisfacer las necesidades de los menos afortunados en sus comunidades?

La oveja «engordada» es juzgada   **Ezequiel 34:20–22**

Diga: Es tentador ignorar las necesidades que nos rodean, tal vez incluso poniendo excusas por nuestra falta de preocupación, pero Dios conoce nuestro corazón y protege a los vulnerables. Proverbios 22:22,23 (NTV) dice: «No le robes al pobre tan solo porque puedes hacerlo, ni saques provecho de los necesitados en la corte, porque el Señor es su defensor. Él destruirá a todo el que los destruya». (Use el siguiente texto para profundizar los puntos que quiere destacar.)

En respuesta al maltrato que recibían las ovejas, Dios juzgaría «entre la oveja engordada y la oveja flaca» (v. 20). Lo más probable es que la «oveja engordada» representara a los ricos de la sociedad israelita, y la «oveja flaca» representara a los pobres. En otras palabras, Dios haría responsables a los ricos por el maltrato a los pobres y débiles de la sociedad.

Cuando nos encontramos con personas necesitadas, ya sea que estemos o no en una posición de liderazgo espiritual, tenemos la responsabilidad de expresar nuestro amor por Jesús mostrando compasión hacia aquellos por quienes Él se dio a sí mismo. Debemos imitar el corazón compasivo de Cristo defendiendo a quienes son vulnerables a la explotación, incluidos, entre otros, los no natos, los ancianos, los enfermos y los discapacitados.

Y nunca debemos ceder en un sistema que permite que las personas sean tratadas como prescindibles. Aquellos que son fuertes «[deben] soportar las flaquezas de los débiles» (Romanos 15:1).

Participación de los alumnos

❷ ¿Qué excusas ha escuchado para la indeferencia y la falta de preocupación por los necesitados?

❷ ¿De qué manera nuestra actitud hacia los necesitados refleja nuestra actitud hacia Cristo (véase Mateo 25:31–40)?

Parte 3—Descripción del buen Pastor

☐ **El Pastor divino**   **Ezequiel 34:11–16**

Diga: Isaías dijo que, cuando Dios viniera a rescatar a su pueblo dispersado en el exilio babilónico, «Como pastor apacentará su rebaño; en su brazo llevará los corderos, y en su seno los llevará; pastoreará suavemente a las recién paridas» (Isaías 40:11). Esta promesa contrastaba profundamente con los pastores terrenales de Israel. (Use el siguiente texto para profundizar los puntos que quiere destacar.)

A partir de Ezequiel 34:11, el profeta se centró en los planes del verdadero Pastor de Israel, el Señor mismo. Dado que los pastores humanos habían dispersado el rebaño, Dios mismo se haría cargo de asumir el papel de estos. Él sería el verdadero Pastor, reuniéndolas de todos los lugares donde habían ido dispersas, a fin de «[darles] un lugar para que se recuesten en paz» (v. 15, NTV). Al igual que el pastor en la parábola de Jesús (Lucas 15:3–7), el Señor le dijo a Ezequiel: «Encontraré mis ovejas y las rescataré de todos los lugares por donde fueron esparcidas ese día oscuro y nublado» (Ezequiel 34:12, NTV). «Esparcidas» en este pasaje alude al pueblo de Dios en el exilio (de los cuales Ezequiel fue uno). Fue la mala conducta de los falsos pastores lo que provocó el exilio babilónico, y el verdadero Pastor de las ovejas prometió que un día las reuniría y las devolvería a su tierra natal. Habló de darles «buenos pastizales en las altas colinas de Israel» y las haría descansar en «lugares agradables» y «con abundantes pastizales verdes» (v. 14, NTV; véase también Salmo 23).

Esta descripción no es diferente del buen pastor de quien Jesús dijo: «Una vez reunido su propio rebaño, camina delante de las ovejas, y ellas lo siguen porque conocen su voz» (Juan 10:4, NTV). Los buenos planes de Dios nunca están a merced de los hombres malvados; Él siempre los cumplirá, y su pueblo escogido puede descansar sabiendo que, pase lo que pase, su futuro no depende de la suerte ni de las circunstancias, sino que, más bien, está en las manos de su gran y buen Pastor.

Participación de los alumnos

❷ La imagen de un pastor que encontramos en las Escrituras, era poderosa porque el cuidado de ovejas era una ocupación común en los tiempos bíblicos que la gente entendía muy bien. ¿Qué otros pastores puede nombrar de la Biblia?

❷ ¿De qué manera la imagen de Jesús como su Pastor influye en su relación con Él?

Diga: Las Escrituras describen al rey David como un hombre conforme al corazón de Dios (1 Samuel 13:14; véase Hechos 13:22), a pesar de sus defectos personales. Sin embargo, el Mesías, que descendería de él, no tendría pecado y sería el Pastor perfecto para el pueblo de Dios. El Mesías finalmente daría su vida por ellos. Podemos regocijarnos de que el Pastor perfecto vino y dio su vida por nosotros. (Use el siguiente texto para profundizar los puntos que quiere destacar.)

A partir de Ezequiel 34:23, el profeta proclamó otra verdad al pueblo de Dios: El Señor levantaría de la casa de David a Uno que serviría como el Pastor para su pueblo. De hecho, el Señor cumpliría su promesa a David de «[levantar] después de ti a uno de tu linaje, el cual procederá de tus entrañas, y afirmaré su reino» (2 Samuel 7:12). El Nuevo Testamento deja claro que esta promesa se cumple en Jesús, el «Buen Pastor» que «su vida da por las ovejas» (Juan 10:11). En Ezequiel 34, Dios y David ambos servirían como pastor. Así, dentro del ministerio mesiánico y del reinado de Jesús, el Pastor divino y el pastor humano se fusionan en uno, por así decirlo. El Pastor del que se habla en Ezequiel no es otro solamente en una larga línea de reyes davídicos, ya que Él reinará como «príncipe por siempre» (Ezequiel 37:25, NTV).

Como resultado del gobierno de David, Israel viviría en paz y seguridad. En Ezequiel 34:25, Dios prometió «[quitar] de la tierra las fieras». Y en el versículo 28, Dios declaró además que Israel «ya no [será] presa de otras naciones, ni animales salvajes los devorarán» (NTV). En la escritura profética, las imágenes de la naturaleza se utilizan a menudo para representar la sociedad humana. Como resultado, en el Antiguo Testamento, no es inusual que las naciones extranjeras sean representadas como bestias voraces que amenazan al pueblo de Dios. Por lo tanto, estos versículos sirven como promesas de la victoria final del pueblo de Dios sobre sus enemigos. Qué maravillosa palabra de esperanza para los exiliados, así como para nosotros hoy.

Ezequiel 34 prevé un día en el futuro en que Israel no vivirá con miedo a las agresivas y belicosas naciones gentiles, sino que disfrutará de seguridad y protección en su tierra, libres de la opresión de los extranjeros. La imagen es similar a la de Isaías 11, donde el reino mesiánico venidero se describe como un tiempo en que «morará el lobo con el cordero» (Isaías 11:6). De hecho, llegará el día en que el fuerte ya no amenazará al débil, y el débil no tendrá que temer al fuerte (véase 2:2–4).

Folleto – Recurso 3: Jesús y David: Reyes pastores

Distribuya la hoja de trabajo y divida su clase en grupos pequeños. Asigne un par de Escrituras a cada grupo. Deles unos minutos para hacer la actividad de comparar y contrastar, y luego pídales que compartan sus conclusiones con la clase. Finalmente, comenten las dos preguntas al final de la hoja.

Participación de los alumnos

❷ ¿Qué nos dice Ezequiel 34 sobre los acontecimientos que todavía están en el futuro?

❷ La naturaleza futurista de Ezequiel 34, ¿le causa consuelo, ansiedad o una combinación de los dos? Explique su respuesta.

¿Qué nos dice Dios?

Diga: Debido a que el liderazgo humano tiende a fallar de alguna manera, debemos poner nuestra máxima confianza en Cristo, no en las personas. Él es el buen Pastor, el que siempre hará lo mejor para las ovejas. ¿De qué manera sabemos cómo es el liderazgo del buen Pastor? Tenemos su ejemplo para nosotros en las Escrituras, el registro de su vida y ministerio en la tierra. Tanto los líderes como los seguidores están llamados a imitar al buen Pastor que «su vida da por las ovejas» (Juan 10:11).

Una enseñanza para la vida

🖥 El ministerio en acción

■ Planee un proyecto de clase para ministrar a la comunidad, como ayudar a un refugio para personas sin hogar o algún otro ministerio a los pobres.

■ Anime a alguien que está pasando por un momento difícil; comunique esperanza para el futuro gracias al buen Pastor. Ore con esa persona y anímela durante la semana.

■ Examine su vida, pensando en el ejemplo de un pastor, y luego pida a Dios que lo ayude a imitar al buen Pastor en su manera de vivir e interactuar con los demás.

Lecturas bíblicas diarias

🅛 David, el pastor de Israel.
2 Samuel 5:1–5

🅜 El Señor es mi Pastor.
Salmo 23:1–6

🅜 El Pastor mesiánico.
Miqueas 5:1–6

🅙 Jesús, el buen Pastor.
Juan 10:1–5, 11–18

🅥 Los ancianos deben pastorear el rebaño de Dios.
1 Pedro 5:1–11

🅢 El Cordero Pastor.
Apocalipsis 7:9–17

29 de mayo, 2022

LECCIÓN

13

La presencia sanadora de Dios

Texto para el estudio

Ezequiel 43:1–9; 47:1–12

Verdad central

Los seguidores de Cristo pueden estar seguros de que un día experimentarán la sanidad y la restauración completas.

📖 Versículo clave
Apocalipsis 22:2

En medio de la calle de la ciudad, y a uno y otro lado del río, estaba el árbol de la vida, que produce doce frutos, dando cada mes su fruto; y las hojas del árbol eran para la sanidad de las naciones.

Metas de la enseñanza

- Los alumnos comprenderán el glorioso futuro preparado para el pueblo de Dios.

- Los alumnos sentirán consuelo y esperanza de la visión de Ezequiel acerca de la gloria de Dios.

- De palabra y acción, los alumnos proclamarán su esperanza del reino venidero de Dios.

Introducción al estudio

Diga: Los primeros 33 capítulos de Ezequiel se ocupan casi completamente del juicio por el pecado. Pero el tono cambia a partir de 33:21, cuando un sobreviviente de Jerusalén viene a Ezequiel y anuncia: «La ciudad [Jerusalén] ha sido conquistada». Desde este punto hasta el final del libro, Ezequiel se centra en visiones de restauración y salvación. En la lección anterior, estudiamos el capítulo 34, concluyendo con la promesa de Dios acerca del Mesías, que vendría a redimir, y reinará eternamente. Hoy, veremos más de cerca a ese reinado futuro.

Actividad inicial—El agua

Pregunte: *¿Cuánto tiempo puede vivir una persona sin agua? ¿Qué usos valiosos del agua puede nombrar?*

Diga: El agua es esencial para nuestra vida natural, tanto para beber como para producir alimentos. Es lógico, entonces, que Dios usara la imagen del agua para simbolizar la provisión de vida espiritual para su pueblo. A lo largo de las Escrituras, el agua aparece una y otra vez en conexión con el poder, la provisión y los planes futuros de Dios para su pueblo. (Use el siguiente texto para profundizar los puntos que quiere destacar.)

Los capítulos 40 al 48 de Ezequiel contienen la visión del profeta de la Nueva Jerusalén y el nuevo templo. Muchas características de esta visión resuenan con la visión de Juan de la Nueva Jerusalén en Apocalipsis 22. Aunque las visiones difieren en formas, cada una comparte detalles únicos y se centra en detalles específicos,

43:2. Y he aquí la gloria del Dios de Israel, que venía del oriente; y su sonido era como el sonido de muchas aguas, y la tierra resplandecía a causa de su gloria.

5. Y me alzó el Espíritu y me llevó al atrio interior; y he aquí que la gloria de Jehová llenó la casa.

7. y me dijo: Hijo de hombre, este es el lugar de mi trono, el lugar donde posaré las plantas de mis pies, en el cual habitaré entre los hijos de Israel para siempre; y nunca más profanará la casa de Israel mi santo nombre, ni ellos ni sus reyes, con sus fornicaciones, ni con los cuerpos muertos de sus reyes en sus lugares altos.

47:1. Me hizo volver luego a la entrada de la casa; y he aquí aguas que salían de debajo del umbral de la casa hacia el oriente; porque la fachada de la casa estaba al oriente, y las aguas descendían de debajo, hacia el lado derecho de la casa, al sur del altar.

2. Y me sacó por el camino de la puerta del norte, y me hizo dar la vuelta por el camino exterior, fuera de la puerta, al camino de la que mira al oriente; y vi que las aguas salían del lado derecho.

5. Midió otros mil, y era ya un río que yo no podía pasar, porque las aguas habían crecido de manera que el río no se podía pasar sino a nado.

8. Y me dijo: Estas aguas salen a la región del oriente, y descenderán al Arabá, y entrarán en el mar; y entradas en el mar, recibirán sanidad las aguas.

9. Y toda alma viviente que nadare por dondequiera que entraren estos dos ríos, vivirá; y habrá muchísimos peces por haber entrado allá estas aguas, y recibirán sanidad; y vivirá todo lo que entrare en este río.

12. Y junto al río, en la ribera, a uno y otro lado, crecerá toda clase de árboles frutales; sus hojas nunca caerán, ni faltará su fruto. A su tiempo madurará, porque sus aguas salen del santuario; y su fruto será para comer, y su hoja para medicina.

(Nota: La lectura en la clase incluye solo una selección de los versículos del trasfondo de la lección.)

por lo que esencialmente apuntan a las mismas realidades. Así como el río de la vida ocupa un lugar destacado en la visión de Ezequiel, también es predominante en la visión de Juan. Durante el ministerio de Jesús en la tierra, el Salvador también habló del agua de vida (véase Juan 4:14). El mensaje de Dios para nosotros es consecuente y reconfortante.

Parte 1—Vuelve la presencia de Dios

☐ **La gloria regresa al Templo** **Ezequiel 43:1–5**

Diga: Cuando las Escrituras hablan de la gloria de Dios, describe su presencia, manifestada de una manera en que la podamos percibir. En cada caso, vemos que la presencia de Dios es protección y provisión para su pueblo. Si la gloria, o presencia divina, se aparta, lo único seguro que se puede esperar es el desastre. En una visión anterior, Ezequiel había visto cómo la gloria de Dios se alejaba lentamente de Jerusalén (véase Ezequiel 10 y 11). Pero una nueva y maravillosa visión sorprendió al profeta en Ezequiel 43. A medida que esta visión se desplegaba ante él, seguramente el profeta se sintió muy feliz al contemplar el regreso de la gloria de Dios. (Use el siguiente texto para profundizar los puntos que quiere destacar.)

De manera muy significativa, el libro de Ezequiel comienza y termina con una visión de la gloria de Dios. La narrativa del llamado de Ezequiel describe en gran detalle una visión de la gloria divina (1:28; 31:12,23). La voluntad de Dios siempre fue morar en medio de su pueblo. Cuando le reveló los detalles del tabernáculo a Moisés, Dios dijo: «Y conocerán que yo soy Jehová su Dios, que los saqué de la tierra de Egipto, para habitar en medio de ellos. Yo Jehová su Dios» (Éxodo 29:46). Por lo tanto, la conmovedora imagen de la gloria de Dios abandonando el santuario en el capítulo 11 es uno de los relatos más tristes en la Biblia. «Y la gloria de Jehová se elevó de en medio de la ciudad, y se puso sobre el monte que está al oriente de la ciudad» (Ezequiel 11:23).

Aproximadamente cuatrocientos años antes, la presencia de Dios había llenado de una forma poderosa el templo recién construido, haciendo imposible que los sacerdotes estuvieran allí para ministrar (2 Crónicas 5:14). Su presencia en el templo de Jerusalén era una fuente de gran gozo y le daba al pueblo de Dios un sentido de seguridad. Ellos sabían que, mientras Dios estuviera en Su templo, Jerusalén estaría protegida. El salmista escribió: «Dios habita en esa ciudad; no puede ser destruida. En cuanto despunte el día, Dios la protegerá» (Salmo 46:5, NTV), y «Dios mismo está en las torres de Jerusalén dándose a conocer como su defensor» (Salmo 48:3, NTV).

Lamentablemente, debido a los pecados del pueblo de Judá, la presencia divina abandonó su sagrada morada, dejando a Jerusalén vulnerable a la destrucción y la desolación. En 586 a.C., Dios permitió que el rey pagano Nabucodonosor de Babilonia saqueara la ciudad de Jerusalén, deportara a sus habitantes y arrasara el templo. La gloria verdaderamente se había apartado de Israel, y vino sobre ella la calamidad (véase también 1 Samuel 4:21, prestando atención al desastre de la ausencia de la gloria de Dios).

Con este telón de fondo, llegamos a Ezequiel 43. El deseo de Aquel que había redimido a su pueblo nunca fue abandonar el lugar donde moraba en medio de ellos. Sin embargo, Dios tenía un plan maravilloso para la restauración después del juicio. En Ezequiel 40 al 48, Él le dio a Ezequiel una visión detallada de una gloriosa nueva Jerusalén, con un nuevo templo. El punto culminante de la visión de Ezequiel es el regreso de la gloria divina para habitar en el templo restaurado. «De pronto, la gloria del Dios de Israel apareció desde el oriente. . . . y la gloria del Señor entró al templo por la puerta oriental» (Ezequiel 43:2,4, NTV). La gloria que se había ido hacia el oriente ahora regresaba del oriente.

Participación de los alumnos

❷ ¿Qué específicamente había hecho el pueblo de Israel que hizo que Dios los privara de su presencia?

❷ ¿De qué manera ofendemos a Dios y cómo nos disciplina?

📺 ☐ **Dios habla**   **Ezequiel 43:6–9**

Diga: Así como la ausencia de la gloria de Dios trae desastre a su paso, ¡también el regreso de la gloria divina ciertamente trae bendiciones! La visión de Ezequiel predijo un tiempo en que el Señor volvería a morar entre su pueblo. El pueblo y sus líderes cambiarían, y ya no adorarían ídolos sino al único Dios verdadero. (Use el siguiente texto para profundizar los puntos que quiere destacar.)

El ciclo de juicio y redención se había completado. La presencia de Dios, que salió del templo, había regresado, y Dios le habló directamente a Ezequiel. Prometió que moraría allí con su pueblo para siempre (Ezequiel 43:7). Él había estado muy disgustado con la adoración de ídolos, pero en el futuro ellos dejarían esos ídolos y volverían a adorarlo a Él. Juan describió algo muy similar cuando escribió acerca de la Nueva Jerusalén: «He aquí el tabernáculo de Dios con los hombres, y él morará con ellos; y ellos serán su pueblo, y Dios mismo estará con ellos como su Dios» (Apocalipsis 21:3).

El deseo de Dios siempre ha sido morar con su pueblo. Él tuvo comunión con Adán y Eva en el huerto (Génesis 2:8,15; 3:8,9); vivió en medio de Israel en el tabernáculo y luego en el templo (Éxodo 29:43–46; 1 Reyes 8:1–12); en Cristo, el Verbo se hizo carne y «habitó entre nosotros» (Juan 1:14; «vino a vivir entre nosotros », NTV); actualmente la Iglesia, como ente individual y colectivo, «Estamos cuidadosamente unidos en él y vamos formando un templo santo para el Señor» (Efesios 2:21, NTV); y en el futuro Dios morará entre su pueblo: «Y el que estaba sentado en el trono dijo: «He aquí, yo hago nuevas todas las cosas»» (Apocalipsis 21:5).

Participación de los alumnos

❷ ¿De qué manera habita Dios entre su pueblo hoy?

❷ ¿De qué maneras dedica usted tiempo para comunicarse con el Señor diariamente?

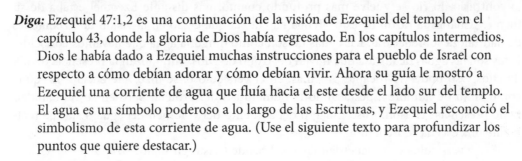

Parte 2—Un rio sobrenatural fluye del templo

☐ La visión de un río   **Ezequiel 47:1,2**

Diga: Ezequiel 47:1,2 es una continuación de la visión de Ezequiel del templo en el capítulo 43, donde la gloria de Dios había regresado. En los capítulos intermedios, Dios le había dado a Ezequiel muchas instrucciones para el pueblo de Israel con respecto a cómo debían adorar y cómo debían vivir. Ahora su guía le mostró a Ezequiel una corriente de agua que fluía hacia el este desde el lado sur del templo. El agua es un símbolo poderoso a lo largo de las Escrituras, y Ezequiel reconoció el simbolismo de esta corriente de agua. (Use el siguiente texto para profundizar los puntos que quiere destacar.)

Aunque Ezequiel fue testigo de la partida de la gloria de Dios, ahora estaba presenciando el regreso de esa gloria. El templo en la visión de Ezequiel tenía una característica inusual. Había un río que fluía del templo hacia el oriente (Ezequiel 47:1,2). El río fluía más allá del lado sur del altar del holocausto y finalmente se vaciaba en el Arabá (la depresión hueca de la tierra que se extiende al norte y al sur del mar Muerto), y de allí al mar Muerto.

En el Antiguo Cercano Oriente, el agua era escasa y vital para la supervivencia. Como resultado, el agua era un poderoso símbolo de abundancia y bendición. Sin embargo esta Escritura no se enfoca en cualquier tipo de agua; se centra en los ríos, que proporcionan abundante agua limpia para beber y para riego. Parece que la visión de Ezequiel estaba mostrando que el pueblo de Dios tendría un futuro que incluía gran abundancia y bendecida provisión. Al pueblo de Dios no le faltaría nada porque un río vivificante fluiría desde la morada de Dios hacia la tierra seca, demostrando el cuidado de Dios por su pueblo.

❶ ¿Qué importancia tiene la visión de un río que se desborda sobre una tierra árida hacia el mar Muerto, un cuerpo de agua tan salada que no puede sustentar la vida?

❶ ¿Cuál ha sido su experiencia respecto a la abundante provisión de Dios?

🖥 ☐ El río se hace más profundo   Ezequiel 47:3–6

Diga: El guía de Ezequiel caminó con él a lo largo del río, deteniéndose cuatro veces para medir la profundidad. El río era poco profundo la primera vez que midió, pero a medida que avanzaban la profundidad aumentó. Dios le estaba enseñando a Ezequiel verdades sobrenaturales importantes para comunicarlas al pueblo de Israel, y que también quedaron registradas para nuestro beneficio. Si estamos abiertos a la dirección de Dios, Él nos enseñará verdades que necesitamos saber. (Use el siguiente texto para profundizar los puntos que quiere destacar.)

Ezequiel describió cómo cruzó el río aproximadamente a un tercio de milla—o si usamos la escala métrica—, a medio kilómetro de su fuente (v. 3, 1.000 codos; 530 metros, NTV), y descubrió que el agua le llegaba a los tobillos. Después de medir otro medio kilómetro, Ezequiel encontró que el agua le llegaba hasta las rodillas. Luego, a intervalos iguales, el agua le llegó hasta la cintura y finalmente la profundidad fue tal que la única manera de seguir avanzando era a nado (Ezequiel 47:3–5). Lo inusual de este relato es que un río alimentado por un manantial siempre será más profundo en su origen y se volverá menos profundo a medida que aumenta la distancia. En la visión de Ezequiel sucede exactamente lo contrario. El río se vuelve más profundo cuanto más distante Ezequiel estaba de su fuente. ¿Cuál es la razón de esto? Tenga en cuenta que el río en la visión de Ezequiel es de naturaleza sobrenatural. Las aguas no son como ninguna agua que hayamos conocido. Estas son las aguas de la vida que fluyen del trono de Dios. Simbolizan la presencia divina de Dios y su poder vivificante. Además, en el versículo 6, se hizo referencia a Ezequiel como «hijo de hombre», destacando la humanidad del profeta, pero en su humanidad pudo presenciar el asombroso milagro del aumento del volumen del agua. Esta fue realmente una escena sobrenatural.

Estos versículos nos recuerdan las palabras de Cristo en Juan 7:37–39. Jesús declaró que cualquiera que crea en Él «de su interior correrán ríos de agua viva». Jesús estaba hablando del Espíritu Santo, quien moraría y fluiría de su pueblo.

Folleto – Recurso 1: Simbolismos: Edén, Templo, Nueva Jerusalén
Distribuya la hoja de trabajo, y dedique unos minutos para analizar las similitudes entre el tabernáculo y el templo, el huerto del Edén y la Nueva Jerusalén. ¿De qué manera estas similitudes muestran la unidad de la revelación divina en la Biblia?

Participación de los alumnos
❶ ¿Qué verdad importante extraemos de la experiencia de Ezequiel al cruzar el río?

❶ ¿Cómo experimentan las personas los ríos de agua viva descritos en Juan 7?

☐ **El río de Ezequiel**   Ezequiel 47:7–11

Diga: A medida que el río en la visión de Ezequiel fluía a través del desierto hacia el mar Muerto, daba vida a la tierra reseca y al salado mar Muerto. El río de vida que fluye del trono de Dios es la suprema fuente de agua, poderosa para revivir a quien está espiritualmente muerto. (Use el siguiente texto para profundizar los puntos que quiere destacar.)

El lenguaje en Ezequiel 47 es similar a Génesis 2:8–14 y Apocalipsis 22:1,2, esto indica que el río en la visión de Ezequiel restaura el huerto del Edén a su condición ideal y original. Desde la caída de Adán y Eva, toda la creación ha sufrido bajo la maldición del pecado (Romanos 8:20–22). Pero, como Ezequiel aprendió en su visión, se acerca el día en que Dios restaurará todo a su condición anterior, haciendo un cielo nuevo y una tierra nueva.

Se pueden ver las propiedades sobrenaturales de las aguas del río en Ezequiel 47:7–11 por lo que lograron. Tuvieron un efecto curativo en las aguas saladas del mar Muerto (que tiene un 34 por ciento de salinidad, en comparación con el 3.5 por ciento del océano). Ezequiel vio que el mar Muerto, que actualmente sólo alberga microorganismos, un día estallará con vida debido a las propiedades curativas del río que fluye desde el templo. Ezequiel escribió: «Habrá pescadores a lo largo de las costas del mar Muerto. Desde En-gadi hasta En-eglaim, toda la costa estará cubierta de redes secándose al sol» (v. 10a, NTV). Estos dos lugares son importantes: En-gadi es un oasis en medio del árido desierto en el lado occidental del mar Muerto; En-eglaim estaba en el lado oriental, quizá cerca de las llanuras de Zoar, cerca de donde estaban ubicadas Sodoma y Gomorra. Por lo tanto, estas dos ubicaciones se utilizan para indicar toda el área del mar Muerto, que ahora es un desierto, pero llegará un día en que será exuberante y fructífero.

Asimismo, «el mar Muerto se llenará de toda clase de peces, igual que en el Mediterráneo» (47:10b, NTV). Nadie en la época de Ezequiel—ni en la nuestra—hubiera pensado que el mar Muerto podría llenarse de vida, pero la visión de Ezequiel apunta a un tiempo futuro en que la vida florecerá, incluso allí.

Folleto – Recurso 2: Las visiones de Ezequiel y Juan
Distribuya la hoja de trabajo y busquen los pasajes, ya sea como clase o en pequeños grupos. Analicen sus similitudes y diferencias.

Participación de los alumnos

❷ ¿Cuáles indicios de la maldición de la creación observa a su alrededor?

❷ ¿Cuáles son algunas maneras en que el agua vivificante fluye a través de su vida hoy?

☐ **Hay un río**   Ezequiel 47:12

Diga: A través de los años, se han escrito hermosas canciones inspiradas en Ezequiel 47. Estos himnos y cantos generalmente hablan de la presencia y el poder vivificante de Dios que cambia y transforma nuestra vida. (Use el siguiente texto para profundizar los puntos que quiere destacar.)

El poder vivificante del río en Ezequiel 47 también hizo que «toda clase de árboles frutales» crecieran a ambas orillas (v. 12, NTV). Estos árboles producían doce cosechas de frutas al año, una cada mes. Las hojas de los árboles tenían propiedades curativas y nunca se marchitaban ni caían. La descripción de estos árboles trae a la memoria el huerto del Edén, donde «[crecían] del suelo toda clase de árboles: árboles hermosos y que daban frutos deliciosos. En medio del huerto [Dios] puso el árbol de la vida y el árbol del conocimiento del bien y del mal. Un río salía de la tierra del Edén que regaba el huerto y después se dividía en cuatro ramales» (Génesis 2:9,10, NTV). La sorprendente similitud entre el río de Ezequiel y sus árboles, y el río del Edén y sus árboles, parece indicar que, con la creación de la nueva Jerusalén, el plan de Dios para la humanidad habrá completado el círculo, el retorno al Edén.

En el Salmo 46:4, leemos: «Del río sus corrientes alegran la ciudad de Dios, el santuario de las moradas del Altísimo». Como no hay un río literal en Jerusalén, debemos entender que este río es una realidad espiritual. Este río espiritual se describe en otra parte de las Escrituras. Zacarías escribió: «Acontecerá también en aquel día, que saldrán de Jerusalén aguas vivas, la mitad de ellas hacia el mar oriental, y la otra mitad hacia el mar occidental, en verano y en invierno» (Zacarías 14:8). El profeta Joel anunció de manera similar que, en el día de la restauración de Israel, una fuente brotaría del templo del Señor (véase Joel 3:18). Quizá el paralelo más sorprendente de la visión de Ezequiel es la visión de Juan de la nueva Jerusalén en Apocalipsis 22:1,2. En este pasaje, un ángel le mostró a Juan «un río limpio de agua de vida, resplandeciente como cristal, que salía del trono de Dios y del Cordero» (v. 1).

A cada lado del río de la vida, Juan vio «el árbol de la vida, que produce doce frutos, dando cada mes su fruto; y las hojas del árbol eran para la sanidad de las naciones» (v. 2). Aunque hay alguna diferencia en los detalles, la visión de Juan claramente toca las mismas realidades que la visión de Ezequiel. Curiosamente, ambas visiones también mencionan elementos que estaban presentes en el huerto del Edén antes de la caída de Adán y Eva. Al igual que la nueva Jerusalén de las visiones de Ezequiel y Juan, el huerto del Edén presentaba un río que lo atravesaba y el árbol de la vida que crecía en medio de él. Este río, que aparece en Génesis, los Salmos, los Profetas y el Apocalipsis, representa una realidad espiritual que constituye la esencia de la promesa salvadora de Dios.

El gran plan de Dios para su pueblo y toda su creación es descrito con toda claridad. Él tiene un plan maravilloso para quienes lo siguen. A través del profeta Ezequiel, tenemos la bendición de vislumbrar lo que Él tiene reservado para nosotros.

Folleto – Recurso 3: La eternidad con Dios
Distribuya la hoja de trabajo y comenten las preguntas como clase. O, anime a los alumnos a reflexionar sobre las preguntas y a responderlas durante la semana.

Participación de los alumnos

❷ ¿Qué es lo que más anhela de estar con el Señor para siempre?

❷ Basado en las visiones de Ezequiel y Juan, ¿cómo describiría el cielo?

¿Qué nos dice Dios?

Diga: Esta lección enfatiza la realidad de la presencia vivificante de Dios. Él desea estar presente en nuestra vida para que seamos sanados y renovados. La plena realización de su presencia no ocurrirá hasta que su reino llegue con la segunda venida de Cristo. Mientras tanto, tenemos un anticipo del festejo venidero con la presencia del Espíritu en nuestra vida (véase Hebreos 6:5).

Una enseñanza para la vida

📖 El ministerio en acción

- Ore que Dios se revele a usted de una manera nueva y poderosa.
- Busque oportunidades para dejar que el agua de la vida fluya de usted a quienes lo rodean.
- Regocíjese de la nueva vida que puede gozar a través de su relación con Jesucristo.

Lecturas bíblicas diarias

L Elías resucita al hijo de la viuda.
1 Reyes 17:17–24

M Naamán sanado de lepra.
2 Reyes 5:1–14

M Nabucodonosor sanado de zoantropía.
Daniel 4:28–37

J Jesús sana a una mujer discapacitada.
Lucas 13:10–17

V Jesús sana al hijo de un oficial.
Juan 4:46–54

S Pablo devuelve la vida a Eutico.
Hechos 20:7–12

Los Hechos de los apóstoles

(primera parte)

Los primeros doce capítulos del libro de los Hechos se centran principalmente en el ministerio de Pedro, mientras que los últimos catorce capítulos se enfocan más que todo en el ministerio de Pablo. Las lecciones de este trimestre examinan en forma profunda estos primeros doce capítulos. La lección 14 coincide con el domingo de Pentecostés, y aunque no es específicamente parte de la unidad sobre los Hechos, encaja muy bien en ella. Analiza por qué vino el Espíritu Santo, y ofrece algunos de los antecedentes de las enseñanzas de Jesús sobre el Espíritu Santo.

La lección 15 da inicio al estudio del libro de los Hechos, con el tiempo en que los seguidores de Jesús permanecieron en Jerusalén, para esperar el cumplimiento de la promesa sobre el Espíritu Santo. Antes de emprender la misión de ir por todo el mundo a predicar el evangelio, ellos debían esperar. Cuando el Espíritu Santo vino, fueron habilitados para predicar y enseñar con tal poder, que aun para sus opositores fue claro «que habían estado con Jesús» (Hechos 4:13).

Por el poder del Espíritu Santo, la Iglesia comenzó a crecer exponencialmente, como veremos en la lección 16. Este crecimiento disgustó a los líderes judíos incrédulos, por lo que la lección 17 examina parte de la oposición que enfrentó la iglesia primitiva, tanto dentro como fuera de sus filas. Sin embargo, los creyentes empoderados por el Espíritu no serían disuadidos.

A medida que la Iglesia siguió multiplicándose, la oposición contra los creyentes aumentó, hasta el punto de que Esteban fuera apedreado por su osada predicación de la Palabra. Sin embargo, la persecución contra la Iglesia resultó en una expansión aún mayor, ya que los creyentes se dispersaron a muchas otras regiones, llevando consigo el mensaje de Jesucristo. Lo que antes se había considerado una secta de judíos ahora incluía a samaritanos y gentiles.

Una figura clave en la oposición a la Iglesia fue un hombre llamado Saulo, cuya completa transformación resultó en lo ocurrido en los capítulos restantes de los Hechos y en la autoría de gran parte del Nuevo Testamento. Estudiaremos «su antes y su después» en la lección 20.

Finalmente, la lección 21 se enfoca en el evangelismo que trajo al Reino tanto a judíos como a gentiles, aun en medio de la persecución. Los milagros en nombre de Dios mostraron su insondable gracia a medida que la Iglesia se extendía por todo el mundo.

Por qué vino el Espíritu Santo

Texto para el estudio
Juan 14:15–26; 15:26,27;
16:7–14; Hechos 2:1–4;
Romanos 8:26,27

Verdad central
El Espíritu Santo nos habilita para vivir para Cristo y dar a conocer el evangelio al mundo.

📖 Versículo clave
Juan 15:26
Pero cuando venga el Consolador, a quien yo os enviaré del Padre, el Espíritu de verdad, el cual procede del Padre, él dará testimonio acerca de mí.

Metas de la enseñanza
- Los alumnos explicarán la importancia del Espíritu Santo en su vida.
- Los alumnos reconocerán los diversos roles que el Espíritu desempeña en la vida de los cristianos.
- Los alumnos apreciarán la obra del Espíritu Santo en dar convicción y en convencer a los perdidos, acercándolos a Cristo.
- Los alumnos buscarán la plenitud del Espíritu.

Introducción al estudio

Diga: Hoy celebramos Domingo de Pentecostés, el día en que Dios derramó su Espíritu sobre los primeros discípulos; ¡ellos fueron llenos de poder y valentía para hablar en el nombre de Jesucristo! La vida de ellos cambió para siempre. Como otras celebraciones en el ámbito de la Iglesia, es fácil mirar retrospectivamente y ver ese evento solo como un momento en la historia, sin comprender completamente su significado e importancia para nosotros en el plano individual o para la Iglesia como colectividad en este momento de la historia.

Actividad inicial—¡AUXILIO!

Pregunte: ¿Qué actividades o tareas ha intentado hacer por su cuenta para luego descubrir que necesita ayuda para realizarlas con buen éxito?

Diga: Cuando Jesús le dijo a sus discípulos: «Id por todo el mundo y predicad el evangelio a toda criatura» (Marcos 16:15), Él sabía que les encomendaba una tarea que era imposible para ellos. Sabía que necesitarían una investidura sobrenatural de poder con el fin de cumplir la tarea que les había confiado. Pero ya les había prometido al Ayudador que estaría con ellos y les daría poder. (Use el siguiente texto para profundizar los puntos que quiere destacar.)

Pentecostés tiene sus raíces profundas en el Antiguo Testamento, donde se conocía como la «fiesta de las semanas» o «la fiesta de las primicias». Era un momento en que los judíos de todo el mundo conocido venían

Jn 14:16. Y yo rogaré al Padre, y os dará otro Consolador, para que esté con vosotros para siempre:

17. el Espíritu de verdad, al cual el mundo no puede recibir, porque no le ve, ni le conoce; pero vosotros le conocéis, porque mora con vosotros, y estará en vosotros.

Hch 2:4. Y fueron todos llenos del Espíritu Santo, y comenzaron a hablar en otras lenguas, según el Espíritu les daba que hablasen.

Jn 14:26. Mas el Consolador, el Espíritu Santo, a quien el Padre enviará en mi nombre, él os enseñará todas las cosas, y os recordará todo lo que yo os he dicho.

Jn 16:13. Pero cuando venga el Espíritu de verdad, él os guiará a toda la verdad; porque no hablará por su propia cuenta, sino que hablará todo lo que oyere, y os hará saber las cosas que habrán de venir.

14. El me glorificará; porque tomará de lo mío, y os lo hará saber.

Ro 8:26. Y de igual manera el Espíritu nos ayuda en nuestra debilidad; pues qué hemos de pedir como conviene, no lo sabemos, pero el Espíritu mismo intercede por nosotros con gemidos indecibles.

27. Mas el que escudriña los corazones sabe cuál es la intención del Espíritu, porque conforme a la voluntad de Dios intercede por los santos.

Jn 15:26. Pero cuando venga el Consolador, a quien yo os enviaré del Padre, el Espíritu de verdad, el cual procede del Padre, él dará testimonio acerca de mí.

27. Y vosotros daréis testimonio también, porque habéis estado conmigo desde el principio.

Jn 16:7. Pero yo os digo la verdad: Os conviene que yo me vaya; porque si no me fuera, el Consolador no vendría a vosotros; mas si me fuere, os lo enviaré.

8. Y cuando él venga, convencerá al mundo de pecado, de justicia y de juicio.

9. De pecado, por cuanto no creen en mí;

10. de justicia, por cuanto voy al Padre, y no me veréis más;

11. y de juicio, por cuanto el príncipe de este mundo ha sido ya juzgado

(Nota: La lectura en la clase incluye solo una selección de los versículos del trasfondo de la lección.)

---

a Jerusalén para una gozosa celebración. Es lógico que Dios eligiera ese momento para investir de poder a su pueblo para cumplir la tarea de alcanzar al mundo entero con el evangelio. El Espíritu Santo está presente hoy, listo para empoderarnos tal como lo hizo con aquellos primeros discípulos.

Parte 1—El Espíritu vino en Pentecostés

☐ El Espíritu es prometido   Juan 14:15–18

Diga: La Biblia nos revela que Dios existe en tres personas: Dios Padre, Dios Hijo y Dios Espíritu Santo. El Espíritu Santo está presente en el Antiguo Testamento, aunque vemos su participación con más claridad en el Nuevo Testamento. Después de la resurrección y ascensión de Jesús, el Espíritu se convirtió en la Persona central y activa dentro de la Iglesia, así como en la vida de cada cristiano. El Espíritu siempre estuvo presente, sin embargo, se manifestó de manera clara e impresionante en lo que hoy conocemos como el Día de Pentecostés. (Use el siguiente texto para profundizar los puntos que quiere destacar.)

La noche de la última cena, Jesús tuvo una larga conversación con sus discípulos (véase Juan 13 a 16). Durante este tiempo, Jesús les dio instrucciones de obedecer lo que les ordenaba, y hacerlo en amor (Juan 14:15). Si bien sus discípulos lo amaban, no siempre les era fácil hacer lo que Él les ordenaba. Jesús sabía que necesitarían ayuda, así que Él les proporcionaría lo que necesitarían. Prometió que, una vez que Él no estuviera, les enviaría un Ayudador, el Espíritu Santo. Las Escrituras describen al Espíritu Santo como un Consolador (Juan 14:16) o Abogado Defensor (NTV).

Jesús también identificó al Espíritu Santo como «el Espíritu de verdad» (v. 17). Esto señala el papel esencial del Espíritu de guiar a los cristianos a la verdad y de exponer la falsedad. Aunque Jesús moriría, resucitaría y ascendería al cielo pronto, el Espíritu Santo permanecería con ellos siempre. El Espíritu es enviado a todos los creyentes. Él mora en todos los que conocen a Cristo y los empodera para el servicio (Hechos 1:8). Sin embargo, el Espíritu también tiene un mensaje para el mundo: una vida nueva está disponible a través de Cristo.

Jesús señaló que el mundo no puede aceptar al Espíritu porque no lo conoce (Juan 14:17). Tenga en cuenta que esto se refiere al conocimiento vivencial. Llegamos a conocer al Espíritu porque el Espíritu vive en nosotros y obra dentro de nosotros.

Jesús también le aseguró a los discípulos que Él no los abandonaría ni los dejaría huérfanos. En tiempos bíblicos, a menudo los huérfanos eran maltratados y a veces incluso eran vendidos como esclavos, porque no tenían a nadie que los protegiera. Esto reafirma la verdad de que Jesús nunca dejaría solo a su pueblo. Así como Jesús había sido su Amigo y Guía, el Espíritu asumiría ese papel también.

Folleto – Recurso 1: Consolador y dador de la verdad

Distribuya la hoja de trabajo y anime a los alumnos a completarla cada uno por su cuenta. Anímelos a buscar oportunidades para contar a otros acerca de momentos en que el Espíritu Santo ha obrado en ellos.

Participación de los alumnos

❷ ¿Por qué era importante para Jesús enseñarle a sus discípulos sobre el Espíritu Santo antes de su crucifixión venidera?

❷ ¿Cómo describiría el consuelo que inspira la presencia del Espíritu Santo?

☐ **La llegada del Espíritu**   Hechos 2:1–4

Diga: Cuando Dios hace una promesa, podemos estar seguros de que la cumplirá. Durante sus últimos días en la tierra, Jesús le enseñó a sus discípulos sobre el don prometido que vendría del Padre. Tenemos la ventaja de ver retrospectivamente el cumplimiento de esa promesa, tanto para los primeros discípulos como para nosotros. Sin duda, aquellos primeros discípulos estaban desconcertados por esta promesa, como lo estaban por muchas de las palabras de Jesús. (Use el siguiente texto para profundizar los puntos que quiere destacar.)

El Espíritu Santo siempre ha estado presente, pero los eventos registrados en Hechos 2:1–4 cumplieron la promesa de Cristo registrada en Juan 14 y marcaron el comienzo de la iglesia primitiva empoderada por el Espíritu. Lucas proporcionó varios hechos significativos que llevaron a ese evento. Aquellos presentes «estaban todos unánimes juntos» (Hechos 2:1). Esto es, estaban unificados en un mismo sentir. Repentinamente, todos fueron testigos de algunas manifestaciones milagrosas que pudieron ser vistas y escuchadas a través de sus sentidos físicos: el estruendo de un viento recio que soplaba y la aparición de lo que parecían lenguas de fuego, asentándose sobre cada uno de ellos (vv. 2,3). Estas dos escenas milagrosas no se repitieron en futuras manifestaciones del Espíritu. Sin embargo, la tercera manifestación sí se repitió. Todos hablaron milagrosamente en lenguas que nunca habían aprendido (v. 4).

Hablar en lenguas sigue siendo la señal externa inmediata de que alguien ha sido lleno del Espíritu Santo. Hablar en lenguas no es el don, sino una señal de que la persona ha recibido este don. No debemos buscar las lenguas, sino el empoderamiento del Espíritu Santo. Esta experiencia permite a los creyentes llenos del Espíritu participar eficazmente en la misión de Dios. Lucas dejó esto claro en el libro de los Hechos. Todo creyente debe obedecer el mandato de Cristo y buscar ser lleno del Espíritu (Hechos 1:4,5).

Participación de los alumnos

❷ ¿Por qué era importante que los creyentes estuvieran todos unánimes cuando vino el Espíritu Santo sobre ellos?

❷ ¿Qué señales observables acompañaron la venida del Espíritu Santo? ¿Por qué cree que estas fueron importantes?

Parte 2–El Espíritu ayuda a los creyentes

☐ **Nuestro Maestro y Guía** **Juan 14:26; 16:12–14**

Diga: Jesús caminó con sus discípulos y les enseñó por más de tres años. Su tiempo con ellos estaba llegando a su fin, y había mucho más que debían aprender, especialmente a medida que su futuro se desplegara. Él no iba a dejarlos sin un maestro. Enviaría al Espíritu Santo para instruirlos y guiarlos en la tarea que Jesús les dejaba. (Use el siguiente texto para profundizar los puntos que quiere destacar.)

Jesús afirmó que el Espíritu enseñaría a los creyentes (Juan 14:26). Esto ocurre en dos formas. Primero, Él enseñará «todas las cosas». Él ayuda a los creyentes a comprender todo lo que necesitan conocer para vivir para Cristo. Segundo, el Espíritu ayuda a los creyentes a recordar todas las enseñanzas de Jesús que han aprendido.

Jesús no dijo que el Espíritu nos habilitaría para comprender todo lo que podía saberse sobre Dios y su creación. Más bien, el Espíritu nos equipa para comprender y aplicar la Palabra de Dios. Es de gran valor y consuelo saber que el Espíritu está presente y nos ayuda en momentos críticos en que necesitamos recordar o reconocer la verdad espiritual.

Necesitamos conocer la Palabra, y luego confiar que el Espíritu la traerá a nuestra mente en el momento preciso. Los cristianos enfrentan todo tipo de pruebas y dificultades. Es reconfortante saber que el Espíritu puede ayudarnos a recordar las palabras de Jesús y las promesas de las Escrituras.

Una vez solos, los discípulos pudieron haber olvidado lo que Jesús les había enseñado. La mente humana es limitada y frágil. Además, los falsos maestros y sus enseñanzas pueden producir cambios sutiles en la comprensión de las Escrituras que causan confusión. Los cristianos de hoy, al igual que los primeros discípulos, pueden estar seguros de que el Espíritu nunca los conducirá por un camino de destrucción. Para aquellos que escuchen, el Espíritu proporciona conocimiento e instrucción divinos respecto a la verdad.

También es importante tener en cuenta que el Espíritu vino para glorificar a Cristo (Juan 16:14). Cuando el Espíritu nos instruye en las enseñanzas de Cristo, recordándonos sus palabras, está glorificando a Cristo. En pocas palabras, el Espíritu glorifica a Cristo al darlo a conocer. Conforme el Espíritu obra a través de los dones que concede a los creyentes, esos dones fundamentalmente glorifican a Cristo.

Participación de los alumnos

❷ ¿Por qué la promesa del Espíritu puede influir en la manera en que usamos la Palabra de Dios?

❷ ¿Por qué creen que los discípulos necesitaban ser guiados a la verdad (Juan 16:12,13), incluso después de que Cristo les había enseñado lo que necesitaban saber?

☐ **Nuestro Ayudador en la oración**   **Romanos 8:26,27** 🖵

Diga: La oración es una parte crucial de la vida del creyente. En tiempos de crisis, aun quienes no son creyentes a menudo piden oración, sabiendo en su corazón que Dios oye y responde a su pueblo. Si bien se han escrito volúmenes sobre la oración eficaz, a menudo nos encontramos en circunstancias en que todos los principios que hemos aprendido son insuficientes para ayudarnos en nuestro momento de debilidad o crisis. El Espíritu Santo está ahí para ayudar en esos momentos. (Use el siguiente texto para profundizar los puntos que quiere destacar.)

Romanos 8:26, 27 describe un momento de gran debilidad en la vida del cristiano. Cuando nos sentimos abrumados y confundidos al punto de no saber cómo orar, el Espíritu puede interceder por nosotros. Cuando lo hace, tenemos la seguridad de que no comunica nada fuera de la voluntad del Padre (v. 27). La intercesión del Espíritu trae restauración, fortaleza y esperanza. El Espíritu Santo nunca pedirá nada fuera de la voluntad de Dios. De modo que vemos la importancia de dejar que el Espíritu ore a través de nosotros. Esto proporciona un nivel adicional de confianza a los cristianos, sabiendo que el Espíritu Santo está orando por ellos y fortaleciéndolos en tiempos de angustia.

Todo creyente tiene debilidades, y el Espíritu Santo puede usar esas debilidades para la gloria de Dios. Nuestras debilidades pueden dejarnos impotentes en nuestras oraciones, pero el Espíritu nos guía, usando tanto palabras humanas como palabras en lenguas celestiales. Podemos confiar que el Espíritu guiará y fortalecerá nuestras oraciones.

Participación de los alumnos

❷ ¿Por qué todo creyente, sea cual fuere su antigüedad en la fe, necesita ayuda en la oración?

❷ ¿Qué ejemplos puede dar de momentos en que el Espíritu Santo oró a través de usted cuando no sabía cómo orar ni qué decir?

☐ **Testifica de Jesús** **Juan 15:26,27**

Diga: La experiencia de la salvación en sí es una obra del Espíritu Santo. Él obra en la vida de los no creyentes para atraerlos a Cristo, despertar en ellos un hambre de Dios, convencerlos de pecado y mostrarles la realidad de Jesús. A medida que nos sometemos a su guía, nosotros también participamos en alcanzar a otros para el Reino. (Use el siguiente texto para profundizar los puntos que quiere destacar.)

El Espíritu Santo es el «Espíritu de verdad». El mundo necesita escuchar la verdad del evangelio, por lo que el Espíritu Santo le enseñará más sobre Jesús y lo empoderará para ser un testigo eficaz para Él. La Gran Comisión ordena a los cristianos a ir y hacer discípulos. La proclamación de Cristo, entonces, es parte de la responsabilidad del cristiano. Trabajamos junto con el Espíritu, bajo la dirección del Espíritu, para proclamar el nombre de Jesús a todos los que necesitan escuchar (v. 27). Sin embargo, debemos tener en cuenta que sólo el Espíritu puede convencer a las personas de pecado (Juan 6:44; 16:8). A medida que colaboramos con el Espíritu, el reino de Dios se expande y el nombre de Jesús es glorificado.

Jesús llamó a sus discípulos a que fueran y enseñaran a otros. A través del Espíritu Santo, Él nos da poder para ser sus testigos y hablar a la gente de Él en todas partes (Hechos 1:8). Esta tarea comienza en casa y se extiende al mundo entero. A veces no cumplimos con nuestra responsabilidad porque tememos una respuesta desfavorable. Otras veces sentimos que no tenemos las palabras adecuadas, en parte porque no sabemos lo que un inconverso está pensando o experimentando. Cuando confiamos en el Espíritu, podemos descansar en la seguridad de que el Espíritu sabe lo que hay que decir y por qué.

Folleto – Recurso 2: Rubén
Distribuya el estudio de caso. Puede leerlo en voz alta y luego comentarlo como clase, o dividir la clase en pequeños grupos para comentar las preguntas.

Participación de los alumnos

❷ Ya que el Espíritu Santo guía a las personas a Jesús, ¿cuál entonces es la responsabilidad de los cristianos en el evangelismo?

❷ ¿Cuáles son algunas razones de que la gente evita proclamar a Cristo, y cómo puede el Espíritu vencer nuestras vacilaciones?

☐ **Persuade y convence de pecado** **Juan 16:7–11**

Diga: En la cultura secular de nuestros días, es fácil desanimarse con el estado de nuestro mundo y preguntarse si cualquier cosa que decimos y hacemos está teniendo un impacto en los miembros de nuestra familia, vecinos y amistades que no conocen a Cristo. Pareciera que la voz del mundo es tan fuerte que ahoga la voz que llama a las personas a Dios. Pero el Espíritu Santo nunca es silenciado por las fuerzas del mal. Es Él quien convence de pecado, pero nosotros debemos demostrar el amor de Jesús a quienes lo necesitan. (Use el siguiente texto para profundizar los puntos que quiere destacar.)

El Espíritu es esencial para persuadir y convencer a las personas de su pecado. Sin el poder del Espíritu, las personas nunca se darían cuenta de que están espiritualmente perdidas. Por lo tanto, no sentirían la necesidad de arrepentirse y apartarse de su pecado. En Juan 16:7–11, Jesús enseñó acerca de esta función del Espíritu. A través del Espíritu, las personas son convencidas de pecado, de justicia y de juicio (v. 8). Esta obra lleva a los culpables al arrepentimiento y al perdón.

Vivimos en un mundo inmerso en la creencia de que el bien y el mal son relativos. Muchos que no siguen a Cristo rechazan la verdad absoluta de la Palabra de Dios, alegando que es innecesaria, anticuada e incluso ofensiva. Como resultado, nuestros esfuerzos y palabras son insuficientes para convencer al mundo de su pecado. Pero el Espíritu Santo realiza esta tarea a la perfección. Debemos de confiar en el Espíritu.

En el versículo 9, Jesús explicó por qué el Espíritu Santo necesita convencer al mundo de su pecado. Dijo: «El pecado del mundo consiste en que el mundo se niega a creer en mí» (NTV). Nuestro mundo a menudo cree en la bondad y la autosuficiencia innatas de la humanidad. A través del Espíritu, los pecadores reconocen su condición de total perdición, así como la realidad del juicio. La justicia aquí se refiere a la justicia de Jesús, conferida a cada creyente (v. 10). Por medio de Él, somos liberados del juicio que espera a todos los que se niegan a invocar su nombre.

Como cristianos, podemos glorificar a Dios porque, aunque Satanás está condenado ante Dios (Juan 16:11), nosotros no seremos parte de esa condenación. A través del Espíritu, encontramos la fortaleza para vivir en Cristo a pesar de los desafíos espirituales que enfrentemos por parte del enemigo de nuestra alma.

Participación de los alumnos

❷ ¿Qué dice Juan 16:7–11 específicamente sobre la convicción que viene del Espíritu Santo?

❷ ¿Qué ejemplos puede dar de momentos en que el Espíritu Santo le ha dado convicción de alguna realidad en su vida, aun siendo creyente?

Folleto – Recurso 3: ¿Cómo es uno bautizado en el Espíritu?

Distribuya la hoja de trabajo: «¿Cómo es uno bautizado en el Espíritu?» (Tenga en cuenta que algunos alumnos querrán completar esta hoja de trabajo individualmente.) Comenten las respuestas, enfatizando que el Señor quiere que todos los creyentes en Cristo sean bautizados en el Espíritu Santo.

Diga: El Espíritu Santo fue enviado para favorecer y bendecir a todos los creyentes. Él es nuestro más importante Guía y Consolador en la vida y el ministerio. Dé gracias al Señor por el don del Espíritu Santo. Todos los días, busque la dirección e instrucción del Espíritu, conforme lo guía a una relación más profunda con el Salvador y lo ayuda a vencer en la vida cristiana. Aunque esto puede ser un desafío, pida al Espíritu que escudriñe su vida y le dé convicción sobre áreas en que le falta sumisión a Jesús. Responda con obediencia y alabanza, dando gracias al Señor por el don del Espíritu. Si no ha recibido el bautismo en el Espíritu Santo, pida a Dios que lo llene con su Espíritu Santo.

Una enseñanza para la vida

🖥 El ministerio en acción

- Dedique tiempo a escuchar lo que el Espíritu Santo le está enseñando hoy.
- Si no ha recibido el bautismo en el Espíritu Santo, pida a Dios que lo llene con su Espíritu.
- Manténgase alerta a las oportunidades que el Espíritu Santo le dé para testificar de Jesús.

Lecturas bíblicas diarias

- **L** Ungido por el Espíritu.
  1 Samuel 16:10–13
- **M** Guiado por el Espíritu.
  Ezequiel 3:10–14
- **M** Nacido del Espíritu.
  Juan 3:1–8
- **J** El ministerio del Espíritu.
  Juan 16:5–15
- **V** El testimonio del Espíritu.
  Romanos 8:12–17
- **S** Llenos del Espíritu.
  Efesios 5:15–22

12 de junio, 2022

LECCIÓN

15

Esperando al Espíritu Santo

Texto para el estudio

Lucas 24:44–53;
Hechos 1:1–26; 2:1–4

Verdad central

Dios da el Espíritu Santo a aquellos que le obedecen.

📖 **Versículo clave
Hechos 5:32**

Y nosotros somos testigos suyos de estas cosas, y también el Espíritu Santo, el cual ha dado Dios a los que le obedecen.

Metas de la enseñanza

- Los alumnos aceptarán que el deseo de Dios es que todos los creyentes en Cristo sean llenos del Espíritu Santo.

- Los alumnos cultivarán un deseo de acercarse más a Dios para estar más abiertos al mover del Espíritu en su vida.

- Los alumnos serán desafiados a apartar tiempo regularmente para buscar al Señor y pedirle que los llene con el Espíritu Santo.

Introducción al estudio

Diga: Al comenzar este estudio de siete semanas de los primeros doce capítulos del libro de los Hechos, ampliaremos la lección sobre Pentecostés que exploramos la semana pasada. Pentecostés fue solo el comienzo de un plan mucho más grande que Dios tenía para la expansión de su Iglesia. Pero todo comenzó con la espera del Espíritu Santo —¡no con adelantarse a este ni quedarse atrás! El estudio de hoy comienza en el libro de Lucas que proporciona los antecedentes necesarios de lo que estamos a punto de estudiar. Tanto el evangelio de Lucas como el libro de los Hechos fueron escritos por Lucas, quien viajó con Pablo y se desempeñó como su médico personal. El libro de los Hechos podría considerarse como una continuación del evangelio de Lucas.

Actividad inicial—No incluido

Pregunte: *¿Cuáles son algunas cosas que requieren de una herramienta o de otro artículo para ser útiles?* Las respuestas pueden incluir herramientas que funcionan con pilas, latas que necesitan un abridor, lámparas que necesitan una bombilla, etc.

Diga: La lección de hoy es un recordatorio de que la presencia y el poder del Espíritu Santo son los medios imprescindibles para cumplir la misión de llevar el evangelio por todo el mundo. (Use el siguiente texto para profundizar los puntos que quiere destacar.)

Lc 24:49. He aquí, yo enviaré la promesa de mi Padre sobre vosotros; pero quedaos vosotros en la ciudad de Jerusalén, hasta que seáis investidos de poder desde lo alto.

Hch 1:4. Y estando juntos, les mandó que no se fueran de Jerusalén, sino que esperasen la promesa del Padre, la cual, les dijo, oísteis de mí.

5. Porque Juan ciertamente bautizó con agua, mas vosotros seréis bautizados con el Espíritu Santo dentro de no muchos días.

6. Entonces los que se habían reunido le preguntaron, diciendo: Señor, ¿restaurarás el reino a Israel en este tiempo?

7. Y les dijo: No os toca a vosotros saber los tiempos o las sazones, que el Padre puso en su sola potestad;

8. pero recibiréis poder, cuando haya venido sobre vosotros el Espíritu Santo, y me seréis testigos en Jerusalén, en toda Judea, en Samaria, y hasta lo último de la tierra.

Lc 24:52. Ellos, después de haberle adorado, volvieron a Jerusalén con gran gozo;

53. y estaban siempre en el templo, alabando

y bendiciendo a Dios. Amén.

Hch 1:12. Entonces volvieron a Jerusalén desde el monte que se llama del Olivar, el cual está cerca de Jerusalén, camino de un día de reposo.

13. Y entrados, subieron al aposento alto, donde moraban Pedro y Jacobo, Juan, Andrés, Felipe, Tomás, Bartolomé, Mateo, Jacobo hijo de Alfeo, Simón el Zelote y Judas hermano de Jacobo.

14. Todos éstos perseveraban unánimes en oración y ruego, con las mujeres, y con María la madre de Jesús, y con sus hermanos.

Hch 2:1. Cuando llegó el día de Pentecostés, estaban todos unánimes juntos.

2. Y de repente vino del cielo un estruendo como de un viento recio que soplaba, el cual llenó toda la casa donde estaban sentados;

3. y se les aparecieron lenguas repartidas, como de fuego, asentándose sobre cada uno de ellos.

4. Y fueron todos llenos del Espíritu Santo, y comenzaron a hablar en otras lenguas, según el Espíritu les daba que hablasen.

(Nota: La lectura en la clase incluye solo una selección de los versículos del trasfondo de la lección.)

Un dicho popular es «las cosas buenas llegan a los que esperan». Si bien eso no es siempre cierto, Dios tenía algo bueno para los seguidores de Jesús, pero tuvieron que esperar. El día de Pentecostés, ellos fueron bautizados en el Espíritu Santo. El tiempo de Dios —la espera de ellos— ayudó a cumplir el propósito divino cuando este don fue derramado sobre los primeros creyentes. Ese propósito todavía se cumple hoy a través de los creyentes llenos del Espíritu.

Parte 1—Se les ordena esperar

☐ **El poder del Espíritu: la promesa**　　　　　　　　**Lucas 24:44–49**

Diga: Estos versículos describen la noche de ese primer domingo de Pascua. Los discípulos apenas comenzaban a comprender el significado de la resurrección. Horas antes, Jesús se había aparecido a María Magdalena y a algunos de sus discípulos. Luego se había aparecido a dos de sus seguidores mientras iban de Jerusalén a Emaús, revelando quién era Él sólo cuando bendijo los alimentos que estaba comiendo con ellos. En su entusiasmo, los discípulos se apresuraron a regresar a Jerusalén para contar la noticia a los otros discípulos. (Use el siguiente texto para profundizar los puntos que quiere destacar.)

Después de su resurrección, Jesús se apareció a sus seguidores en varias ocasiones. En esta aparición registrada en el evangelio de Lucas, Jesús les recordó lo que les había enseñado sobre la necesidad de que Él sufriera en la cruz y resucitara para proporcionar el perdón de los pecados. Sus discípulos serían testigos de Jesús ante el mundo. Pero primero, necesitaban recibir el poder del Espíritu Santo, el don que el Padre les había prometido. Con la ayuda del Espíritu, los seguidores de Jesús contaban con la misión, el mensaje y el medio para cumplir con su llamado.

En esta ocasión, Jesús les abrió la mente para comprender lo que las Escrituras habían anunciado acerca de su obra como Mesías para cumplir el plan de Dios para la redención de la humanidad. La referencia de Jesús a la ley de Moisés, los profetas y los Salmos incluye todo lo que hoy se conoce como el Antiguo Testamento. Cada una de estas tres divisiones contenía profecías relacionadas con la muerte, la sepultura y la resurrección de Jesús.

Los apóstoles fueron testigos directos del ministerio y la resurrección de Jesús. Su misión era proclamar las buenas nuevas por toda la tierra, y Jerusalén era el punto de partida (vv. 47,48). El mensaje presentaba la necesidad de que la gente se arrepintiera para recibir el perdón de los pecados. El medio para cumplir la misión de proclamar el mensaje era el poder y la obra del Espíritu Santo. La presencia y el poder del Espíritu en la vida de los creyentes era una promesa del Padre.

Participación de los alumnos

❷ ¿Por qué los cristianos necesitan la presencia y el poder del Espíritu obrando en su vida?

❷ ¿Cómo explicaría qué es el arrepentimiento a alguien que no asiste a la iglesia?

☐ **El poder del Espíritu: una necesidad**   **Hechos 1:4–8**

Diga: Jesús se centró en las instrucciones finales que ayudarían a preparar a sus discípulos para la misión de proclamar el reino de Dios. La parte fundamental de su enseñanza era la necesidad de que los discípulos fueran bautizados en el Espíritu Santo. Con el poder del Espíritu obrando en ellos y a través de ellos, serían testigos de Jesús dondequiera que fueran. Aunque tenían una curiosidad natural por conocer el plan de Dios para el futuro de la nación judía, debían concentrarse en la misión de llevar el evangelio a las naciones. (Use el siguiente texto para profundizar los puntos que quiere destacar.)

Si bien a los discípulos se les había asignado una gran misión, Jesús le dijo a sus discípulos que permanecieran en Jerusalén hasta que fueran bautizados en el Espíritu Santo (Hechos 1:4). Juan el Bautista había bautizado a la gente en agua. Los discípulos serían bautizados en el Espíritu del cual había hablado Juan, quien los investiría de poder para el servicio (Mateo 3:11; Hechos 1:8).

Los apóstoles le preguntaron a Jesús sobre la restauración de Israel como nación soberana (v. 6). Si bien puede parecer fuera de lugar, ellos posiblemente sabían que un derramamiento del Espíritu estaba ligado a la restauración de Israel en las profecías relativas a los últimos días (Ezequiel 36 y 37; Joel 2:28–32). Jesús gentilmente redirigió su atención a la tarea que tenían entre manos. Dios, en su tiempo, cumpliría la promesa de restaurar el gobierno de Dios en Israel. Pero debían ser sus testigos llevando el evangelio a los confines de la tierra (Hechos 1:7,8).

Los cristianos a veces se distraen tratando de descifrar los eventos de los últimos tiempos y no permanecen en la misión. Los discípulos de Jesús deben ir con el evangelio a todas las naciones. Es revelador que la palabra griega para testigo sea también la raíz de la palabra «mártir». El poder de permanecer firmes en Cristo como sus seguidores y proclamar el evangelio, aun frente a la oposición, proviene sólo de estar lleno del Espíritu Santo.

> **Folleto – Recurso 1: La promesa del Espíritu**
> Distribuya la hoja de trabajo y pida a los alumnos que comenten sus respuestas a las preguntas. Pida que cada uno diga por qué cree que el poder del Espíritu todavía es necesario para los cristianos hoy.

Participación de los alumnos

❷ ¿De qué manera el conocimiento de que vivimos los últimos tiempos debe afectar nuestra respuesta a la misión de llevar el evangelio hasta los confines de la tierra?

❷ ¿Cómo ha experimentado la ayuda del Espíritu Santo al anunciar el evangelio a otros?

Parte 2–Adorar y esperar

☐ **Adorar**   **Lucas 24:50–53**

Diga: Después de darles instrucciones finales a sus seguidores sobre su necesidad de ser investidos de poder desde lo alto mediante el don del Espíritu Santo, Jesús los bendijo. Luego ascendió al cielo. (Use el siguiente texto para profundizar los puntos que quiere destacar.)

Las últimas palabras de Jesús a sus discípulos fueron una bendición. ¿Qué incluyó la bendición que les dio cuando ascendió al cielo? No podemos afirmar nada con certeza, pero puede haber sido similar a su oración por ellos en Juan 17. En esta oración, Jesús pidió que fueran protegidos, que hubiera unidad entre ellos y que experimentaran gozo al ser enviados al mundo a proclamar el reino de Dios.

Conforme Jesús ascendía al cielo, los discípulos lo adoraron (Lucas 24:52). Él era su Mesías que habían esperado durante siglos, el Salvador resucitado y el Señor exaltado. Cualquier duda que tuvieran aparentemente se había esfumado, como lo muestra la adoración y el gran gozo que expresaron. El templo se convirtió en su lugar habitual de reunión y adoración a Dios mientras esperaban la promesa de Cristo: el bautismo en el Espíritu Santo (v. 53).

Los acontecimientos de las últimas semanas probablemente los ayudaron a ver el tiempo que habían pasado junto a Jesús con una fe renovada. La lectura del sermón de Pedro en Hechos 2 revela su clara comprensión de quién es Jesús y cuál fue su misión.

Los discípulos fueron obedientes. Permanecieron en Jerusalén, se reunían en el templo para adorar a Dios mientras esperaban el prometido derramamiento del Espíritu Santo.

Participación de los alumnos

❓ ¿Por qué es la ascensión una parte esencial del evangelio?

❓ ¿De qué manera una mejor comprensión de Jesús fortalece su deseo de adorarlo?

☐ **Esperar**   **Hechos 1:9–14** 🖵

Diga: Esperar nunca es fácil. Pero difícilmente nos negaremos a hacerlo cuando son mensajeros del cielo quienes lo ordenan. Imagínese el desconcierto de los discípulos mientras regresaban a Jerusalén. En los últimos cuarenta días, habían visto a su amado Maestro crucificado y habían hablado con Él después de su resurrección. Ahora habían visto mensajeros celestiales, diciéndoles que esperaran en Jerusalén. (Use el siguiente texto para profundizar los puntos que quiere destacar.)

En Hechos, Lucas describe la ascensión de Jesús, agregando detalles al relato. Mientras Jesús ascendía, una nube lo ocultó de la vista de los discípulos (Hechos 1:9). Dos hombres, probablemente ángeles, aparecieron repentinamente entre ellos (v. 10). Su mensaje impulsó a los discípulos a la acción y los llenó de esperanza. Jesús volvería como les fue prometido, pero hasta entonces tenían sus órdenes que seguir (v. 11). Estimulados por estos mensajeros, los creyentes regresaron a Jerusalén para esperar al Espíritu Santo prometido. Los Once, junto con otros, se reunieron en el aposento alto. La resurrección y la ascensión tuvieron un impacto obvio en la vida de los más cercanos a Jesús. La comunidad de fe incluía a varias mujeres que habían seguido a Jesús durante su ministerio. (Lucas 8:1–3). También incluía a María, la madre de Jesús y a sus medio hermanos, que habían crecido con él y finalmente también lo reconocieron como Señor.

Aunque estos creyentes no sabían qué esperar, fueron obedientes y aguardaron el cumplimiento de la venida del Espíritu Santo que Jesús prometió. Mientras esperaban, se concentraron en la oración y la adoración. De la misma manera, mientras esperamos que Dios cumpla su plan en nosotros, podemos enfocarnos en orar y adorar.

Folleto – Recurso 2: El Cristo ascendido

Distribuya la hoja de trabajo y asigne las cuatro preguntas a pequeños grupos.

Pida a los alumnos que lean las Escrituras y comenten el papel de Jesús después de su ascensión a la diestra del Padre. Como clase, escuchen diversas impresiones de lo que la ascensión significa para los creyentes.

Participación de los alumnos

❓ ¿Esperar en el Señor debe considerarse un empeño activo o pasivo? Explique.

❓ ¿Cuál debería ser la actitud de los creyentes mientras esperan el cumplimiento del regreso prometido de Cristo?

☐ **Obedecer**   **Hechos 1:15–26**

Diga: Los discípulos obedecieron y esperaron en Jerusalén para ser bautizados en el Espíritu Santo. Quedaban once discípulos de los Doce que habían seguido a Jesús, pero el grupo reunido allí incluía a varias mujeres y otras personas que creían en Él—unas 120 personas en total. Comenzaron a prepararse para la tarea que Jesús les había encomendado. Esta es posiblemente la primera reunión de trabajo de la Iglesia que se ha registrado. (Use el siguiente texto para profundizar los puntos que quiere destacar.)

Qué difícil posiblemente fue reemplazar a uno de los suyos. Pedro obviamente estaba familiarizado con las escrituras del Antiguo Testamento, porque entendía que no sólo predecían la traición de Judas, sino que también hablaban de la necesidad de que otro asumiera ese ministerio (Salmos 69:25; 109:8). Los apóstoles tendrían que seleccionar otro apóstol para reemplazar a Judas Iscariote, que había traicionado a Jesús.

Este nuevo apóstol tenía que ser uno de los seguidores de Jesús durante su ministerio terrenal. Se propusieron dos hombres que cumplían con los requisitos: Barsabás y Matías. Después de orar para que el Señor revelara su elección, los creyentes echaron suertes para ver quién asumiría este ministerio apostólico. Si bien echar suertes puede parecer una forma extraña de tomar esa decisión, era una práctica relativamente común en la cultura judía de la época. Se menciona varias veces en el Antiguo Testamento, y Josué se valió de esta costumbre para dividir la tierra entre las tribus (véase Josué 18:3–10). La gente creía que era una forma justa e imparcial de tomar una decisión y una manera de que Dios les revelara su voluntad. Es interesante que la costumbre de echar suertes no se vuelve a mencionar después de la venida del Espíritu Santo, quien es nuestro Maestro y Guía.

Matías fue elegido para reemplazar a Judas. Los Doce fueron llamados a servir como los principales testigos de las enseñanzas de Jesús y su resurrección. Jesús también dijo que servirían en su reino venidero en posiciones de autoridad sobre las doce tribus de Israel (Mateo 19:28). Los Doce ocuparon un papel especial en el reino y en la Iglesia de Cristo.

Participación de los alumnos

❷ ¿Por qué es necesaria la obediencia para cumplir el llamado del Señor?

❷ ¿Cómo guían a los creyentes la Palabra y el Espíritu?

☐ **Recibir**   **Hechos 2:1–4**

Diga: Había pasado un lapso de diez días desde la ascensión de Jesús. Los discípulos y otros creyentes se habían dedicado a orar y a reemplazar a Judas, quien había traicionado a Jesús. Sin duda, los discípulos empezaban a preguntarse cuándo se cumpliría la promesa que Jesús les había hecho. Estaban a punto de experimentar ese cumplimiento. (Use el siguiente texto para profundizar los puntos que quiere destacar.)

Pentecostés se celebraba cincuenta días después de la Pascua y era una de las tres grandes fiestas que celebraba el pueblo judío. La fiesta de la cosecha traía muchos judíos a Jerusalén para adorar a Dios. Esto significaba que la ciudad estaba llena de judíos y conversos al judaísmo de todas las naciones (Hechos 2:5-11). El tiempo de Dios era perfecto para el derramamiento de su Espíritu sobre los seguidores de Jesús.

En el día de Pentecostés, los discípulos que estaban reunidos fueron llenos del Espíritu Santo (2:4). Tres cosas marcaron este acontecimiento. «Vino del cielo un estruendo como de un viento recio que soplaba» (v. 2). Luego, «se les aparecieron lenguas repartidas, como de fuego, asentándose sobre cada uno de ellos». En el Antiguo Testamento, el viento y el fuego eran símbolos del Espíritu Santo. Los 120 creyentes habrían conectado estas señales con su comprensión del Espíritu Santo. Estas dos señales no se repitieron en otros lugares donde la gente fue llena del Espíritu. Y la tercera señal: «fueron todos llenos del Espíritu Santo, y comenzaron a hablar en otras lenguas, según el Espíritu les daba que hablasen» (v. 4). Jesús le había dicho a sus discípulos que esto ocurriría (Marcos 16:17). La señal de hablar en lenguas se repitió conforme otros fueron llenos del Espíritu Santo (Hechos 10:44–46; 19:6). En nuestros días, cuando somos bautizados en el Espíritu Santo, también hablamos en lenguas.

Hablar en lenguas fue una señal sobrenatural para estos creyentes, y pronto sería una señal sobrenatural para quienes los escuchaban (Hechos 2:5,6). Pedro también experimentaría el poder del Espíritu Santo al dirigirse a aquellos que estaban congregados (Hechos 2:14–40).

Dios ha llamado a su pueblo a proclamar el evangelio. Nosotros también necesitamos el poder del Espíritu Santo para hacer esto. Jesús prometió este poder (Lucas 24:49; Hechos 1:8). Como Pedro en el día de Pentecostés, podemos contar con el empoderamiento del Espíritu Santo para hablar a otros sobre Jesús.

Folleto – Recurso 3: La obra del Espíritu

Distribuya la hoja de trabajo y pida a los alumnos que hagan el ejercicio de emparejamiento para enfatizar cuán vital es la obra del Espíritu Santo en la vida de los creyentes. Pida a dos o tres alumnos que lean la escritura asociada con una obra del Espíritu que signifique algo especial para ellos, y pídales que compartan brevemente el por qué es especial.

Participación de los alumnos

❷ ¿Cómo pueden los creyentes permanecer llenos del Espíritu Santo?

❷ ¿Qué consejos podrían ser útiles para un creyente que está buscando el bautismo en el Espíritu Santo?

Diga: El don del Espíritu Santo prometido por el Padre todavía está disponible para aquellos que siguen a Jesucristo. Después de haber reflexionado cómo se requirió la obediencia al Señor para que los primeros creyentes recibieran ese don, considere cómo los creyentes hoy podrían mostrar esa obediencia al Señor. Jesús claramente enseñó que vivir como seguidor suyo significa que el Espíritu Santo está obrando en nuestra vida. Sin el bautismo en el Espíritu Santo, los creyentes no tienen el poder para ser testigos eficaces de Jesús. El bautismo en el Espíritu Santo ayuda a los creyentes a desarrollar el fruto del Espíritu y a manifestar dones espirituales (1 Corintios 12:7–11). Los creyentes que no han sido llenos del Espíritu deben buscar a Dios para ser llenos del Espíritu. Los creyentes que han sido llenos del Espíritu necesitan aprender cómo andar en el Espíritu y vivir por Él (Gálatas 5:16–25).

Una enseñanza para la vida

El ministerio en acción

- Si no ha recibido el bautismo en el Espíritu Santo, pida al Padre este don prometido (Lucas 11:13).
- Desarrolle una mayor consciencia de la dirección del Espíritu en su vida. Pida a Dios que lo ayude a estar atento a la voz del Espíritu.
- Considere lo que puede hacer para influir en otros creyentes para que deseen y busquen el bautismo en el Espíritu Santo.

Lecturas bíblicas diarias

- **L** El deseo de Moisés para el pueblo de Dios. Números 11:24–29
- **M** El Espíritu habló por medio de David. 2 Samuel 23:1–5
- **M** Jahaziel profetizó por el Espíritu. 2 Crónicas 20:14–19
- **J** El Consolador prometido. Juan 14:15–19,26
- **V** La vida por el Espíritu. Romanos 8:1–10
- **S** El Espíritu confirma el Evangelio. 1 Corintios 2:1–5

19 de junio, 2022

LECCIÓN

16

La Iglesia en crecimiento

Texto para el estudio
Hechos 2:1 a 4:32

Verdad central
La fidelidad a Cristo y el crecimiento de la iglesia van de la mano.

📖 Versículo clave
Hechos 2:47
El Señor añadía cada día a la iglesia los que habían de ser salvos.

Metas de la enseñanza

- Los alumnos explorarán los elementos que llevaron al crecimiento de la Iglesia y cómo estos podrían conducir al crecimiento de las iglesias en la actualidad.

- Los alumnos deben desear crecer en su relación con el Señor y sus hermanos en la fe para facilitar la evangelización.

- Los alumnos deben comprometerse a servir a Cristo fielmente en el poder del Espíritu para hacer avanzar el evangelio.

Introducción al estudio

Diga: Jesús le había encomendado a sus discípulos el cumplimiento de una tarea. Después de esperar obedientemente el derramamiento del Espíritu Santo, comenzaron esa tarea en el poder del Espíritu Santo. Esta lección examina esos primeros días de la Iglesia, los cuales nos sirven de ejemplo.

Actividad inicial—Piezas faltantes
Lleve un rompecabezas para niños y colóquelo en una mesa pequeña. Ponga la mayoría de las piezas del rompecabezas sobre la mesa, pero guarde dos o tres piezas. Pida a dos alumnos que se acerquen y armen el rompecabezas. Luego, señale que no se puede hacer si no tienen todas las piezas y lo desalentador que puede ser.

Pregunte: *¿Qué proyecto ha comenzado sólo para descubrir que le faltaban algunos de los elementos necesarios para completar la tarea? ¿Cómo resolvió el problema?*

Diga: La lección de hoy explora dinámicas espirituales que condujeron al crecimiento de la Iglesia y de los creyentes. Como un rompecabezas, un proyecto de mejoras del hogar o una receta, el crecimiento espiritual o de la iglesia requiere que estén presentes ciertos elementos. Permanezcamos abiertos al Espíritu para descubrir áreas en las que sobresalimos y áreas en las que podríamos mejorar (donde podrían faltar piezas), tanto como la iglesia local y como individuos. (Use el siguiente texto para profundizar los puntos que quiere destacar.)

2:16. Mas esto es lo dicho por el profeta Joel:

17. Y en los postreros días, dice Dios, derramaré de mi Espíritu sobre toda carne, y vuestros hijos y vuestras hijas profetizarán; vuestros jóvenes verán visiones, y vuestros ancianos soñarán sueños;

18. Y de cierto sobre mis siervos y sobre mis siervas en aquellos días derramaré de mi Espíritu, y profetizarán.

37. Al oír esto, se compungieron de corazón, y dijeron a Pedro y a los otros apóstoles: Varones hermanos, ¿qué haremos?

38. Pedro les dijo: Arrepentíos, y bautícese cada uno de vosotros en el nombre de Jesucristo para perdón de los pecados; y recibiréis el don del Espíritu Santo.

41. Así que, los que recibieron su palabra fueron bautizados; y se añadieron aquel día como tres mil personas.

46. Y perseverando unánimes cada día en el templo, y partiendo el pan en las casas, comían juntos con alegría y sencillez de corazón,

47. alabando a Dios, y teniendo favor con todo el pueblo. Y el Señor añadía cada día a la iglesia los que habían de ser salvos.

3:1. Pedro y Juan subían juntos al templo a la hora novena, la de la oración.

4:1. Hablando ellos al pueblo, vinieron obre ellos los sacerdotes con el jefe de la guardia del templo, y los saduceos,

2. resentidos de que enseñasen al pueblo, y anunciasen en Jesús la resurrección de entre los muertos.

4. Pero muchos de los que habían oído la palabra, creyeron; y el número de los varones era como cinco mil.

19. Mas Pedro y Juan respondieron diciéndoles: Juzgad si es justo delante de Dios obedecer a vosotros antes que a Dios;

29. Y ahora, Señor, mira sus amenazas, y concede a tus siervos que con todo denuedo hablen tu palabra.

31. Cuando hubieron orado, el lugar en que estaban congregados tembló; y todos fueron llenos del Espíritu Santo, y hablaban con denuedo la palabra de Dios.

(Nota: La lectura en la clase incluye solo una selección de los versículos del trasfondo de la lección.)

El ejemplo de la iglesia primitiva nos recuerda que la fidelidad a Cristo y el crecimiento, tanto espiritual como numérico, van de la mano. Examinaremos los componentes que condujeron al crecimiento de la Iglesia y comentaremos maneras en que podemos experimentar tal crecimiento en nuestra vida y en nuestras iglesias locales.

Parte 1—Reciba la Palabra con gozo

☐ **Proclamación ungida**   Hechos 2:4,5,14–18

Diga: Sólo unas pocas semanas antes de este día, Pedro había negado siquiera conocer a Jesús, y ahora, bajo la unción del Espíritu Santo, Pedro declaró con denuedo que la promesa de Dios, hecha casi ochocientos años antes, se estaba cumpliendo en ese momento. Como resultado de la denodada predicación de Pedro, unas tres mil personas se agregaron a la Iglesia. Cuando los creyentes obedientes hablan en el poder del Espíritu Santo, ¡suceden cosas buenas! (Use el siguiente texto para profundizar los puntos que quiere destacar.)

Jesús había declarado a sus seguidores que recibirían poder del Espíritu Santo para ser sus testigos (Hechos 1:8). Esto se hizo evidente en el día de Pentecostés. Ese día, Dios derramó su Espíritu Santo sobre los primeros creyentes de una manera evidente para todos. Cuando fueron llenos del Espíritu, ellos hablaron otras lenguas (2:4). En este caso, esas lenguas eran idiomas reconocibles para las personas que se habían reunido en Jerusalén para la celebración (vv. 5,8). Es de imaginar la sorpresa de personas de muchos cuando escucharon que los creyentes que habían esperado en Jerusalén anunciaban el evangelio en su idioma nativo.

Pedro, de pie con los demás apóstoles, se dirigió a la multitud para explicar lo que estaban observando (vv. 14–18). Este era el cumplimiento de la promesa de Dios al pueblo judío. El profeta Joel había hablado de este derramamiento (Joel 2:28,29). Todas las personas pueden experimentar la presencia y el poder del Espíritu Santo, sean hombres o mujeres, jóvenes o ancianos, esclavos o libres.

Los apóstoles explicaron claramente cómo Dios estaba obrando para redimir a su pueblo al enviar a Jesús como Señor y Cristo. El derramamiento del Espíritu ese mismo día era la prueba de que Jesús es el Señor resucitado y exaltado.

La proclamación ungida por el Espíritu de las buenas nuevas de que Dios desea obrar en la vida de todas las personas todavía la necesitamos hoy. El Espíritu puede obrar poderosamente a través de los creyentes para testificar de Jesús. Debemos buscar todas las oportunidades para compartir las buenas noticias con quienes nos rodean.

Valore su propio testimonio de lo que Jesús ha hecho en su vida. Su testimonio y la demostración del poder del Espíritu pueden obrar para que otros vengan a la fe en Jesús.

Participación de los alumnos

❷ ¿Cuáles son dos o tres puntos clave en su testimonio personal?

❷ ¿De qué manera revela la profecía de Joel que el evangelio es para todo ser humano?

☐ **Respuesta sentida**   Hechos 2:37–41 🖥

Diga: La verdad del evangelio es poderosa. El Espíritu trae convicción al corazón de las personas. Esto fue cierto el día de Pentecostés, y todavía es cierto hoy. (Use el siguiente texto para profundizar los puntos que quiere destacar.)

El mensaje de los apóstoles ungido por el Espíritu trajo convicción al corazón de muchos en la multitud (Hechos 2:37). Los discípulos estaban viendo el cumplimiento de las palabras de Jesús en Juan 16:7–9. Ese día de Pentecostés, a medida que las personas en la multitud comenzaron a creer que Dios había enviado la respuesta a sus oraciones en la persona de Jesús, Aquel al que habían rechazado y entregado para ser crucificado, se compungieron de corazón. Algunos preguntaron cómo podían responder a la verdad de Jesús.

Pedro instruyó a la gente que se arrepintieran y fueran bautizados como seguidores de Jesús (Hechos 2:38). Poner su fe en Jesús les otorgaría el perdón de sus pecados. Al ser restaurados y tener una relación recta con Dios, podrían recibir el don del Espíritu Santo (v. 39). Ese día, unas 3.000 personas respondieron gozosamente el llamado a volverse a Dios para la salvación.

La respuesta de Pedro les indicó la esperanza que se encuentra solo en Jesucristo. El arrepentimiento —reconocer que el camino de Dios es el camino verdadero— y convertirse en seguidor de Jesús es la manera en que el ser humano recibe el perdón. Dios continúa su obra en los creyentes con el don del Espíritu Santo (v. 39). Aquellos que reciben con alegría las buenas nuevas y se entregan a Dios, son agregados a Su familia. La vida de ellos nunca volverá a ser la misma.

Folleto – Recurso 1: Respuestas a la Palabra

Distribuya la hoja de trabajo y dé tiempo a los alumnos para que lean el pasaje, examinen el cuadro y respondan a las preguntas. Invítelos a comentar las respuestas como clase.

Participación de los alumnos

❷ ¿Qué impide que las personas reciban el evangelio?

❷ ¿Qué puede hacer para ayudar a los que recién se han añadido a la familia de Dios a crecer como seguidores de Jesús?

Parte 2–Compañerismo y ministerio cristianos

☐ **Vida compartida** **Hechos 2:42–47**

Diga: Cuando pensamos en la misión de la Iglesia en nuestro mundo hoy, haríamos bien en considerar el ejemplo de la iglesia primitiva. La Iglesia estaba experimentando lo que sólo puede describirse como «crecimiento explosivo», ya que los nuevos creyentes se sumaban por miles. El patrón que establecieron sigue siendo la clave para una iglesia saludable en nuestro tiempo. (Use el siguiente texto para profundizar los puntos que quiere destacar.)

Una de las dinámicas que ayudó a la iglesia primitiva a crecer fue que los creyentes pasaban mucho tiempo juntos. Juntos aprendían la Palabra de Dios, oraban y adoraban al Señor. Aparte de los momentos de adoración, se animaban mutuamente compartiendo los alimentos y atendiendo las necesidades que había entre ellos. Los apóstoles lideraban enseñando y realizando obras milagrosas.

El compañerismo cristiano implica pasar tiempo juntos para acercarnos más al Señor y a otros creyentes. Hechos 2:42 identifica cuatro elementos necesarios para este crecimiento.

Los creyentes necesitan aprender juntos la Palabra de Dios. Aprender de otros creyentes cómo aplicar la Biblia a la vida diaria es de mucho valor.

Los creyentes necesitan alentarse unos a otros. El corazón del compañerismo es conocerse unos a otros más allá de un nivel superficial. Establecer relaciones seguras y amorosas en que la responsabilidad y el estímulo estén presentes es la meta del compañerismo.

Los creyentes necesitan adorar juntos. Unirse a otros para celebrar lo que el Señor hace fortalece a los cristianos en su fe y energiza su andar diario con Él.

Los creyentes necesitan orar juntos. La oración une a los creyentes conforme interceden unos por otros.

Cuando estos cuatro elementos están presentes, los creyentes se convierten en una comunidad amorosa y solidaria de la que fluye el evangelio. Conforme la comunidad de creyentes en los Hechos demostró las enseñanzas de Jesús sobre el amor a Dios y a los demás, la gente los vio con favor y se abrieron al evangelio. Cada día más personas llegaban a la fe en Cristo y se sumaban a la Iglesia.

Folleto – Recurso 2: Vida compartida

Distribuya la hoja de trabajo y pida a los alumnos que completen las preguntas que se incluyen. Ya que las preguntas implican reflexión y evaluación personal, no pida que compartan las respuestas. Utilice la primera pregunta de las dos que encuentra a continuación para que ofrezcan sugerencias de cómo los creyentes pueden compartir mejor los diversos momentos de la vida.

Participación de los alumnos

❷ ¿Qué pasos pueden dar los creyentes en Cristo para tener una mejor comunión con sus hermanos en la fe?

❷ ¿De qué manera el amor y la generosidad en una comunidad de fe puede atraer a los no creyentes?

☐ Los milagros y el mensaje   Hechos 3:1–12; 4:1–4

Diga: Los primeros discípulos fueron sensibles a la dirección del Espíritu Santo. En este relato de la sanidad de un hombre a la puerta del templo, ellos vieron más que una oportunidad de compartir unas cuantas monedas; vieron a un hombre con una necesidad profunda que solo Jesús podía satisfacer. Más importante aun, estuvieron dispuestos a dar un paso de fe y a ser utilizados para satisfacer la necesidad del hombre. A medida que crecemos en nuestra relación con Dios, también debemos estar atentos a las necesidades que Jesús quiere satisfacer a través de nosotros. (Use el siguiente texto para profundizar los puntos que quiere destacar.)

Pedro y Juan se encontraron con un mendigo cuando fueron al templo. Había sido cojo desde su nacimiento y, para satisfacer sus necesidad básicas, dependía de la caridad de los que iban a ese lugar de adoración. El Espíritu le hizo ver claramente a Pedro que Jesús tenía algo para ese hombre además de unas pocas monedas. Pedro declaró sanidad para el enfermo en el nombre de Jesucristo (Hechos 3:1–7).

La respuesta efusiva del hombre ante su sanidad atrajo la atención de otros en el templo. La gente estaba tan acostumbrada a verlo sentado a la puerta que todos sabían quién era, y se asombraron de lo que vieron (Hechos 3:8–11). Luego, Pedro y Juan aprovecharon la oportunidad para proclamar el evangelio de Jesús, declarando que Él era el Salvador resucitado cuyo poder había sanado al hombre. Su predicación molestó de tal manera a las autoridades judías que encarcelaron a los dos apóstoles (Hechos 4:1–4). Pero muchos en la multitud creyeron. Este es solo un ejemplo en el libro de los Hechos de cómo la demostración del poder del Espíritu a través de los cristianos llevó a las personas a poner su fe en Jesús.

El poder del Espíritu a través de señales y milagros puede abrir puertas para que los creyentes les hablen a otros sobre Jesús. Los creyentes deben de tener presente la verdad de que los milagros y el mensaje de Jesús van siempre juntos. El mérito y la gloria de los milagros siempre deben atribuirse a Jesús, no al creyente.

Los creyentes no deberían sorprenderse si enfrentan oposición, como ocurrió en este relato de los Hechos. Sin embargo, la Iglesia continuó creciendo conforme los creyentes ministraban por el poder del Espíritu en el nombre de Jesús.

Participación de los alumnos

❷ ¿Qué pueden hacer los creyentes para ver al Espíritu obrar más milagros a través de ellos?

❷ ¿Cómo pueden los milagros abrir la puerta para el mensaje del evangelio?

Parte 3–La Palabra, el Espíritu, la multitud

☐ **La proclamación ungida por el Espíritu**   **Hechos 4:5–22**

Diga: Es difícil pensar que no todos se alegraran de que este hombre que había sido cojo toda su vida ahora estuviera sano y pudiera hacer todas las cosas que nunca había podido hacer. Ya no dependía de aquellos lo suficientemente caritativos para darle unos shekels cuando entraban al templo. ¿Quién no se habría alegrado de presenciar un acontecimiento como este? Pero los saduceos, los líderes judíos que no creían en la resurrección de los muertos, estaban «resentidos» (Hechos 4:2). Los discípulos enseñaban que a través de Jesús hay resurrección de los muertos, y mostraron el poder de Jesús cuando el cojo recibió sanidad. (Use el siguiente texto para profundizar los puntos que quiere destacar.)

Después de pasar la noche en la cárcel, Pedro y Juan fueron traídos ante el Sanedrín. El concilio los interrogó acerca de cómo fue sanado el hombre (Hechos 4:5–7). Con la unción del Espíritu, Pedro valerosamente proclamó que esta sanidad había sido hecha por el poder de Jesús (vv. 8–10). Pedro luego declaró que el rechazo de Jesús por parte de los líderes judíos fue el cumplimiento del Salmo 118:22 (Hechos 4:11). Jesús es la piedra angular del plan de Dios para la salvación. No hay otro Nombre en quien el ser humano pueda ser salvo (v. 12).

Como el concilio no podía negar el milagro, ordenaron a los apóstoles que no hablaran a nadie en el nombre de Jesús. Pedro y Juan rechazaron esta orden, declarando que debían de ser obedientes a la autoridad de Dios por encima de la autoridad humana.

La iglesia primitiva enfrentó su primer obstáculo verdadero en la oposición de los líderes religiosos judíos. Con una valentía que vino de la unción del Espíritu Santo, Pedro proclamó sin vacilar la verdad acerca de quién es Jesús: el Salvador resucitado. Jesús es el único medio de salvación en cumplimiento del plan de Dios anunciado mucho antes en las Escrituras.

En una época en que la resistencia y el rechazo al evangelio aumentan, los creyentes pueden estar seguros de que el mismo Espíritu que ungió a los apóstoles da poder a los creyentes de hoy para testificar de Jesús. El Espíritu nos dará palabras que decir en los momentos de mayor oposición. Nos brindará oportunidades para proclamar el evangelio y obrará a través de nosotros para hacer milagros en el nombre de Jesús. Él obra también en el corazón de los oyentes para atraerlos a la fe en Jesús.

Participación de los alumnos

❷ ¿Cómo respondería a alguien que dijera que es arrogante o incorrecto que los cristianos digan que Jesús es el único camino a la salvación?

❷ Describa un momento en que el Espíritu lo ayudó a compartir el evangelio.

☐ **Unidad entre los creyentes**   **Hechos 4:23–32** 🖥

Diga: Los problemas separan a las personas o las unen. De muchas maneras, la forma en que los cristianos enfrentan la oposición refleja la salud de su relación con Dios. La primera oposición que enfrentaron los primeros creyentes los unió. (Use el siguiente texto para profundizar los puntos que quiere destacar.)

Al ser liberados por el Sanedrín, Pedro y Juan informaron de su encuentro a los demás creyentes (Hechos 4:23). En respuesta, los creyentes oraron, expresando su confianza en la soberanía de Dios (v. 24). Ir a Cristo en busca de fortaleza para mantenerse firmes es lo que permite a los creyentes reafirmar su fidelidad a Él y estar unidos en su servicio a Él. Los primeros creyentes estaban convencidos de que Dios está en control, y es soberano sobre el curso de los acontecimientos (vv. 25–28). Entendieron que necesitaban la ayuda de Dios para continuar proclamando el evangelio (vv. 29,30). Pidieron al Señor valentía y poder para cumplir la tarea. Y Dios respondió a su oración. «El lugar en que estaban reunidos tembló» y todos recibieron una nueva llenura del Espíritu Santo (v. 31).

Dios desea dar una nueva llenura a todo creyente que ya ha sido bautizado en el Espíritu Santo con el fin de empoderarlo para proclamar el evangelio y ver a Dios obrar los milagros a través de él o ella. Esta misma llenura unirá más a los creyentes y estrechará la relación entre ellos.

La fidelidad a Cristo y el crecimiento de la iglesia van de la mano. La unidad en la iglesia primitiva se extendió más allá del cumplimiento de su misión de proclamar el evangelio a construir una comunidad de fe inclusiva. Su compromiso de servir al Señor y atender mutuamente las necesidades en el cuerpo de Cristo unieron a estos primeros creyentes. Ya sea al proclamar el evangelio o al compartir con los necesitados, ellos «[eran] de un corazón y un alma» (v. 32), y la Iglesia siguió creciendo.

Folleto – Recurso 3: Respondiendo a la oposición
Distribuya la hoja de trabajo. Solicite voluntarios que lean cada una de las escrituras en voz alta. Luego comenten las preguntas como clase.

Participación de los alumnos

❷ ¿De qué manera vemos la unidad entre los creyentes hoy?

❷ ¿Responde Dios todavía la oración por valentía para proclamar su Palabra? Explique.

Diga: Es necesario que adoptemos las dinámicas espirituales que hacen crecer a la Iglesia si queremos avanzar como cuerpo de Cristo e individualmente como creyentes. Si somos fieles en adorar al Señor, aplicar su Palabra, seguir al Espíritu y mostrar amor y consideración unos a otros, el reino de Dios se fortalecerá entre nosotros. Lo esencial de todo esto es el concepto de la unión. Jesús diseñó su Iglesia para operar como un cuerpo, cada miembro haciendo su parte para contribuir a su crecimiento y salud. Conforme el Espíritu obra en los creyentes y les da poder, ellos crecerán en semejanza a Cristo y evangelizarán al mundo. La oposición de algunos seres humanos no puede detener el crecimiento de la Iglesia. De hecho, debería impulsar a los creyentes a apoyarse unos a otros y a confiar plenamente en el poder del Señor.

Una enseñanza para la vida

🖥 El ministerio en acción

- Pida al Señor un hambre renovada de su Palabra. Invierta tiempo tanto en leer como en estudiar la Biblia, confiando en que el Señor lo transformará a través de ella.
- Participe en un grupo pequeño que lo ayude a crecer y en un grupo de ministerio a través del cual pueda servir a otros.
- Busque a Dios para recibir una nueva llenura del Espíritu y así permanecer firme en la fe y proclamar con valentía el evangelio.

Lecturas bíblicas diarias

- **L** Promesa de una descendencia innumerable.
  Génesis 15:1–6
- **M** Dios multiplicó a Israel en Egipto. Éxodo 1:7–12
- **M** Dios multiplicó a los judíos cautivos.
  Jeremías 29:1–7
- **J** Doce discípulos.
  Mateo 10:1–8
- **V** Setenta discípulos.
  Lucas 10:1–12
- **S** Ciento veinte discípulos.
  Hechos 1:12–17

26 de junio, 2022

LECCIÓN

17

Enfrentando el engaño y la persecución

Texto para el estudio
Hechos 4:34 a 5:42

Verdad central
Dios obra para proteger y perpetuar la Iglesia.

📖 Versículo clave
Hechos 5:39
Si es de Dios, no la podréis destruir; no seáis tal vez hallados luchando contra Dios.

Metas de la enseñanza

- Los alumnos reconocerán los desafíos que las iglesias pueden enfrentar en el cumplimiento de la Gran Comisión.

- Los alumnos aprenderán a evitar el desánimo cuando surjan desafíos, al saber que Dios preserva y protege a su pueblo.

- Los alumnos confiarán en el poder protector de Dios mientras perseveran en el avance de Su reino.

Introducción al estudio

Diga: Las iglesias no deben ver las dificultades como algo fuera de lo común. Como se observará en este estudio, aun la iglesia primitiva enfrentó pruebas, desde prácticas engañosas internas hasta la persecución de agentes externos. Al saber que Dios preserva y protege a su pueblo, los cristianos pueden vencer el desánimo cuando surgen los desafíos.

Actividad inicial—El péndulo de la oposición

Pregunte: ¿Qué ejemplos puede dar de oposición que siguió a tiempos de bendición, ya sea en su vida o en una iglesia o ministerio?

Diga: Así como la tentación de Jesús siguió a su bautismo y a la declaración del Padre: «Este es mi Hijo amado, en quien tengo complacencia» (Mateo 3:17), a menudo enfrentamos oposición cuando vivimos y andamos en el Espíritu. La iglesia primitiva ciertamente enfrentó momentos difíciles, pero la oposición también condujo al crecimiento. (Use el siguiente texto para profundizar los puntos que quiere destacar.)

La iglesia primitiva enfrentó dificultades, tanto desde dentro de ella misma como de fuentes externas. Pero los discípulos de Jesús no se desanimaron por esas dificultades. El poder del Espíritu Santo en sus vidas era claro conforme enfrentaban estos problemas con valentía e integridad. Pidamos que Dios nos conceda el valor y la integridad para enfrentar la oposición, sin importar la fuente, y aun así permanecer fieles a Él.

5:1. Pero cierto hombre llamado Ananías, con Safira su mujer, vendió una heredad,

2. y sustrajo del precio, sabiéndolo también su mujer; y trayendo sólo una parte, la puso a los pies de los apóstoles.

3. Y dijo Pedro: Ananías, ¿por qué llenó Satanás tu corazón para que mintieses al Espíritu Santo, y sustrajeses del precio de la heredad?

5. Al oír Ananías estas palabras, cayó y expiró. Y vino un gran temor sobre todos los que lo oyeron.

7. Pasado un lapso como de tres horas, sucedió que entró su mujer, no sabiendo lo que había acontecido.

10. Al instante ella cayó a los pies de él, y expiró; y cuando entraron los jóvenes, la hallaron muerta; y la sacaron, y la sepultaron junto a su marido.

12. Y por la mano de los apóstoles se hacían muchas señales y prodigios en el pueblo; y estaban todos unánimes en el pórtico de Salomón.

14. Y los que creían en el Señor aumentaban más, gran número así de hombres como de mujeres;

16. Y aun de las ciudades vecinas muchos venían a Jerusalén, trayendo enfermos y atormentados de espíritus inmundos; y todos eran sanados.

29. Respondiendo Pedro y los apóstoles, dijeron: Es necesario obedecer a Dios antes que a los hombres.

30. El Dios de nuestros padres levantó a Jesús, a quien vosotros matasteis colgándole en un madero.

31. A éste, Dios ha exaltado con su diestra por Príncipe y Salvador, para dar a Israel arrepentimiento y perdón de pecados.

34. Entonces levantándose en el concilio un fariseo llamado Gamaliel, doctor de la ley, venerado de todo el pueblo, mandó que sacasen fuera por un momento a los apóstoles,

35. y luego dijo: Varones israelitas, mirad por vosotros lo que vais a hacer respecto a estos hombres.

40. Y convinieron con él; y llamando a los apóstoles, después de azotarlos, les intimaron que no hablasen en el nombre de Jesús, y los pusieron en libertad.

41. Y ellos salieron de la presencia del concilio, gozosos de haber sido tenidos por dignos de padecer afrenta por causa del Nombre.

(Nota: La lectura en la clase incluye solo una selección de los versículos del trasfondo de la lección.)

Parte 1—Dios juzga a dos mentirosos

☐ **Compartir con sinceridad y alegría** Hechos 4:34–37

Diga: Aun cuando las cosas vayan bien, los problemas nunca desaparecen. A pesar de lo que algunos dirían, ser creyente no necesariamente conduce a la salud y la prosperidad. La iglesia primitiva se ocupó de los problemas de la vida diaria y descubrió que eran oportunidades para ver la mano de Dios moverse entre ellos. (Use el siguiente texto para profundizar los puntos que quiere destacar.)

La Iglesia crecía, tanto espiritual como numéricamente. Las cosas iban bien. Los creyentes proclamaban el evangelio en el poder del Espíritu. Mucha gente estaba llegando a la fe en Jesús. Un espíritu de unidad prevalecía entre los creyentes. Sin embargo, algunos de ellos padecían necesidades financieras. Puede ser que aquellos que viajaron desde muy lejos a Jerusalén para la fiesta de Pentecostés no tuvieran los medios para mantenerse cuando extendieron su estadía después de unirse a los seguidores de Jesús. Algunos de los creyentes locales respondieron cuando surgieron estas necesidades, vendiendo propiedades y dando la ganancia a la iglesia para satisfacer tales necesidades (Hechos 4:34,35).

Lucas citó las acciones de José, un levita de Chipre, como ejemplo de esta gran generosidad. Aparentemente, José fue generoso con algo más que su dinero, porque los apóstoles lo llamaron Bernabé, que significa hijo de consolación. Vendió alguna propiedad y entregó el dinero a los apóstoles para que lo distribuyeran entre los necesitados (vv. 36,37).

Los cristianos enfrentarán problemas. Cuando los creyentes responden con un espíritu de unidad y amor, los problemas se convierten en oportunidades para milagros y para que Dios sea glorificado. Cuando los creyentes comparten lo que tienen con generosidad, se satisfacen las necesidades y el reino de Dios avanza. La generosidad, dar de uno mismo para beneficiar a los demás, es una fuente de aliento. La generosidad va más allá del dinero e incluye compartir dones espirituales, tiempo y amor, para que los hermanos en la fe sepan que no están solos al enfrentar las pruebas de la vida. Compartir con generosidad es mucho más que dar una limosna; es ofrecer apoyo y ayudar a las personas a salir adelante.

Folleto – Recurso 1: Se elogia la generosidad
Distribuya la hoja de trabajo a los alumnos. Luego de darles tiempo para leer las Escrituras y responder las preguntas, comenten las respuestas como clase.

Participación de los alumnos

❷ ¿Cómo puede animar a otros?

❷ ¿Qué caracteriza a una persona con un espíritu generoso?

☐ **Compartiendo hipócritamente**   Hechos 5:1–11

Diga: Eclesiastés 10:1 declara: «Las moscas muertas hacen heder y dar mal olor al perfume del perfumista; así una pequeña locura, al que es estimado como sabio y honorable». Lo que relata Hechos 5:1–11 es un ejemplo de los resultados de la necedad de una pareja llamada Ananías y Safira. El texto no indica si la intención original fue honorable o no, pero si lo fue, ciertamente estas personas perdieron de vista el sentido de compartir con los hermanos y pagaron muy caro por ello. (Use el siguiente texto para profundizar los puntos que quiere destacar.)

Como Bernabé, Ananías y Safira vendieron una propiedad con el fin de dar dinero para las necesidades de sus hermanos en la fe. A diferencia de Bernabé, fueron hipócritas en su ofrenda. Permitieron que la codicia y el orgullo motivaran sus acciones (vv. 1,2).

El pecado de Ananías y Safira no fue quedarse con parte del dinero. Era de ellos para usarlo como quisieran. El pecado fue la hipocresía alimentada por la codicia y el orgullo. Su objetivo era ganar reconocimiento mientras practicaban el engaño. Sus nombres están asociados para siempre con la hipocresía y sus consecuencias. Como señaló Pedro, no estaban mintiendo a las personas, sino a Dios mismo (vv. 3–10).

Cuando Satanás no pudo frenar a los seguidores de Jesús con presión externa, usó a esta pareja para intentar perturbar la iglesia primitiva desde adentro. Dios trató rápida y severamente con su pecado (vv. 5,9,10). El resultado fue que todos los que se enteraron de lo sucedido tuvieron gran temor (v. 11). El Dios amoroso que envió a Jesús para ser el Salvador también sigue siendo el Dios santo que juzga el pecado. Un temor santo no obstaculiza la obra de Dios, sino que ayuda a edificar su Iglesia.

Todos los creyentes deben de estar alertas a los artificios de Satanás. Él todavía quiere interrumpir la obra de Dios tentando a los creyentes a actuar por motivos hipócritas. Tales acciones apartan el corazón del evangelio y deshonran al Señor.

Participación de los alumnos

❷ ¿Cuáles son otros ejemplos bíblicos del juicio severo de Dios sobre aquellos que deshonraron su nombre?

❷ ¿Cómo pueden los creyentes evaluar sus motivos para servir al Señor?

Parte 2–El ministerio empoderado por el Espíritu Santo

☐ **Trae crecimiento** **Hechos 5:12–14**

Diga: Jesús había prometido a sus discípulos que «El que en mí cree, las obras que yo hago, él las hará también; y aun mayores hará» (Juan 14:12), pero esa promesa no significaba que harían esas obras en su propio poder. Jesús iba al Padre, y el Espíritu Santo vendría sobre ellos para empoderarlos. Estaban viendo esa promesa cumplida en la vida de la iglesia primitiva. Dios nos ofrece esa misma promesa y ese mismo poder. Pero siempre debemos de recordar que Él es la Fuente de nuestro poder, sin dejar que el orgullo o la arrogancia gobierne nuestro corazón. (Use el siguiente texto para profundizar los puntos que quiere destacar.)

Luego de la advertencia en el relato de Ananías y Safira, Lucas volvió a centrarse en el progreso de la iglesia primitiva. Fortalecidos por el Espíritu Santo, los apóstoles pudieron ministrar sobrenaturalmente, «[haciendo] muchas señales y prodigios en el pueblo» (Hechos 5:12).

Aunque se traduce de varias formas, la frase griega del versículo 12 es: «por la mano de los apóstoles». El poder para realizar milagros provenía del Espíritu Santo, no de los apóstoles mismos. Los cristianos debemos tener presente que el Espíritu Santo es el que nos permite ser testigos de Cristo. El papel del Espíritu es testificar de Cristo, lo cual hace a través de los creyentes, mostrando Su poder para señalar la verdad del evangelio y la provisión de Dios para las necesidades de la gente. Los creyentes deben de ser cuidadosos de dar a Dios la gloria por los milagros mientras ministran, confesando humildemente que es Su poder obrando a través de ellos (3:12–16).

Los creyentes continuaron su práctica anterior de reunirse para adorar y recibir instrucción en la Palabra en el área del templo conocida como el pórtico de Salomón (5:12). Los acontecimientos recientes hicieron que algunos que no eran seguidores de Jesús fueran cautelosos, no queriendo ser identificados con los creyentes a pesar de que los tenían en alta estima (v. 13). Sin embargo, otros llegaron a creer en Jesús a través del ministerio de la Iglesia (v. 14).

El crecimiento se produjo en el fértil terreno de esta joven iglesia. El evangelio era proclamado poderosamente. La unidad, el amor y la devoción a Dios caracterizaban a los creyentes. La santidad, un seguimiento genuino del camino de Dios, era evidente, particularmente mediante el juicio de Dios de la hipocresía en medio de ellos. Esas mismas condiciones conducirán al crecimiento de las iglesias en nuestro tiempo.

Participación de los alumnos

❷ ¿Cómo pueden los creyentes ser más abiertos a la obra del Espíritu a través de ellos?

❷ ¿Cómo lo ayuda a crecer como seguidor de Jesús el reunirse con otros creyentes para adorar y recibir la Palabra?

☐ **Expande el alcance**   **Hechos 5:15,16**

Diga: La Iglesia, que había comenzado en Jerusalén con 120 personas que oraron mientras esperaban al Espíritu Santo, estaba expandiéndose. La multitud en Pentecostés incluía gente de muchas naciones. Las aldeas cercanas a Jerusalén también estaban siendo alcanzadas por el ministerio de los discípulos. Curiosamente, no vemos ese deseo egoísta de posición que algunos de los discípulos habían expresado anteriormente cuando discutían acerca de «quién de ellos sería el mayor» (Lucas 22:24). (Use el siguiente texto para profundizar los puntos que quiere destacar.)

El ministerio empoderado por el Espíritu Santo expandió el alcance de la iglesia primitiva. El poder del Espíritu obraba milagrosamente por medio de los apóstoles para hacer sanidades. Aun la sombra de Pedro al caer sobre las personas resultaba en sanidades y liberaciones (Hechos 5:15). La gente de ciudades vecinas traían a Jerusalén a los enfermos y a quienes eran atormentados por espíritus inmundos para que fueran sanados y liberados (v. 16).

Estos incidentes de sanidad y liberación probablemente están incluidos en la declaración anterior de Lucas acerca de las señales y maravillas realizadas por los apóstoles. Es razonable concluir que los apóstoles aprovecharon las oportunidades propiciadas por los milagros para proclamar el evangelio, lo que, a su vez, llevó a que más personas creyeran en el Señor. Las demostraciones del poder del Espíritu testifican de la veracidad del evangelio. La gente puede estar más abierta a escuchar el evangelio y a creer en el Señor al observar el poder del Espíritu en acción. La sanidad y la liberación son sólo dos de las formas en que el poder de Dios fluye a través de los creyentes para ministrar a las necesidades y alcanzar a la gente para Cristo.

Los milagros no son una garantía de que las personas pondrán su fe en Cristo, ya que en el mismo ministerio de Jesús esto no siempre sucedió (Juan 6:26–66). No obstante, el Señor es misericordioso y amoroso, y da alivio a los necesitados. Como creyentes, debemos anhelar que el poder del Espíritu obre a través de nosotros, orando que los corazones se abran al Señor conforme experimentan su poder milagroso.

Folleto – Recurso 2: El milagro
Distribuya el estudio de caso, y divida su clase en pequeños grupos. Luego de darles tiempo para leer el estudio de caso y responder las preguntas, invítelos a comentar sus respuestas como clase.

❷ ¿Cómo pueden los milagros hacer que la gente esté más receptiva al evangelio?

❷ ¿Por qué las personas que han experimentado lo milagroso no ponen su fe en Cristo?

Parte 3–La persecución y el gozo

☐ **El testimonio fiel trae problemas** **Hechos 5:17–28**

Diga: Las cosas iban bien para la iglesia primitiva. Dios se movía milagrosamente y la Iglesia crecía, pero luego vino la oposición. Al leer el libro de los Hechos, observe el número de ocasiones en que una gran época de éxito fue inmediatamente seguida por oposición. Esto también es cierto para nosotros. Cuando Dios está bendiciendo y nos sentimos especialmente cerca de Él, es cuando el enemigo ataca. La forma en que enfrentamos tal oposición muestra la fortaleza de nuestra fe en Dios. (Use el siguiente texto para profundizar los puntos que quiere destacar.)

Los seguidores de Jesús se reunían regularmente en el templo para adorar y recibir las enseñanzas de los apóstoles. Celoso de la creciente popularidad y el aumento en su número de seguidores, el sumo sacerdote hizo arrestar y encarcelar a los apóstoles (Hechos 5:17,18). Probablemente esto fue un intento de contrariar a los apóstoles y desanimar a la gente de convertirse en seguidores de Cristo.

Dios, sin embargo, obró para preservar y proteger a la iglesia primitiva. Envió a un ángel que liberó a los apóstoles y les indicó que siguieran proclamando las buenas nuevas en el templo (vv. 19–21). Los miembros del Sanedrín se sorprendieron cuando supieron que los apóstoles estaban enseñando en el templo en vez de languidecer en la cárcel. El sumo sacerdote acusó a los apóstoles de desobediencia y de promover disturbios (vv. 22–28).

La fidelidad al Señor a menudo conduce a problemas. Sin embargo, los creyentes pueden animarse, sabiendo que Él ha prometido preservarlos y protegerlos para que ellos también puedan vencer al mundo (Juan 16:33).

Los cristianos no deben desanimarse cuando venga la persecución. El Señor obra para preservar y proteger a sus seguidores. Es posible que no siempre veamos cómo obra Él hacia ese fin, ya que las puertas de la prisión no siempre se abren. Sin embargo, podemos confiar en que la Cabeza de la Iglesia está obrando para que los creyentes puedan prevalecer mientras permanecen como fieles testigos de Dios.

Folleto – Recurso 3: Ayuda para los perseguidos
Distribuya la hoja de información. Dé a los alumnos tiempo para revisar la información presentada. Comenten maneras en que los cristianos pueden ayudar a sus hermanos en la fe que están sufriendo persecución.

Participación de los alumnos

❷ ¿Cómo se explica que la Iglesia avance en medio de la persecución?

❷ ¿Cuáles son algunas de las formas en que los cristianos pueden ayudar a sus hermanos en la fe que están siendo perseguidos?

Diga: Permanecer firmes en Cristo en tiempos de oposición requiere valentía. Una vez más, vemos un lado de Pedro que faltaba antes del Día de Pentecostés. El hombre que arremetió con ira y le cortó la oreja al soldado en el huerto de Getsemaní, el hombre que se acobardó cuando fue encarado por una sirvienta, ahora habló con valor y elocuencia ante las autoridades terrenales. Quizá, él y los demás apóstoles pensaron en las palabras de Jesús en Lucas 12:11,12: «No os preocupéis por cómo o qué habréis de responder, o qué habréis de decir; porque el Espíritu Santo os enseñará en la misma hora lo que debáis decir». (Use el siguiente texto para profundizar los puntos que quiere destacar.)

En lugar de intimidarse por el Sanedrín, los apóstoles valientemente testificaron de la veracidad respecto a Jesús (Hechos 5:29–32). Procedieron en obediencia a Dios. Él los llamó para que contaran a otros lo que habían presenciado—la muerte, sepultura y resurrección de Jesús, y el derramamiento del Espíritu Santo prometido por Dios en las Escrituras. Lo que el concilio pudiera querer era secundario.

La respuesta de los apóstoles enfureció de tal manera a muchos en el Sanedrín que querían matar a los apóstoles (v. 33). Pero Dios usó el sabio y moderado consejo de Gamaliel para refrenar sus acciones (vv. 34–39). Los apóstoles fueron azotados, amenazados y liberados en lugar de asesinados (v. 40).

Los apóstoles dejaron el Concilio regocijándose en lugar de quejándose. Se sintieron honrados de sufrir por causa del nombre de Jesús (v. 41). A pesar de estos problemas, permanecieron fieles a su llamado de proclamar las buenas nuevas (v. 42).

¿Cómo es posible entender el piadoso valor de los apóstoles si en lo más profundo de nuestro ser no tenemos plena seguridad de las buenas nuevas de Jesús como una realidad? Aunque el creyente de hoy no tiene la misma experiencia de haber presenciado la muerte, resurrección y ascensión de Jesús que tuvieron los apóstoles, sí puede tener una firme certeza de la realidad de estos acontecimientos. ¿Cómo? A través de la obra del Espíritu Santo que mora en el creyente desde que puso su fe en Jesucristo.

Si bien es fundamental que estemos dispuestos a morir por lo que creemos acerca de Jesucristo, es igualmente vital que estemos dispuestos a vivir por esa convicción. El Espíritu Santo además de convencernos de nuestra salvación, también nos capacita para vivir en obediencia a Dios como testigos de Jesús. Si padecemos dificultades por nuestra fidelidad, regocijémonos de que somos «tenidos por dignos de padecer afrenta por causa del Nombre» (v. 41).

Participación de los alumnos

❷ ¿Por qué los creyentes deberían considerar un honor sufrir por causa de Cristo?

❷ ¿Cómo pueden los creyentes permanecer fieles en la proclamación del evangelio cuando enfrentan adversidades?

Diga: Podemos confiar en el poder de Dios que nos sustenta a través de las vicisitudes que ponen a prueba nuestra fe. Las pruebas pueden venir desde el interior de nuestras filas a través de enseñanzas y prácticas engañosas, y desde afuera en forma de oposición y opresión. Permanecemos firmes, no por nuestra propia fortaleza, sino por el poder del Espíritu de Dios. Su presencia nos da la convicción y el valor para permanecer fieles al Señor y a su misión. ¿Qué desafíos enfrenta como creyente individual al vivir en obediencia al Señor? ¿Qué lo ha llamado a hacer para servirle? ¿Qué desafíos ve que enfrentan las iglesias mientras buscan cumplir con la Gran Comisión? ¿Cómo podemos ayudarnos unos a otros a superar estos desafíos?

Una enseñanza para la vida

💻 El ministerio en acción

- Considere cómo puede animar y ayudar a líderes en su iglesia a cumplir la Gran Comisión.
- Comprométase a orar por los cristianos perseguidos en algún país y a apoyarlos.
- Determine acercarse más al Señor, y prepárese para mantenerse firme cuando vengan los desafíos.

Lecturas bíblicas diarias

L Dios juzga a los malhechores.
Números 16:23–33

M Un hombre codicioso es condenado.
Josué 7:20–26

M La venganza de Dios contra los perseguidores.
Jeremías 11:19–23

J Conspiración cruel contra Jesús.
Mateo 2:16–23

V Prepárese para la oposición.
Mateo 10:16–22

S Victoria sobre el mundo.
1 Juan 5:1–5

3 de julio, 2022
LECCIÓN
18

El florecimiento del ministerio y el martirio de Esteban

Texto para el estudio
Hechos 6:1 a 7:60

Verdad central
El evangelio es el poder de Dios para la salvación.

📖 Versículo clave
Hechos 6:7
Y crecía la palabra del Señor, y el número de los discípulos se multiplicaba grandemente en Jerusalén.

Metas de la enseñanza

- Los alumnos observarán cómo Dios usa los problemas para ayudar a las iglesias a expandir sus ministerios.
- Los alumnos adoptarán una voluntad para servir, según lo permita el Espíritu.
- Los alumnos proclamarán y enseñarán el evangelio para que la gente pueda ser salva y crecer en su fe.

Introducción al estudio

Diga: La iglesia primitiva continuaba creciendo. A medida que lo hacía, atraía más y más la atención de los líderes judíos, mucho de los cuales habían participado en la crucifixión de Jesús. Esta gente, que pensaba se estaban deshaciendo del problema crucificando a Jesús, ahora veían que, en vez de dispersar a los seguidores, este grupo había crecido a los miles y continuaba creciendo. Sus esfuerzos por detener a la Iglesia sólo aumentaban su éxito.

Actividad inicial—Aprendizaje práctico
Pregunte: *¿Qué cosas ha aprendido a hacer simplemente haciéndolas? ¿Es aprender con la práctica una forma inferior o superior de aprender? Explique su respuesta.*

Diga: A menudo, el crecimiento en habilidad y conocimiento se produce a medida que abordamos los problemas. Piense en cómo aprendió a cambiar una llanta—o por qué nunca ha aprendido a cambiar una llanta. El aprendizaje de esa habilidad generalmente ocurre al hacerlo, a menudo por necesidad. (Use el siguiente texto para profundizar los puntos que quiere destacar.)

La iglesia primitiva aprendió a ser más eficaz en el ministerio a medida que los creyentes abordaban los problemas que surgían. Aprendieron a involucrar a más personas en diversas áreas del ministerio. Aprendieron que otras personas además de los apóstoles podían realizar milagros y proclamar el evangelio. También aprendieron que proclamar el evangelio tiene un costo, pero

6:1. En aquellos días, como creciera el número de los discípulos, hubo murmuración de los griegos contra los hebreos, de que las viudas de aquéllos eran desatendidas en la distribución diaria.

2. Entonces los doce convocaron a la multitud de los discípulos, y dijeron: No es justo que nosotros dejemos la palabra de Dios, para servir a las mesas.

3. Buscad, pues, hermanos, de entre vosotros a siete varones de buen testimonio, llenos del Espíritu Santo y de sabiduría, a quienes encarguemos de este trabajo.

5. Agradó la propuesta a toda la multitud; y eligieron a Esteban, varón lleno de fe y del Espíritu Santo, a Felipe, a Prócoro, a Nicanor, a Timón, a Parmenas, y a Nicolás prosélito de Antioquía;

7. Y crecía la palabra del Señor, y el número de los discípulos se multiplicaba grandemente en Jerusalén; también muchos de los sacerdotes obedecían a la fe.

8. Y Esteban, lleno de gracia y de poder, hacía grandes prodigios y señales entre el pueblo.

9. Entonces se levantaron unos de la sinagoga llamada de los libertos, y de los de Cirene, de Alejandría, de Cilicia y de Asia, disputando con Esteban.

10. Pero no podían resistir a la sabiduría y al Espíritu con que hablaba.

11. Entonces sobornaron a unos para que dijesen que le habían oído hablar palabras blasfemas contra Moisés y contra Dios.

14. Pues le hemos oído decir que ese Jesús de Nazaret destruirá este lugar, y cambiará las costumbres que nos dio Moisés.

15. Entonces todos los que estaban sentados en el concilio, al fijar los ojos en él, vieron su rostro como el rostro de un ángel.

7:54. Oyendo estas cosas, se enfurecían en sus corazones, y crujían los dientes contra él.

58. Y echándole fuera de la ciudad, le apedrearon; y los testigos pusieron sus ropas a los pies de un joven que se llamaba Saulo.

59. Y apedreaban a Esteban, mientras él invocaba y decía: Señor Jesús, recibe mi espíritu.

60. Y puesto de rodillas, clamó a gran voz: Señor, no les tomes en cuenta este pecado. Y habiendo dicho esto, durmió.

(Nota: La lectura en la clase incluye solo una selección de los versículos del trasfondo de la lección.)

bien vale la pena el costo. Es importante que aprendamos de ese ejemplo para que seamos más eficaces en la proclamación del evangelio.

Parte 1—Una iglesia que se multiplica

☐ **Dolores de crecimiento** Hechos 6:1–6

Diga: El crecimiento está acompañado de su propia serie de problemas. Pregunte a los padres cuyos niños en crecimiento cambian de talla constantemente. La iglesia primitiva enfrentó problemas debido al crecimiento que experimentó. No tenía la infraestructura para manejar las crecientes necesidades de la Iglesia. En la actualidad, las iglesias enfrentan desafíos similares cuando experimentan un rápido crecimiento. Pero, al igual que con la iglesia primitiva, el Espíritu Santo puede proporcionar dirección y sabiduría para enfrentar los desafíos. (Use el siguiente texto para profundizar los puntos que quiere destacar.)

Debido al rápido crecimiento de la iglesia primitiva, algunas viudas eran desatendidas en la distribución diaria (Hechos 6:1). Eran judías de habla griega que habían venido de otros países y probablemente no hablaban arameo. La barrera del idioma podría haberlas hecho sentir incómodas o inseguras acerca de buscar ayuda.

Cuando los apóstoles se dieron cuenta del problema, reunieron a los creyentes. Concluyeron que se necesitaban ayudantes para abordar el problema, de modo que los apóstoles pudieran concentrarse en su tarea principal de predicar la Palabra (vv. 2-4). Propusieron que siete hombres llenos del Espíritu fueran elegidos para asumir esta responsabilidad. Los apóstoles oraron por los hombres seleccionados y les impusieron las manos (vv. 5–6). Mucha gente considera que este es el primer ejemplo de diáconos en la Biblia.

A medida que una iglesia crece, se pueden pasar por alto algunos asuntos importantes. Este fue el caso en la iglesia primitiva. Los apóstoles abordaron la situación haciendo que más personas participaran en el ministerio a las necesidades de la congregación. La selección de hombres de habla griega (se deduce porque los siete tenían nombres griegos) mostró tanto sabiduría como madurez por parte de estos primeros creyentes. Estos siete probablemente tenían conexiones con aquellos que eran parte de la minoría desatendida y, por lo tanto, podían atender más eficazmente sus necesidades.

El Nuevo Testamento enseña claramente que cada creyente tiene un lugar donde servir dentro del cuerpo de Cristo. Encontrar ese lugar de servicio permite a las iglesias ministrar eficazmente tanto a los creyentes como a los no creyentes.

Folleto – Recurso 1: Un lugar donde servir

Distribuya la hoja de trabajo y divida su clase en grupos pequeños. Dé a los grupos unos minutos para leer los pasajes y escribir sus respuestas. Luego pida a los grupos que informen y discutan la pregunta al final de la hoja. Considere hablar con su pastor sobre áreas de servicio en su iglesia que necesiten voluntarios, y comparta esas oportunidades con los alumnos.

Participación de los alumnos

❓ ¿Por qué es importante que los pastores dediquen tiempo a la oración y al ministerio de la Palabra?

❓ ¿Cómo ha crecido en su fe a través del servicio?

☐ **Crecimiento sostenido** Hechos 6:7 🖥

Diga: Cuando enfrentamos problemas en la iglesia o como individuos, podríamos sentirnos tentados a dejar que esas dificultades nos distraigan y nos desvíen. Aquí la iglesia primitiva enfrentó una situación que pudo haber resultado en una distracción. En lugar de eso, se ocuparon de solucionar el problema y continuaron con la obra que Jesús les había encomendado. Debemos tener cuidado de no permitir que los desafíos, incluso los más importantes, nos desvíen de nuestro objetivo principal de alcanzar a las personas para Jesucristo. (Use el siguiente texto para profundizar los puntos que quiere destacar.)

Lucas usó varias declaraciones sumarias en Hechos para resaltar cómo el Señor sostuvo el crecimiento de la iglesia primitiva (Hechos 2:41; 4:4; 5:14). Hechos 6:7 es una de esas declaraciones y sirve como coyuntura importante en la historia de estos creyentes. El Espíritu había guiado a la Iglesia a través de presiones externas y problemas internos. Proclamar el mensaje de Cristo siguió siendo la prioridad de los creyentes.

El resultado de todo esto fue que se multiplicó el número de personas que llegaron a la fe en Jesucristo. El alcance del evangelio se extendió a todos los segmentos de la sociedad en Jerusalén. Incluso «muchos de los sacerdotes» (v. 7) se convirtieron y fueron parte de la comunidad de fe cristiana.

Los creyentes pueden sentirse alentados con esta breve declaración. Cuando son fieles en proclamar el evangelio en el poder del Espíritu, las personas llegarán a la fe en Jesucristo. La persecución desde afuera de la iglesia y los problemas internos no impedirán que el Señor edifique su Iglesia.

En cierto sentido, el versículo 7 describe el clímax del ministerio de la Iglesia en Jerusalén. El capítulo 6 continúa con el ministerio de Esteban, uno de los elegidos para el ministerio de atención a las viudas. El capítulo 7 concluye con su muerte, después de la cual un aumento en la persecución hizo que muchos creyentes abandonaran la ciudad. Sin embargo, dondequiera que iban, se mantuvieron fieles a la fe y firmes en proclamarla.

No sería incorrecto decir que la historia de los Hechos continúa hoy, mientras los seguidores de Cristo se mantienen fieles en la fe y firmes en su proclamación. ¡La Iglesia de Jesucristo sigue creciendo!

Participación de los alumnos

❷ ¿Por qué deberían los creyentes continuar acercándose a las personas que podrían estar abiertas al evangelio (como los sacerdotes del templo)?

❷ ¿Cómo pueden los creyentes ser más persistentes en compartir el evangelio con los no creyentes a su alrededor?

Parte 2–Oposición a la enseñanza y al ministerio de poder

☐ **Poderoso en obras y palabras**   **Hechos 6:8–10**

Diga: Los siete hombres que fueron seleccionados para administrar la distribución de los alimentos obviamente participaban en el ministerio práctico del día a día de la iglesia. Sin embargo, su ministerio no se limitó a esa tarea. Si bien es fácil enfocarnos en una sola tarea en la iglesia, a menudo Dios quiere expandir nuestra visión y usarnos de maneras diferentes de lo que es nuestra inclinación inicial y natural. Todos estos hombres estaban llenos del Espíritu y sabiduría. Nunca debemos limitar lo que Dios quiere hacer en nuestra vida mientras le servimos. (Use el siguiente texto para profundizar los puntos que quiere destacar.)

Uno de los elegidos para servir a los necesitados de entre los creyentes también fue usado poderosamente por el Señor para proclamar el evangelio. Esteban, aunque no era uno de los apóstoles, realizó milagros y señales mediante el poder del Espíritu. Estas maravillas abrieron oportunidades para que Esteban hablara a otros acerca de Jesús (Hechos 6:8).

Este servidor fiel ministró entre los judíos que habían llegado a Jerusalén desde otras partes del mundo. Algunos hombres de una de las sinagogas que atraía a tales judíos comenzaron a debatir con Esteban. La escena comenzó con un diálogo abierto, tal vez una discusión de las Escrituras y cómo se relacionaban con Jesús como el Mesías. Los argumentos de Esteban, alimentados por el poder y la sabiduría del Espíritu Santo, no podían ser refutados (vv. 9,10). Este relato sobre Esteban es un estímulo para las iglesias. Los creyentes que no son apóstoles (o pastores) pueden ministrar eficazmente en el poder del Espíritu. Todos los creyentes pueden, como Esteban, estar llenos de fe y del poder del Espíritu.

Cuando los creyentes tienen un corazón para servir y están sometidos al Señor, pueden suceder grandes cosas. Quienes están fuera de la iglesia necesitan experimentar el poder de Dios para satisfacer sus necesidades, así como escuchar las buenas nuevas acerca de Jesús. ¡Oremos que Dios levante una nueva generación de personas como Esteban para un momento como este!

Participación de los alumnos

❷ ¿Por qué algunos creyentes piensan que evangelizar a los perdidos es trabajo de los pastores?

❷ ¿Cómo lo ha ayudado el Espíritu al hablar con alguien acerca del Señor?

☐ **Poderoso en la adversidad**   **Hechos 6:11–15**

Diga: Aquí encontramos otro ejemplo de oposición y adversidad después de grandes obras que Dios hizo entre su pueblo. El poderoso ministerio de Esteban provocó el menosprecio de aquellos que no creían, por lo que lo incitaron a un debate, pero el Espíritu Santo habilitó a Esteban para hablar con sabiduría. (Use el siguiente texto para profundizar los puntos que quiere destacar.)

Lamentablemente, como sucede con mucha frecuencia, cuando las personas no pueden aceptar el mensaje, atacan al mensajero. Cuando los que se oponían a Esteban no pudieron ganar el debate, hicieron lo que tantos otros han hecho en circunstancias similares: tergiversaron sus palabras y las usaron en su contra. Persuadieron a algunos hombres a afirmar que lo que Esteban decía era una blasfemia contra Moisés y Dios (v. 11). Agitaron al pueblo y a sus líderes con sus falsas acusaciones (vv. 13,14). Afirmaron que Esteban enseñaba que Jesús cambiaría la forma en que los judíos adoraban y su forma de vida (v. 13).

Los acusadores de Esteban lo llevaron por la fuerza al «concilio» (Sanedrín). Allí continuaron acusando a Esteban de «hablar palabras blasfemas contra [el] lugar santo y contra la ley» (v. 13). En contraste con la bravuconería de sus acusadores, Esteban mantuvo la calma. Además, su rostro brillaba como el de un ángel. Quizá su apariencia hizo que algunos en el concilio recordaran cómo brillaba el rostro de Moisés cuando venía de estar en la presencia de Dios (Éxodo 34:29–35). ¿Fue esta una forma en que el Señor mostró su aprobación de Esteban y su mensaje?

Es posible que los cristianos se sientan nerviosos de compartir su fe en Jesús. Como en el caso de Esteban, el rechazo del mensaje puede resultar en oposición al mensajero. Felizmente, los cristianos tienen al Espíritu Santo obrando en su favor, quien les da valor y poder para permanecer en la misión. Los cristianos proclaman el evangelio, sabiendo que para algunos su testimonio es «olor de muerte para muerte», mientras que para otros es «olor de vida para vida» (2 Corintios 2:16).

> **Folleto – Recurso 2: El dilema de María**
> Distribuya el estudio de caso a los alumnos. Deles tiempo para leer el estudio de caso y responder las preguntas, ya sea individualmente o en pequeños grupos. Discutan sus respuestas como clase.

Participación de los alumnos

❷ ¿Por qué el rechazo del mensaje de Cristo a veces se convierte en oposición al mensajero?

❷ ¿De qué manera el miedo al rechazo impide que los cristianos compartan su fe?

Parte 3–El primer mártir cristiano

☐ La defensa de Esteban   Hechos 7:1,2,51–53

Diga: Esteban tenía un mensaje poderoso para sus oyentes: el mensaje de Jesucristo. Comenzó con la historia de ellos como el pueblo elegido de Dios, e hizo una presentación clara del Mesías que todos habían esperado, pero que sin embargo habían crucificado. (Use el siguiente texto para profundizar los puntos que quiere destacar.)

Una vez que sus acusadores terminaron con sus declaraciones, Esteban tuvo la oportunidad de defenderse (Hechos 7:1,2). Sin embargo, fue acusado de blasfemia—de hablar en contra de la ley de Moisés y el templo. Su defensa fue un relato de la obra de Dios a favor de su pueblo, comenzando con el llamamiento de Abraham. Al hacerlo, Esteban abordó los cargos de blasfemia declarando que tenía una fe tan firme como la de sus oyentes en que Dios mismo había establecido la religión del pueblo judío.

Esteban no se contentó simplemente con defender su enseñanza. Acusó a sus oyentes de rechazar la obra de Dios por ellos (vv. 31–53). ¿Acaso no comprendían que Dios es demasiado grande para estar contenido en un templo construido por seres humanos, como había dicho el profeta Isaías? ¿Les encantaba realmente escuchar la historia judía? Entonces no debían olvidar que sus antepasados habían rechazado repetidamente lo que Dios quería para ellos, incluso matando a sus mensajeros. Las personas que incriminaban a Esteban en ese momento eran exactamente como sus antepasados, porque habían rechazado y habían dado muerte al Mesías. Al hacerlo, desobedecieron la misma Ley que decían defender.

Al leer las fuertes palabras de Esteban uno podría pensar que fueron dichas con ira. Sin embargo, con mayor seguridad fueron impulsadas por un corazón quebrantado por su pueblo. ¿Cómo podían estar tan ciegos a la verdad acerca de Jesús? ¿Por qué imitaban el ejemplo de sus antepasados que habían resistido la obra del Espíritu Santo en su corazón?

Con mucha frecuencia la creencia y las enseñanzas del cristiano son tergiversadas. Sin embargo, cuando es necesario defender la fe, el creyente debe hacerlo con mansedumbre y reverencia (1 Pedro 3:15,16). Al testificar, no olvidemos que las palabras deben ser buenas noticias que dan vida. Dejemos que nuestra manera de vivir como seguidores de Jesús sea el punto más fuerte en nuestra defensa del evangelio. Y que nuestra palabra sea «siempre con gracia, sazonada con sal» (Colosenses 4:6) para que ganemos corazones, no debates.

Participación de los alumnos

❷ ¿Cómo le respondería a alguien que le pregunte por qué cree en el evangelio?

❷ ¿Cómo pueden los cristianos mantener sus actitudes y motivaciones atemperadas al presentar su defensa del evangelio?

☐ **La muerte de Esteban** Hechos 7:54–60 🖳

Diga: Tal vez nos preguntamos por qué Dios no salvó la vida de Esteban en vez de dejar que sus acusadores lo mataran. El plan que Dios tenía para Esteban era mucho más grande. Su muerte dejó una profunda impresión en un hombre llamado Saulo, que más tarde se convirtió en Pablo y escribió gran parte del Nuevo Testamento. El plan de Dios siempre tiene como fin el bien mayor del Reino, y hacemos bien en confiar en Él, en la vida y en la muerte. (Use el siguiente texto para profundizar los puntos que quiere destacar.)

La ferviente súplica de Esteban a sus oyentes para que dejaran de resistir a la obra del Espíritu Santo y aceptaran a Jesús como el Mesías produjo una respuesta drástica. Reaccionaron con rabia (Hechos 7:54). En contraste, Esteban mostró una serenidad alentada por una visión del Cristo exaltado (vv. 55,56). Cuando Esteban informó lo que estaba viendo, los líderes judíos no lo soportaron. Arrastraron a ese fiel creyente fuera de la ciudad y lo apedrearon (vv. 57,58).

Cuando los líderes judíos condenaron a Jesús, fueron calculadores y astutos, sin embargo la ejecución de Esteban fue espontánea, fomentada por la ira y, hasta cierto punto, por el resentimiento y la frustración hacia los seguidores de Jesús y su desprecio por la autoridad del concilio.

Aun en su muerte, Esteban siguió el ejemplo de su Señor Jesús. Encomendó su espíritu al Señor y pidió perdón por quienes le quitaron la vida. Este hombre, que estaba lleno del Espíritu Santo, vivió su fe aun hasta el momento de su último suspiro. El fiel testimonio de Esteban daría fruto por el bien del reino de Dios, como lo anuncia la inclusión del nombre de Saulo en este relato.

Si bien no nos gusta pensar demasiado en ello, es posible que se nos pida entregar nuestra vida por la causa de Cristo y su evangelio. En muchos lugares, los cristianos llenos del Espíritu continúan hablando a otros acerca de Jesús, sabiendo que podría resultar en persecución y que posiblemente les cueste la vida.

¿Qué fomenta el valor en los cristianos para hacer esto? El poder del Espíritu Santo y la convicción de que cuando mueran verán a Jesús a la diestra de Dios dándoles la bienvenida a su hogar eterno en Su presencia. Y siempre habrá la esperanza de que los «Saulos» que sean testigos de sacrificios como estos puedan algún día convertirse en «Pablos» que declaren: «para mí el vivir es Cristo, y el morir es ganancia» (Filipenses 1:21).

Participación de los alumnos

❷ ¿En qué maneras ha enfrentado oposición por su testimonio de Cristo?

❷ ¿De qué manera nota que el Espíritu Santo le ha dado valentía y poder para testificar?

¿Qué nos dice Dios?

Diga: El evangelio es el poder de Dios para salvación (Romanos 1:16). Como creyentes, debemos proclamar el evangelio para que la gente acepte a Cristo como Salvador. Cuando surgen problemas dentro de una iglesia que amenazan con obstaculizar la proclamación del evangelio, debemos abordarlos con compasión y sabiduría del Espíritu. Esto puede implicar que más personas participen, utilizando los dones que el Espíritu les ha dado. Esto ayuda a la iglesia a mantenerse enfocada en su misión. La oposición de los que están fuera de la fe tampoco debería apartar a la iglesia de su misión. Debería hacer que los creyentes busquen permanecer llenos del Espíritu, sabiendo que Él es la fuente de su valentía y poder.

Una enseñanza para la vida

🖥 El ministerio en acción

- Considere cómo podría utilizar sus dones espirituales para ministrar a las necesidades dentro y fuera de su iglesia.
- Evalúe a las personas con quienes interactúa regularmente para determinar quién podría estar abierto a escuchar el evangelio. Ore por oportunidades para testificar.
- Ore por el «Saulo» en su vida, la persona que resiste con más fuerza su testimonio de Cristo.

Lecturas bíblicas diarias

- **L** Bendecido, aunque maltratado. Génesis 31:1–9
- **M** Bendecido en la adversidad. Génesis 39:20–23
- **M** Liberado de la muerte. Jeremías 38:6–13
- **J** Entregado para ser crucificado. Marcos 15:1–15
- **V** La vida de Jesús manifestada. 2 Corintios 4:7–14
- **S** El sufrimiento por Cristo. 1 Pedro 4:12–16

10 de julio, 2022

LECCIÓN

19

La expansión de la Iglesia

Texto para el estudio

Hechos 8:1–40; 9:32–43; 10:1–48

Verdad central

El Espíritu Santo da poder y dirección para el ministerio.

🖵 Versículo clave
Romanos 8:14

Porque todos los que son guiados por el Espíritu de Dios, éstos son hijos de Dios.

Metas de la enseñanza

- Los alumnos examinarán cómo Dios sobrenaturalmente extendió el testimonio de la iglesia primitiva.
- Los alumnos deben reconocer su necesidad del poder y la dirección de Dios al compartir el evangelio hoy.
- Se alentará a los alumnos a buscar la ayuda de Dios en todo lo que hagan al testificar de Cristo.

Introducción al estudio

Diga: Cuando Dios fomentó la expansión del testimonio de Cristo a través de la iglesia primitiva, usó diversos medios y circunstancias. Algunos de ellos fueron la persecución, usó la desesperada necesidad humana y su dirección sobrenatural específica. A la Iglesia no se le ordenó simplemente difundir el evangelio. Los creyentes fueron empoderados y guiados a lo largo del camino. *(Muestre el video para la lección 19, disponible en VidaNueva.com/Adulto.)*

Actividad inicial—¡Otra interrupción!

Pregunte: *¿Cómo responde, o reacciona, cuando su día es interrumpido? ¿Se irrita o se enoja, o considera la posibilidad de que Dios tiene un mejor plan?*

Diga: La mayoría de las veces, a las personas no les gusta que las interrumpan, aunque sea para la obtención de un resultado positivo. No obstante, si entregamos nuestro horario a Dios, Él puede sorprendernos con oportunidades para dar testimonio de nuestra fe. Dios puede guiar aun los detalles más ínfimos de la vida de sus seguidores. Su gran plan de atraer a las personas hacia Él a través de Jesucristo y de construir su reino eterno, se lleva a cabo a medida que los creyentes viven en estrecha relación con Él y siguen su dirección. (Use el siguiente texto para profundizar los puntos que quiere destacar.)

El testimonio de la Iglesia tuvo un comienzo poderoso en la ciudad de Jerusalén. El derramamiento del Espíritu Santo en el Día de Pentecostés había ocasionado la

8:5. Entonces Felipe, descendiendo a la ciudad de Samaria, les predicaba a Cristo.

6. Y la gente, unánime, escuchaba atentamente las cosas que decía Felipe, oyendo y viendo las señales que hacía.

26. Un ángel del Señor habló a Felipe, diciendo: Levántate y ve hacia el sur, por el camino que desciende de Jerusalén a Gaza, el cual es desierto.

29. Y el Espíritu dijo a Felipe: Acércate y júntate a ese carro.

35. Entonces Felipe, abriendo su boca, y comenzando desde esta escritura, le anunció el evangelio de Jesús.

9:32. Aconteció que Pedro, visitando a todos, vino también a los santos que habitaban en Lida.

33. Y halló allí a uno que se llamaba Eneas, que hacía ocho años que estaba en cama, pues era paralítico.

34. Y le dijo Pedro: Eneas, Jesucristo te sana; levántate, y haz tu cama. Y en seguida se levantó.

36. Había entonces en Jope una discípula llamada Tabita, que traducido quiere decir, Dorcas. Esta abundaba en buenas obras y en limosnas que hacía.

37. Y aconteció que en aquellos días enfermó y murió. Después de lavada, la pusieron en una sala.

40. Entonces, sacando a todos, Pedro se puso de rodillas y oró; y volviéndose al cuerpo, dijo: Tabita, levántate. Y ella abrió los ojos, y al ver a Pedro, se incorporó.

10:19. Y mientras Pedro pensaba en la visión, le dijo el Espíritu: He aquí, tres hombres te buscan.

20. Levántate, pues, y desciende y no dudes de ir con ellos, porque yo los he enviado.

34. Entonces Pedro, abriendo la boca, dijo: En verdad comprendo que Dios no hace acepción de personas,

44. Mientras aún hablaba Pedro estas palabras, el Espíritu Santo cayó sobre todos los que oían el discurso.

46. Porque los oían que hablaban en lenguas, y que magnificaban a Dios.

47. Entonces respondió Pedro: ¿Puede acaso alguno impedir el agua, para que no sean bautizados estos que han recibido el Espíritu Santo también como nosotros?

(Nota: La lectura en la clase incluye solo una selección de los versículos del trasfondo de la lección.)

salvación de tres mil personas, a las que más tarde se unieron muchas más. Sin embargo, esto fue solo el comienzo. El plan de Dios incluía a aquellos que vendrían a Cristo desde fuera de Israel y el judaísmo. Felipe y Pedro tuvieron el privilegio de ser los primeros en llevar el evangelio a samaritanos y gentiles.

Parte 1—El ministerio de Felipe

☐ **Gozo en la ciudad**   **Hechos 8:4–13**

Diga: El evangelio tiene poder para cambiar su vida, y la vida de todas las personas a quienes le testifique. Felipe experimentó este poder en Samaria al compartir a Cristo y recibir una bendición sobrenatural. Dios, y el evangelio, siguen siendo los mismos hoy. (Use el siguiente texto para profundizar los puntos que quiere destacar.)

Quienes apedrearon a Esteban y persiguieron a la Iglesia no anticiparon que los creyentes dispersos llevarían el mensaje de Jesucristo dondequiera que fueran (Hechos 8:4).

En Hechos 1:8, Jesús específicamente dijo a sus seguidores que testificaran de Él en Samaria, entre la gente que por siglos había sido rechazada por la corriente principal de los judíos debido a su raza mixta y a su desviación del judaísmo tradicional. Jesús mismo se había acercado a los samaritanos (Juan 4:1–42); aquí, Felipe compartiría con ellos el mensaje completo (Hechos 8:5).

Cuando Felipe le habló a los samaritanos sobre el reino venidero de Dios, y cómo ellos podían tener una relación con Dios a través de su Hijo Jesucristo, Él bendijo la predicación de Felipe con señales milagrosas (vv. 6,12). La experiencia de muchos—al ser sanados de cojera, parálisis y posesión demoníaca—trajo gran gozo a la ciudad (vv. 7-8). Además, los milagros reforzaban las palabras de Felipe, y las multitudes fijaban su atención en él.

El mensaje de Felipe—y los milagros que lo acompañaban—desviaron la atención de la gente de un hechicero llamado Simón, «con sus artes mágicas les había engañado mucho tiempo» (vv. 9–11). El versículo 10 sugiere que los samaritanos creían que el poder de Simón provenía de Dios mismo. Sin embargo, la mentira de Satanás se rompió cuando los samaritanos creyeron en el evangelio. Simón mismo se hizo creyente (v. 13), aunque más tarde fuera reprendido por el apóstol Pedro por intentar comprar el poder de Dios para sus propios propósitos (vv. 18–24).

Folleto – Recurso 1: ¿Qué sucede cuando Dios sana a los enfermos?
Distribuya la hoja de información y llame la atención de los alumnos a los muchos resultados evangelísticos del ministerio de sanidad. Pregunte si alguien en su clase llegó a Cristo mediante alguna sanidad física. Dé la oportunidad de que compartan si lo desean.

Participación de los alumnos

❷ ¿De qué manera puede llegar con el evangelio a aquellos que se sienten rechazados?

❷ ¿Cómo debe responder un cristiano a un amigo o familiar involucrado en una secta o en lo oculto?

☐ **Gozo en el desierto** Hechos 8:26–40 🖥

Diga: Dios obró un poderoso despertar en la ciudad de Samaria cuando Felipe predicó a Cristo a muchos. Sin embargo, Dios estaba igualmente interesado en la salvación de un individuo solitario en un lugar remoto. Llamando a Felipe a dejar su ministerio en Samaria, Dios lo reunió con un hombre que estaba listo para escuchar y responder a la Palabra de Dios. (Use el siguiente texto para profundizar los puntos que quiere destacar.)

En medio de un poderoso despertar espiritual en Samaria, Dios tenía otra tarea para Felipe. Envió a un ángel para que lo guiara a un camino desértico entre Jerusalén y Gaza (Hechos 8:26). Allí conoció a un funcionario de la corte, el tesorero de la reina de Etiopía (v. 27). Este gentil, de lo que hoy llamamos Sudán, adoraba al Dios de Israel; ahora volvía a casa desde Jerusalén, leyendo en voz alta los escritos de Isaías, de un costoso rollo copiado a mano (v. 28).

Por insinuación del Espíritu Santo, Felipe se acercó al carro y el hombre lo invitó a viajar con él (vv. 29–31). Dios había preparado al etíope para el testimonio de Felipe. Después de leer la profecía de Isaías sobre el sacrificio voluntario y humilde de Jesús, el eunuco no estaba seguro a quién se refería el pasaje. (vv. 32–34).

Felipe gustosamente «le anunció el evangelio de Jesús» y cómo convertirse en su seguidor (v. 35). Al ver un poco de agua, posiblemente una fuente o un estanque, el eunuco inmediatamente quiso mostrar su compromiso con Cristo a través del bautismo en agua (v. 36). Felipe obviamente había incluido el mandato de ser bautizado en su testimonio, como lo había hecho en Samaria. Tras la confesión de fe del eunuco, «creo que Jesucristo es el Hijo de Dios» (v. 37), Felipe lo bautizó (vv. 37,38).

Entonces Dios sobrenaturalmente «arrebató a Felipe» (v. 39). Este verbo griego se usa en 1 Tesalonicenses 4:17 para referirse al rapto de la Iglesia. Felipe apareció más tarde en Azoto y predicó hasta Cesarea (Hechos 8:40; véase 21:8). El eunuco regresó a su tierra natal, regocijándose en la misma gran salvación que habían recibido los samaritanos.

Folleto – Recurso 2: Isaías vio a Cristo

Distribuya la hoja de trabajo, y divida la clase en grupos para leer los pasajes que el eunuco etíope estaba leyendo de Isaías 53, y registre sus respuestas. Pida a un representante de cada grupo que comparta lo que Felipe pudo haberle dicho al eunuco sobre Cristo.

Participación de los alumnos

❷ ¿Por qué es importante escuchar la dirección de Dios diariamente?

❷ ¿Qué le diría a un creyente profesante que rechaza el bautismo en agua?

Parte 2–El ministerio del apóstol Pedro

☐ **Sanado para ser testigo**   **Hechos 9:32–35**

Diga: El mismo Jesús que realizó sanidades durante su ministerio terrenal continuó haciéndolo después de su resurrección y regreso al cielo. Su relación continua con aquellos que lo conocen—incluyendo a Pedro—fue una clave poderosa para la misión de la Iglesia en el libro de los Hechos. (Use el siguiente texto para profundizar los puntos que quiere destacar.)

El ministerio itinerante de Pedro lo llevó en una misión a visitar los discípulos en Lida (Hechos 9:32). Cerca de la costa y a unos 19 km (12 millas) de Jope, la única mención de Lida en el Nuevo Testamento se encuentra en este pasaje.

En Lida, Pedro encontró a Eneas, que padecía una parálisis prolongada que lo había confinado a la cama durante ocho años (v. 33). Lucas no registró si había sido una enfermedad o una lesión la causa de esa parálisis; sin embargo, después de ese de tiempo de inactividad, habría estado bastante débil y sus músculos probablemente atrofiados.

La acción de Pedro hacia Eneas reflejó tanto su experiencia con Jesús durante su ministerio terrenal, así como su relación constante con Él después de su regreso al cielo. Estuvo presente cuando Jesús le ordenó a un paralítico que se levantara, recogiera su estera y fuera a casa (Mateo 9:1–8). Aquí, Pedro anunció la acción sanadora de Jesús a Eneas, y le ordenó que se levantara (Hechos 9:34).

El libro de los Hechos registra la salvación de personas, familias y grupos de personas. Dios usó la sanidad de Eneas para traer a toda la población de la ciudad de Lida, así como de Sarón (llanura fértil de aproximadamente 80 km [50 millas] de longitud en la costa mediterránea) a una relación con Él (v. 35).

Participación de los alumnos

❶ Lea Hebreos 13:8. ¿De qué manera nos da fe para la sanidad el hecho de que Jesús sea inmutable?

❷ ¿Cómo podemos mantener la esperanza de que Dios obrará en nuestros esfuerzos evangelísticos hoy?

☐ **Resucitada para ser testigo**　　　　　　　　　　　　　**Hechos 9:36–43**

Diga: ¿Cómo responde a una necesidad de vida o muerte? Cuando unos creyentes acudieron a él luego de la muerte prematura de una amiga de todos, Pedro supo qué hacer. Después de tres años con Cristo antes de su muerte y resurrección, Pedro sabía que una respuesta adecuada a la crisis incluiría un tiempo de seria oración, aunque breve. (Use el siguiente texto para profundizar los puntos que quiere destacar.)

La noticia del ministerio de Pedro en Lida había llegado a los creyentes de Jope. Ante una grave necesidad, ellos le rogaron que viniera pronto (Hechos 9:38). En Jope vivía Tabita (también conocida como Dorcas), una creyente que hacía buenas obras y ayudaba a los pobres (v. 36). Cuando una enfermedad le quitó la vida, los creyentes prepararon su cuerpo para la sepultura, pero también creyeron que Dios podía hacer lo imposible (v. 37).

Al llegar, Pedro se encontró con personas que habían sido tocadas por la bondad de Tabita—las viudas le mostraron las túnicas y otras ropas que les había hecho (v. 39). De manera similar a las acciones de Jesús en casa de Jairo, cuya hija acababa de morir, Pedro envió fuera de la habitación a los que se habían reunido (v. 40; véase Mateo 9:24,25). Ante la realidad de la muerte y la desesperación de quienes amaban a Tabita, Pedro se arrodilló y oró. Luego le dijo a la discípula aún muerta que se levantara. Ella abrió los ojos, lo vio y se sentó. Pedro la ayudó a levantarse, y luego bendijo a las viudas que se habían reunido devolviéndoles a quien tanto amaban (Hechos 9:41).

La historia de la resurrección de Tabita llegó más allá de la comunidad de creyentes y llevó a muchos inconversos al Señor (v. 42). Los dones del Espíritu Santo pueden causar tal asombro entre el pueblo de Dios que el informe también llega a los no creyentes. Dios puede usar estos dones directamente en la vida de los inconversos (Hebreos 2:4).

Después de la resurrección de Tabita, Pedro se quedó en Jope. Allí se alojó donde un curtidor llamado Simón, cuya ocupación era considerada impura por los judíos (Hechos 9:43, Levítico 11:24–31). Los eruditos creen que Simón curtía pieles tanto de animales inmundos como limpios, posiblemente debido a la visión de Pedro en Hechos 10:9–16. Pedro había madurado en cuanto a su apertura de llevar a Cristo a aquellos fuera del judaísmo.

Participación de los alumnos

❷ ¿Por qué cree que Pedro (y Jesús en una ocasión) enviaron a otros fuera de la habitación antes de resucitar a una persona muerta?

❷ Explique por qué la oración es la mejor respuesta a una situación aparentemente desesperada.

❷ ¿Puede enumerar cosas que Dios ha hecho por personas en su iglesia que podrían llegar al corazón de los inconversos que conoce?

Parte 3–Los gentiles reciben el Espíritu Santo

☐ **Aceptados de todas las naciones**   **Hechos 10:1,2,19,20,30–38**

Diga: El libro de los Hechos comienza con el mensaje del evangelio que es predicado sólo a los judíos. Continúa con el testimonio de Felipe a los samaritanos. Pedro es el instrumento de Dios para abrir la misión a los gentiles, comenzando con un oficial del ejército que era parte de la ocupación romana. (Use el siguiente texto para profundizar los puntos que quiere destacar.)

A unos 48 km (30 millas) al norte de Jope estaba Cesarea, nombrada en honor a Augusto César. Era el cuartel general de las fuerzas romanas que entonces ocupaban Israel, incluido un centurión llamado Cornelio (Hechos 10:1). El versículo 2 describe a Cornelio y su familia como «piadoso y temeroso de Dios con toda su casa». En el Nuevo Testamento, esto se refiere a los gentiles que creían en un solo Dios y respetaban las enseñanzas morales y éticas de los judíos. Sin embargo, no se habían convertido plenamente al no circuncidarse ni seguir las leyes dietéticas judías.

Dios estaba preparando a Pedro con una visión. Dios le ordenó que matara y comiera animales definidos como inmundos (Hechos 10:9–16). Pedro comprendería esta visión dos días después, cuando entró en la casa de un gentil y encontró una audiencia preparada por Dios dispuesta a escuchar el mensaje de Cristo. Por ahora, necesitaba obedecer el mandato del Espíritu e ir con los siervos de Cornelio (vv. 19,20).

En la casa del centurión, Pedro se enteró de cómo Dios lo había llevado allí (vv. 30–33). A través de una visión angelical, Dios le había dado a Cornelio instrucciones específicas de encontrar a Pedro. Cornelio reconoció la mano de Dios al llevar a Pedro a hablar en su hogar. Este mismo conocimiento se apoderó de Pedro, quien se dio cuenta de que Dios no trata a las personas con favoritismo ni parcialidad (vv. 34,35). Más bien, Dios envió un mensaje a Israel: la paz con Dios vendría a través de Jesucristo, quien es el Señor de todas las personas de todas las naciones (v. 36). Esta paz se hizo accesible a todas las naciones a través de la muerte y resurrección de Jesús (véase Efesios 2:14–18). Esta paz se demostró cuando Jesús, ungido por su Padre con el Espíritu Santo y poder, liberó a las personas de los males de la enfermedad y la posesión demoníaca (Hechos 10:37,38).

Participación de los alumnos

❷ Ya que Jesús dijo a los apóstoles que predicaran a todas las naciones (Lucas 24:46–48), ¿por qué Pedro dudó en hacerlo antes de experimentar esta visión?

❷ ¿De qué manera la obra sacrificial de Jesús nos trae paz con Dios?

Diga: Cuando Dios abrió la puerta de la fe a los gentiles, surgieron preguntas y hubo oposición. Para asegurar a los primeros creyentes que procedían del judaísmo que Él aceptaba a los gentiles en su familia del pacto, Dios derramó su Espíritu Santo sobre ellos pública e inequívocamente. (Use el siguiente texto para profundizar los puntos que quiere destacar.)

Pedro testificó de haber sido testigo directo del ministerio terrenal de Jesús. Luego, siguiendo un patrón frecuente de predicación en Hechos, proclamó hechos concretos: Cristo fue crucificado y Dios lo resucitó de los muertos. Había pruebas—en este caso, testigos presenciales—de su resurrección (Hechos 10:39–41; véanse 3:14–16; 1 Corintios 15:3–9).

Jesús, que es el Señor de todos, también juzgará a los vivos y a los muertos (Hechos 10:42). La fe en Él y en su muerte expiatoria y resurrección nos libera del temor a la muerte y al juicio. Toda persona que se entregue a Cristo puede regocijarse en la certeza del perdón de los pecados y la garantía de la vida eterna (v. 43; véase Juan 3:16).

El sermón de Pedro fue interrumpido cuando el Espíritu Santo cayó sobre todos los que escucharon las buenas nuevas acerca de Jesús (Hechos 10:44). Los judíos cristianos que acompañaron a Pedro estaban «atónitos» (v. 45) o «asombrados» (NTV) de que Dios derramara su promesa—el Espíritu Santo—sobre los gentiles. Sin embargo se convencieron cuando tuvieron la evidencia de escucharlos «que hablaban en lenguas, y que magnificaban a Dios» (v. 46).

Esta evidencia también satisfizo al mismo Pedro. Preguntó si alguien podía oponerse a que la casa de Cornelio fuera bautizada en agua, y no esperaba—ni recibió—objeción alguna (v. 47). Estos gentiles, que habían recibido el perdón mediante la fe en Cristo y habían sido bautizados en el Espíritu Santo, ahora fueron bautizados públicamente en agua como testimonio de su nueva fe en Cristo (v. 48). Pedro, a solicitud de Cornelio, se quedó allí varios días más, probablemente compartiendo con ellos más enseñanzas sobre la vida en Jesucristo.

📖 Folleto – Recurso 3: ¿Puede haber impedimento para que alguien sea bautizado?

Distribuya la hoja de trabajo y pregunte a los alumnos cómo responderían a cada individuo. Además, pida a los alumnos otras excusas que hayan escuchado, así como cualquier obstáculo personal que hayan superado antes de ser bautizados en agua.

Participación de los alumnos

❷ ¿De qué manera podemos presentar nuestro testimonio de manera sencilla, pero eficaz?

❷ ¿Qué prueba podemos ofrecer hoy de la resurrección de Jesús?

❷ ¿Por qué se sorprendieron los creyentes judíos de que los gentiles hubieran recibido el Espíritu Santo?

Diga: Dios obró a través de Felipe porque estuvo dispuesto a testificar de Cristo a una persona en un camino remoto y también a las multitudes en Samaria. Dios obró a través de Pedro cuando trajo sanidad y vida a las personas en Lida y Jope, y cuando llevó el evangelio a un hogar gentil en Cesarea. La prioridad de Dios de mostrar su gracia sigue siendo la misma, ya sea a una sola persona o a una multitud. Él usó al apóstol Pedro, al diácono Felipe, y usará a cada creyente que se abra al poder y la dirección del Espíritu Santo.

Una enseñanza para la vida

🖥 El ministerio en acción

- Busque maneras de pasar tiempo con familia y amistades que nunca hayan oído el evangelio.
- Dedique tiempo diariamente a escuchar la voz de Dios y a abrirse a su dirección específica.
- Examine su corazón para detectar cualquier prejuicio que le impida compartir el evangelio.

Lecturas bíblicas diarias

L La expansión de Israel en Canaán.
Josué 21:41–45

M La expansión del reino de David.
2 Samuel 5:1–12

M La expansión de la autoridad de Daniel.
Daniel 6:1–5,24–28

J La expansión del ministerio de Jesús.
Marcos 15:1–15

V La expansión del ministerio de Pablo.
Hechos 16:5–12

S La expansión del Reino de Dios.
Apocalipsis 11:15–17

17 de julio, 2022

LECCIÓN
20

La conversión de Saulo

Texto para el estudio
Hechos 7:58; 8:3; 9:1–31;
22:4,19,20; 26:9–11

Verdad central
Cualquiera que se arrepienta
y crea en Cristo será salvo.

🖥 **Versículo clave
1 Timoteo 1:15**
Palabra fiel y digna de ser
recibida por todos: que Cristo
Jesús vino al mundo para salvar
a los pecadores, de los cuales
yo soy el primero.

Metas de la enseñanza

- Los alumnos deben poder
  explicar la historia de la
  conversión de Saulo de
  enemigo a apóstol de
  Jesucristo.
- Los alumnos deben
  regocijarse en el poder de
  Dios para salvar aun a los
  más severos pecadores.
- Los alumnos deben confiar
  en que Dios obrará a través
  de ellos para alcanzar a
  muchos para Cristo.

Introducción al estudio

Diga: Los cristianos pueden desanimarse mientras intentan compartir el evangelio con aquellos que lo han rechazado durante mucho tiempo. Sin embargo, en la vida de Saulo, Dios nos da la prueba de que no hay nadie a quien Él no pueda salvar. Saulo se opuso de manera tajante a la Iglesia y, lo que es más importante, al mismo Cristo. Su conversión nos da una razón más para creer que Dios es poderoso para lo que creemos imposible.

Actividad inicial—Antes y después
Pregunte: *¿Qué tipos de productos se venden usando fotos de «antes y después»?* Dé a los alumnos unos minutos para responder. Las respuestas podrían incluir productos para perder peso, productos o servicios para mejoras en el hogar, etc.

Diga: La mayoría de las veces, las empresas intentan vender un producto, pintando en la imaginación del consumidor un cuadro de su propiedad o de sí mismo en una condición mejorada. Dios no está vendiendo un producto, pero sí presenta en el libro de los Hechos cuadros extraordinarios del «antes y después». La vida de Saulo después de conocer a Cristo muestra la gran diferencia que el Señor hace en la vida de los creyentes. Saulo se refería a sí mismo como un ejemplo del poder de Dios para salvar incluso a los pecadores más duros. Un examen detenido de su vida confirma con creces su afirmación. (Use el siguiente texto para profundizar los puntos que quiere destacar.)

9:1. Saulo, respirando aún amenazas y muerte contra los discípulos del Señor, vino al sumo sacerdote,

2. y le pidió cartas para las sinagogas de Damasco, a fin de que si hallase algunos hombres o mujeres de este Camino, los trajese presos a Jerusalén.

22:4. Perseguía yo este Camino hasta la muerte, prendiendo y entregando en cárceles a hombres y mujeres.

26:11. Y muchas veces, castigándolos en todas las sinagogas, los forcé a blasfemar; y enfurecido sobremanera contra ellos, los perseguí hasta en las ciudades extranjeras.

9:3. Mas yendo por el camino, aconteció que al llegar cerca de Damasco, repentinamente le rodeó un resplandor de luz del cielo;

4. y cayendo en tierra, oyó una voz que le decía: Saulo, Saulo, ¿por qué me persigues?

5. El dijo: ¿Quién eres, Señor? Y le dijo: Yo soy Jesús, a quien tú persigues; dura cosa te es dar coces contra el aguijón.

6. El, temblando y temeroso, dijo: Señor, ¿qué quieres que yo haga? Y el Señor le dijo: Levántate y entra en la ciudad, y se te dirá lo que debes hacer.

17. Fue entonces Ananías y entró en la casa, y poniendo sobre él las manos, dijo: Hermano Saulo, el Señor Jesús, que se te apareció en el camino por donde venías, me ha enviado para que recibas la vista y seas lleno del Espíritu Santo.

18. Y al momento le cayeron de los ojos como escamas, y recibió al instante la vista; y levantándose, fue bautizado.

20. En seguida predicaba a Cristo en las sinagogas, diciendo que éste era el Hijo de Dios.

26. Cuando llegó a Jerusalén, trataba de juntarse con los discípulos; pero todos le tenían miedo, no creyendo que fuese discípulo.

27. Entonces Bernabé, tomándole, lo trajo a los apóstoles, y les contó cómo Saulo había visto en el camino al Señor, el cual le había hablado, y cómo en Damasco había hablado valerosamente en el nombre de Jesús.

28. Y estaba con ellos en Jerusalén; y entraba y salía

(Nota: La lectura en la clase incluye solo una selección de los versículos del trasfondo de la lección.)

La experiencia de Saulo comenzó con su estricta adherencia a la ley judía. Durante este proceso, escuchó de Jesús y lo consideró una amenaza para el debido ejercicio de la religión judía, comprometiéndose a eliminar la mención del nombre de Jesús. La trayectoria de Saulo se detuvo cuando iba a Damasco a perseguir a los creyentes. Repentinamente, por disposición divina, el trayecto de su vida cambió para siempre.

Parte 1—Perseguidor de cristianos

☐ Búsqueda, arresto, cárcel   Hechos 7:58; 8:3; 9:1,2; 22:4,19,20

Diga: Dios pudo condensar su registro de la vida de Saulo antes de Cristo a una frase o dos. Sin embargo, quiso darnos detalles sobre las crueles acciones de Saulo y su obsesión por perseguir a los cristianos. Al hacerlo, demuestra que no hay nadie a quien Él no pueda rescatar, redimir y transformar para Él. (Use el siguiente texto para profundizar los puntos que quiere destacar.)

Muchos lectores han dividido el libro de los Hechos en la historia de dos personajes principales. El apóstol Pedro y su ministerio dominan los capítulos 1 al 12; el apóstol Pablo, los capítulos 13 al 28. Sin embargo, la primera mención de Pablo, aquí llamado Saulo, ocurre antes de que se hiciera cristiano. En Hechos 7:58, Saulo era un joven que guardaba las ropas de los que apedrearon a Esteban: prendas exteriores que se habían quitado para moverse libremente mientras realizaban este acto inicuo (véase Hechos 22:20).

Saulo se convirtió inmediatamente en la figura central de la persecución de la Iglesia, buscando deliberadamente creyentes en cada casa y sinagoga (Hechos 8:3; 22:19). Si bien asumieron un papel más activo en la Iglesia que en el judaísmo, las mujeres creyentes también se convirtieron en blanco de una amarga persecución (Hechos 9:2; 22:4). Lucas escribió repetidamente «hombres y mujeres», destacando la crueldad de Saulo sin importar el género.

Hechos 9:1 describe aun más la crueldad de Saulo, diciendo que estaba «respirando… amenazas y muerte contra los discípulos del Señor». Su crueldad no terminaba con buscar, arrestar y encarcelar a los creyentes. También los golpeaba y trataba de llevarlos de regreso a Jerusalén, donde podían ser juzgados por el Sanedrín y condenados a muerte (v. 2; 26:10).

Por primera vez, en Hechos 9:2, la experiencia de conocer y seguir a Cristo se conoce como «el Camino». Jesús se refirió a sí mismo en Juan 14:6 como «el camino, la verdad y la vida». Referirse a los cristianos como aquellos del «Camino» puede haberse originado en este dicho de Cristo, o tal vez en su enseñanza de que sólo los que siguen el camino «angosto» pueden alcanzar la vida eterna (Mateo 7:14).

Participación de los alumnos

❓ ¿Por qué estaba tan obsesionado Pablo con capturar y perseguir a los creyentes?

❓ ¿Cómo puede responder en amor—y con la verdad—a los que afirman que hay más de un camino para la salvación?

☐ **Oponiéndose al nombre de Jesús**   **Hechos: 26:9–11** 🖥

Diga: Saulo hizo un gran esfuerzo para agradar a Dios en su observancia de la ley del Antiguo Testamento. Sin embargo, como descubriría, ningún esfuerzo humano puede salvar la brecha entre la humanidad pecadora y un Dios sin pecado. Antes de encontrarse con Cristo, Saulo lucharía contra el Nombre del único que trae la salvación: Jesús. (Use el siguiente texto para profundizar los puntos que quiere destacar.)

En Hechos 26, Saulo explicó al rey Herodes Agripa su compromiso de toda la vida con Dios. Acusado por los judíos de palabras y acciones contra la Ley y el templo, Pablo señaló su historia de estricta observancia de la Ley y fe en la futura resurrección de los muertos (v. 48).

El núcleo de la controversia de Saulo con sus compañeros judíos era la identidad y autoridad de Jesucristo. Saulo explicó que su comprensión anterior de los requerimientos de Dios lo había llevado a oponerse al nombre de Jesús (v. 9). Desde el principio de la Iglesia, la salvación se había predicado solo en Su nombre (véase 4:12), lo que provocó una fuerte oposición de los judíos que no aceptaron este mensaje. Saulo, entre ese número, encarceló a los creyentes cristianos en Jerusalén (26:10).

Pablo también testificó que emitió su voto en contra de los creyentes. No tenemos evidencia clara de que Saulo fuera miembro del cuerpo gobernante judío, el Sanedrín, así que su voto pudo haber sido en un juicio que se llevó a cabo en la sinagoga antes de un juicio por el Sanedrín.

En su violencia contra los creyentes, Saulo intentó hacerlos «blasfemar» (v 11). Maldecir el nombre de Dios se castigaba con la muerte (véase Levítico 24:10–16). Sin embargo, este versículo puede indicar que Saulo estaba intentando que los cristianos «maldijeran a Jesús» (véase Hechos 26:11, NTV). La obsesión de Saulo por los que seguían a Cristo le llevó a viajar a ciudades de otras regiones en su búsqueda. En uno de esos viajes, su vida cambiaría para siempre.

Participación de los alumnos

❷ ¿Puede una persona ser sincera en su intento de servir a Dios, y sin embargo equivocarse respecto a la manera de cumplir sus requerimientos? Explique.

❷ ¿De qué manera la fe en Cristo separa a los que han decidido seguirlo de aquellos que no lo han hecho?

❷ ¿Cómo supone que Saulo (Pablo) vio sus acciones anteriores después de su conversión?

Parte 2–Arrestado por Cristo

☐ **Un perseguidor desarmado**   **Hechos 9:3–9**

Diga: Las historias de conversión a Cristo van desde lo sencillo y discreto hasta lo ruidoso y espectacular. Mientras Saulo continuaba con su violenta persecución de los que seguían a Cristo, experimentaría un cambio de vida que resultaría en la bendición de millones de personas inspiradas por su ministerio de la enseñanza verbal y escrita. (Use el siguiente texto para profundizar los puntos que quiere destacar.)

Con la autorización escrita del sumo sacerdote, Saulo se dirigía a Damasco para arrestar a los seguidores de Cristo; pero el Cristo al que se oponía lo arrestó primero a él. Hechos 9:3 afirma que «repentinamente le rodeó un resplandor de luz del cielo». La luz repentina y sorprendente de Dios en la vida de Saulo tendría un impacto permanente muy parecido al que tuvo su estruendo repentino en la Iglesia el día de Pentecostés (véase 2:2). Saulo cayó al suelo durante la visitación sobrenatural (9:4; véase también Daniel 8:17).

Una voz del cielo llamó a Saulo por su nombre y le preguntó: «¿Por qué me persigues?» (Hechos 9:4). De acuerdo con la tradición judía, Saulo probablemente pensó que la voz era divina; aun así, preguntó: «¿Quién eres, Señor?» (v. 5). Después de todo lo que Saulo había creído y hecho, escuchó: «Yo soy Jesús, a quien tú persigues» (v. 5).

El cuerpo de Cristo es la Iglesia. Más tarde, Saulo escribiría extensamente sobre lo que significaba para la Iglesia en su conjunto, y para cada creyente, ser identificado de esta manera (1 Corintios 12:27). Por ahora, Saulo estaba descubriendo la verdad de que cualquier acción contra cualquier seguidor de Cristo es una acción contra mismo Cristo.

Folleto – Recurso 2: Cristo y su Cuerpo
Distribuya la hoja de información y revise los diversos aspectos de la relación de Cristo con su cuerpo, la Iglesia. Pregunte cómo estas acciones de Cristo deben brindar a los creyentes confianza y seguridad en momentos en que son desafiados o perseguidos por su fe.

La aparición de Jesús a Saulo no fue una represión—fue principalmente un llamado. Le ordenó a Saulo que continuara a Damasco para recibir más órdenes (Hechos 9:6). Sus compañeros, que no vieron a Jesús, no sabían qué le había sucedido a Saulo (v. 7). Lo que sí sabían era que este implacable perseguidor de la Iglesia ahora estaba ciego y necesitaba que lo llevaran de la mano a la ciudad (vv. 8,9).

Participación de los alumnos

❷ Enumere varias razones por las que fue importante que Saulo estuviera acompañado por otros en su camino a Damasco.

❷ ¿Cómo debería animarle la relación entre Cristo y su cuerpo al enfrentar la oposición por ser cristiano?

☐ **Ayudado por Ananías**   Hechos 9:10–18

Diga: El libro de los Hechos no es sólo la historia del ministerio de los apóstoles; presenta a muchos otros que sirvieron a Dios y también difundieron el evangelio. Saulo sería ayudado en su nueva fe por Ananías, a quien Dios había preparado para este propósito. (Use el siguiente texto para profundizar los puntos que quiere destacar.)

En los escritos de Lucas—el evangelio y el libro de los Hechos—la oración a menudo se ve en conjunción con las visiones (véase también Lucas 1:8–11,22; Hechos 10:9–16). Tal vez Saulo estaba reflexionando en sus experiencias en el camino a Damasco mientras oraba y pedía perdón y dirección. En respuesta, recibió una visión de alguien llamado Ananías que lo ayudaba a restaurar su vista física (vv. 11,12).

Mencionado sólo aquí y en el testimonio posterior de Saulo, Ananías era un discípulo de Jesús que vivía en Damasco (v. 10; 22:11–16). Ananías también tuvo una visión en que Jesús le dio instrucciones específicas sobre cómo visitar y sanar a Saulo (9:9–12).

Aun así, Ananías al principio discutió con Cristo; Saulo había hecho gran daño a la iglesia de Jerusalén y estaba autorizado para arrestar a los creyentes cristianos, incluidos los de Damasco (vv. 13,14). El Señor respondió de una manera totalmente inesperada por Ananías. El principal perseguidor de los cristianos se convertiría en su «instrumento escogido» para llevar el evangelio tanto a los gentiles como a los judíos (v. 15). Además, este estatus de honor no lo haría inmune a la persecución; Jesús afirmó que Saulo sufriría mucho por el Nombre (v. 16).

Ananías obedeció la dirección divina y encontró la casa de Judas en la calle Derecha. Sin dejar lugar a dudas, anunció que el Señor Jesús lo había enviado para sanar a Saulo y ayudarlo a recibir el Espíritu Santo (v. 17). La imposición de manos para la sanidad física y para recibir el Espíritu Santo ocurre repetidamente en el Nuevo Testamento (por ejemplo, Lucas 4:40; Hechos 19:6). Saulo fue sanado de inmediato y bautizado en agua (v. 18). Los detalles de su bautismo en el Espíritu no se registran aquí; Pablo, más adelante, testifica a los corintios: «Doy gracias a Dios que hablo en lenguas más que todos vosotros» (1 Corintios 14:18), lo que indica que había sido bautizado en el Espíritu.

Participación de los alumnos

❷ ¿Cómo pueden los creyentes mantenerse abiertos a la dirección sobrenatural de Dios, incluyendo las visiones?

❷ ¿Por qué debemos probar las experiencias sobrenaturales con la Palabra de Dios?

❷ Ananías era un creyente que se menciona sólo dos veces en los Hechos. ¿Por qué esto anima a quienes creen que son demasiado «comunes» para ser usados por Dios?

Parte 3–Transformado por Cristo

🖳 ☐ **Antes y después**   **Hechos 9:19–25**

Diga: Saulo (Pablo) algún día escribiría que todo creyente en Cristo es nueva creación (2 Corintios 5:17). Él escribía por experiencia. Habiendo encontrado a Cristo en el camino a Damasco, estaría satisfecho sólo cuando otros tuvieran la misma oportunidad a través de sus palabras. (Use el siguiente texto para profundizar los puntos que quiere destacar.)

Saulo fue cegado en su encuentro con Jesucristo. También dejó de comer y beber (Hechos 9:9). Es posible que haya perdido todo deseo de alimentarse o que haya comenzado voluntariamente un período de ayuno para buscar a Dios y comprender lo que le había sucedido (véase Daniel 10:12-14). Después de ser sanado y alentado por Ananías, Saulo volvió a comer y se fortaleció (Hechos 9:19).

Inmediatamente comenzó a proclamar que Jesús era el Mesías, el Hijo de Dios (vv. 20–22). Jesús hizo la misma afirmación en Su juicio. Sus denunciadores lo acusaron de blasfemia, castigable con la muerte (Mateo 26:62–67).

Los oyentes de Saulo estaban asombrados. Habían esperado que él cumpliera plenamente su misión de arrestar a los discípulos y llevarlos de regreso a los principales sacerdotes en Jerusalén (Hechos 9:21). Sin embargo, de la misma manera en que los espectadores presenciaron grandes milagros físicos de sanidad y juicio en el libro de los Hechos, estaban presenciando el milagro espiritual de la transformación de Saulo, de oponente de la fe a alguien que argumentaba de manera concluyente que Jesús es el Mesías (v. 22).

Folleto – Recurso 3: Totalmente aceptado
Distribuya la hoja de trabajo y divida la clase en pequeños grupos para comentar las preguntas. Pida que algunos alumnos presenten sus respuestas. Comente como se puede alentar a nuevos creyentes o a los que todavía no son creyentes.

La poderosa predicación de Saulo provocó la oposición de los que no creían; confabularon para matarlo (vv. 23,24). Sin embargo, otros creyentes lo rescataron, bajaron a Saulo en una canasta por el muro de la ciudad (v. 25).

Participación de los alumnos

❷ ¿De qué manera el ayuno—la abstención voluntaria de los alimentos—nos ayuda a centrarnos en Dios?

❷ ¿De qué manera la identidad de Jesús como Mesías—el Ungido de Dios—es fundamental para el evangelio?

❷ ¿Por qué es importante que los no creyentes vean tanto los milagros de sanidad física como los milagros de las vidas completamente transformadas?

☐ **Encuentro con la Iglesia en Jerusalén**   **Hechos 9:26–31**

Diga: Saulo no estaba solo en su celo por Cristo. Mucho antes de su experiencia en el camino a Damasco, los discípulos de Jesús—algunos de ellos escogidos como apóstoles—estaban testificando de Él. El primer esfuerzo de Saulo por reunirse con ellos estuvo marcado por el temor. Hubo alguien, sin embargo, que reconoció su conversión genuina y lo ayudó a lograr la aceptación. (Use el siguiente texto para profundizar los puntos que quiere destacar.)

Después de tres años, Saulo fue a Jerusalén para tratar de unirse en comunión con algunos de los primeros conversos cristianos (Hechos 9:26; véase Gálatas 1:18). Su última aparición allí estuvo marcada por la violenta persecución de la Iglesia; como era de esperar, estas personas temieron que se hiciera pasar por discípulo para hacerles daño.

Saulo, sin embargo, encontró un amigo en Bernabé, un levita de la isla de Chipre. Su nombre era José, pero los apóstoles lo apodaron «Bernabé», que significa «Hijo de consolación» (Hechos 4:36). Habiendo escuchado lo que Saulo había experimentado en su conversión y cómo había testificado de Cristo en Damasco, Bernabé llevó a Saulo a los apóstoles y compartió este informe (9:27).

Esto le dio a Saulo la oportunidad de predicar en Jerusalén como lo había hecho en Damasco (vv. 28,29). Esto también lo puso en conflicto con los judíos helenistas (judíos que habían adoptado la lengua y la cultura griegas). Una vez más, su vida se vio amenazada; y los creyentes de Jerusalén lo enviaron a Tarso, su lugar de nacimiento (v. 30).

Lucas concluyó esta sección del libro de los Hechos con una amplia declaración sumaria sobre el estado de la Iglesia, ahora difundida «por toda Judea, Galilea y Samaria» (v. 31). Una pausa en la persecución resultó en un tiempo de paz; los creyentes crecieron espiritualmente; y la Iglesia entera creció numéricamente con la ayuda del Espíritu Santo.

Participación de los alumnos

❷ Enumere algunas maneras en que puede animar a otros creyentes en Cristo.

❷ Bernabé fue un constructor de puentes entre Saulo y los primeros apóstoles. ¿Cómo puede su acción de presentador de Pablo servirnos de modelo hoy?

Diga: La Biblia dice muchas veces que nada es imposible para Dios. Una prueba que proporciona es la dramática transformación de la vida de Saulo (Pablo). Se puede animar a los cristianos a creer en Dios para grandes cosas al reflexionar sobre la historia de Saulo y sobre las muchas otras obras maravillosas que Dios hizo en la iglesia primitiva y a través de ella. ¿Hay personas que rechazan el evangelio, independientemente de cómo se presente? ¿Hay ciudades donde ha sido difícil establecer una iglesia? ¿Hay países enteros donde se alaba la pecaminosidad como algo bueno? Dios puede cambiar estas situaciones para su gloria, a medida que oramos, ponemos nuestra confianza en Él y nos comprometemos a trabajar con Él.

Una enseñanza para la vida

El ministerio en acción

- Identifique personas que usted conoce y que necesitan el poder de Dios para salvación, sanidad y transformación.
- Comprométase a orar diariamente para que Dios se mueva en la vida de ellos y en la suya.
- Póngase a disposición de Dios para ser parte de la respuesta a sus oraciones.

Lecturas bíblicas diarias

- **L** Jacob se encuentra con Dios en Bet-el.
  Génesis 28:10–22
- **M** Dios llama a Samuel.
  1 Samuel 3:1–10
- **M** Dios llama a Ezequiel.
  Ezequiel 2:1–10
- **J** Arrepentirse y creer en el evangelio.
  Marcos 1:9–15
- **V** Nuevas criaturas en Cristo.
  2 Corintios 5:17–21
- **S** Nacer de nuevo por la Palabra.
  1 Pedro 1:17–23

24 de julio, 2022

LECCIÓN
21

La Iglesia evangelizadora

Texto para el estudio
Hechos 11:19 a 12:25

Verdad central
El evangelio es para todas las personas en todas partes.

📖 Versículo clave
Hechos 11:18

Entonces, oídas estas cosas, callaron, y glorificaron a Dios, diciendo: ¡De manera que también a los gentiles ha dado Dios arrepentimiento para vida!

Metas de la enseñanza

- Los alumnos aprenderán cómo los gentiles llegaron a la fe en Cristo a través del testimonio de los creyentes judíos.
- Los alumnos compartirán el deseo de Dios de alcanzar a cada grupo de personas para Cristo.
- Se debe alentar a los alumnos a buscar a Dios para oportunidades de cruzar barreras culturales con el evangelio.

Introducción al estudio

Diga: La historia de la iglesia primitiva está marcada por nombres que todo cristiano reconoce—como Pedro, Santiago, Juan y Pablo. Sin embargo, muchos otros que no se mencionan en los Hechos hicieron grandes cosas para Dios, ya sea cruzando fronteras culturales con el mensaje de Jesucristo, orando por un hermano que enfrentaba una posible ejecución por su fe o ayudando a otros creyentes con dificultades financieras. *(Muestre el video para la lección 21, disponible en VidaNueva.com/Adulto.)*

Actividad inicial—Cruzando la calle
Pregunte: *¿Recuerda cuando aprendió a cruzar la calle? ¿Recuerda quién lo enseñó? ¿Cuáles fueron algunas de las instrucciones que recibió?*

Diga: Cada uno de nosotros necesita aprender a cruzar la calle para su propia protección y seguridad. Cruzar «calles» o barreras culturales es algo que debemos de aprender por el bien de otros que necesitan el evangelio pero que son diferentes a nosotros culturalmente. Dios nos ayudará a cruzar hacia otros con el amor y la verdad de Jesucristo. El llamado de Dios a su pueblo a compartir el evangelio en todo el mundo iba de la mano con su promesa de poder. En Hechos 1:8, Jesús dijo que el Espíritu Santo nos permitiría llegar a los confines de la tierra—cada grupo de personas—con su mensaje. (Use el siguiente texto para profundizar los puntos que quiere destacar.)

11:19. Ahora bien, los que habían sido esparcidos a causa de la persecución que hubo con motivo de Esteban, pasaron hasta Fenicia, Chipre y Antioquía, no hablando a nadie la palabra, sino sólo a los judíos.

20. Pero había entre ellos unos varones de Chipre y de Cirene, los cuales, cuando entraron en Antioquía, hablaron también a los griegos, anunciando el evangelio del Señor Jesús.

21. Y la mano del Señor estaba con ellos, y gran número creyó y se convirtió al Señor.

25. Después fue Bernabé a Tarso para buscar a Saulo; y hallándole, le trajo a Antioquía.

26. Y se congregaron allí todo un año con la iglesia, y enseñaron a mucha gente; y a los discípulos se les llamó cristianos por primera vez en Antioquía.

12:1. En aquel mismo tiempo el rey Herodes echó mano a algunos de la iglesia para maltratarles.

2. Y mató a espada a Jacobo, hermano de Juan.

3. Y viendo que esto había agradado a los judíos, procedió a prender también a Pedro. Eran entonces los días de los panes sin levadura.

4. Y habiéndole tomado preso, le puso en la cárcel, entregándole a cuatro grupos de cuatro soldados cada uno, para que le custodiasen; y se proponía sacarle al pueblo después de la pascua.

7. Y he aquí que se presentó un ángel del Señor, y una luz resplandeció en la cárcel; y tocando a Pedro en el costado, le despertó, diciendo: Levántate pronto. Y las cadenas se le cayeron de las manos.

21. Y un día señalado, Herodes, vestido de ropas reales, se sentó en el tribunal y les arengó.

23. Al momento un ángel del Señor le hirió, por cuanto no dio la gloria a Dios; y expiró comido de gusanos.

11:27. En aquellos días unos profetas descendieron de Jerusalén a Antioquía.

29 Entonces los discípulos, cada uno conforme a lo que tenía, determinaron enviar socorro a los hermanos que habitaban en Judea.

12:24. Pero la palabra del Señor crecía y se multiplicaba.

25. Y Bernabé y Saulo, cumplido su servicio, volvieron de Jerusalén, llevando también consigo a Juan, el que tenía por sobrenombre Marcos.

(Nota: La lectura en la clase incluye solo una selección de los versículos del trasfondo de la lección.)

El libro de los Hechos comienza con el mandato de Jesús para sus seguidores—al principio, todos los judíos—de hablar de Él al mundo. Los temas principales incluyen la extensión del evangelio a personas no judías y la relación de cristianos judíos y gentiles. El estudio de hoy comienza con los creyentes judíos, dispersos por la persecución, que comparten su fe con los gentiles. Descubrieron que la promesa de poder de Dios era la misma para todos los creyentes, no solo para los apóstoles.

Parte 1—Evangelizando tanto a judíos como a gentiles

☐ **Empoderados por la mano de Dios**   **Hechos 11:19–21**

Diga: La persecución no detuvo el testimonio de la iglesia en Jerusalén. Mas bien multiplicó el testimonio de los creyentes al sacarlos de la ciudad y llevarlos a otros campos listos para la cosecha (véase Juan 4:35). Algunos de los creyentes de Jerusalén, como hizo Pedro, alcanzarían con el evangelio a los no judíos y experimentarían el poder de Dios al hacerlo. (Use el siguiente texto para profundizar los puntos que quiere destacar.)

Hechos 8:4 declara que los creyentes expulsados de Jerusalén por la persecución predicaron a Cristo «por todas partes». Luego, Lucas se centró en Felipe y su testimonio en Samaria. Después de registrar la conversión de Saulo y el ministerio de Pedro a Cornelio, Lucas volvió al testimonio de los dispersos, que habían llegado hasta Fenicia, Chipre y Antioquía de Siria (11:19). Antioquía, la capital de Siria, sería el punto de partida de los tres viajes misioneros de Pablo.

Los creyentes dispersos hablaron al principio sólo a los judíos. Muchos de estos testigos, aunque judíos, habían nacido y pasado su vida fuera de Israel, y habían estado expuestos a otros pueblos y culturas. Después habían sido parte de la iglesia en Jerusalén, cuando aceptaron el evangelio. Esta vida de preparación los alistó para el siguiente paso: al llegar a Antioquía, cruzaron la misma barrera que Pedro había cruzado antes y comenzaron a hablar a los gentiles acerca de Jesucristo (v. 20).

Folleto – Recurso 1: Círculos para testificar
Distribuya la hoja de trabajo y dé tiempo a los alumnos de completar los círculos. Deténgase y ore para que Dios ayude a cada miembro de la clase a dar el primer paso esta semana para compartir a Cristo con alguien en uno de sus círculos.

Dios estaba complacido con este esfuerzo evangelístico; «la mano del Señor» estaba con los creyentes en su ministerio (v. 21). «La mano del Señor» es una expresión bíblica frecuente que significa el poder de Dios o el Espíritu de Dios, que a veces se manifiesta en milagros. (Esdras 7:6,8–9; Ezequiel 1:3; 3:21–28). Dios no limitó su poder al testimonio de los apóstoles en el libro de los Hechos (Hechos 6:8; 8:6; 9:17-18); ni tampoco lo hace hoy (véase Juan 14:12). Esta demostración del poder de Dios en Antioquía a través de discípulos comunes dio como resultado que muchos entregaran su vida a Jesucristo.

Participación de los alumnos
❷ ¿Qué barreras puede pedirle a Dios que lo ayude a cruzar en su testimonio de Cristo?

❷ ¿Cómo el ejemplo de los creyentes «comunes» en Hechos puede animar a los creyentes «comunes» de hoy?

❷ ¿De qué maneras ha visto la mano del Señor obrando en su vida?

☐ **Alentados a ser fieles**   **Hechos 11:22–26**

Diga: Al estudiar el libro de los Hechos, los cristianos se centran a menudo en el evangelismo. Sin embargo, los que responden con fe en el evangelio requieren seguimiento, enseñanza y discipulado. Dios le ha dado a la Iglesia personas con el don de fortalecer y animar a los nuevos creyentes hacia una vida de gozo y frutos en Cristo. (Use el siguiente texto para profundizar los puntos que quiere destacar.)

La noticia del evangelismo fructífero en Antioquía llegó a la iglesia de Jerusalén. Bernabé —a quien se vio antes dando generosas ofrendas y ayudando a que Saulo fuera aceptado— fue enviado por la iglesia a Antioquía (Hechos 11:22). Se regocijó al encontrar el gran número de gentiles que recientemente habían aceptado a Cristo (v. 23). Aunque no se nos dice la razón por la que fue enviado, el nombre de Bernabé, que significa «hijo de consolación», sugiere que sus compañeros discípulos sabían que él podía, por el poder del Espíritu Santo, ayudar a los nuevos creyentes a comenzar fuertes en su vida con Cristo (v. 24). Y así, su ministerio en Antioquía comenzó con mucho estímulo y aliento. También resultó en una nueva oleada de evangelismo, con muchos más viniendo a Cristo.

Folleto – Recurso 2: Evidencia de gozo
Distribuya el estudio de caso y pida a un voluntario que lea la historia. Pida a los alumnos que compartan con la clase sus respuestas a las preguntas. Pregunte si hay otras preocupaciones u obstáculos que puedan impedir el verdadero regocijo por la salvación de otros.

Bernabé, sabiendo que muchos nuevos discípulos en Antioquía requerirían enseñanza, fue a Tarso para buscar a Saulo (v. 25). Saulo había sido comisionado por Cristo para llevar el evangelio a los gentiles (9:25). Por consiguiente, él pasaría un año entero con Bernabé enseñando a los gentiles conversos en Antioquía (11:26). Esto serviría como entrenamiento para las misiones gentiles de Saulo, que comenzaron en Hechos 13.

Lucas señaló que los seguidores de Jesús fueron llamados «cristianos» primero en Antioquía. Esto probablemente era un insulto o una alusión peyorativa que provenía de los inconversos. Sin embargo, con el tiempo, el título de «cristiano» no sería una burla, sino una designación gozosa que los hijos de Dios aceptarían para sí mismos (véase 1 Pedro 4:16).

Participación de los alumnos

❓ ¿De qué manera puede animar a quienes recientemente han aceptado a Cristo como Salvador?

❓ ¿Por qué el título de «cristiano» debería moldear su comportamiento no solo públicamente, sino también en privado?

Parte 2–Persecución y liberación

☐ **Jacobo es martirizado; Pedro es librado**   **Hechos 12:1–11**

Diga: Al escribir el libro de los Hechos, Lucas a menudo registró cuándo oraban los primeros cristianos. Eran tiempos de adoración y de súplica a Dios por necesidades específicas, incluyendo la liberación de las manos de autoridades incrédulas. Al responder a sus oraciones, Dios demostró su poder y propagó su reino. (Use el siguiente texto para profundizar los puntos que quiere destacar.)

El rey Herodes Agripa I, nieto de Herodes el Grande, quería proyectar la imagen de judío devoto. Arrestó a algunos de los primeros discípulos con la intención de maltratarlos

(Hechos 12:1). Uno de los arrestados—luego ejecutado a espada—fue el apóstol Jacobo (v. 2). Él y el apóstol Juan, su hermano, fueron dos de los primeros seguidores de Jesús (Mateo 4:21,22). Llamados «hijos del trueno» por Jesús por su temperamento, querían ser elevados a posiciones importantes en el reino de Cristo (Marcos 3:1). Sin embargo, Jesús enfatizó que la grandeza viene con el servicio, y que Jacobo y Juan se unirían a él en el servicio del sufrimiento.

Después de haber complacido a sus súbditos judíos con la muerte de Jacobo, Herodes arrestó a Pedro durante la semana de la Pascua (Hechos 12:3). Probablemente sabiendo sobre la fuga anterior de Pedro de la prisión, no se arriesgó, y lo puso bajo la guardia de cuatro escuadrones rotativos de cuatro soldados cada uno (v. 4; véase 5:17–20).

El momento decisivo del relato es Hechos 12:5. Aunque la situación de Pedro parecía desesperada, especialmente a la luz del martirio de Jacobo, la Iglesia oraba «sin cesar» por él («fervientemente» según [NTV]). El mismo término griego se refiere a la oración de Jesús antes de su arresto y crucifixión (Lucas 22:44).

La víspera de su juicio, bajo una fuerte vigilancia, un ángel despertó a Pedro (Hechos 12:6,7). Liberado de sus ataduras, Pedro se vistió y siguió al ángel fuera de su celda (vv. 8,9). Como parte del milagro, ni los soldados a los que estaba encadenado, ni los que hacían guardia fuera de su celda, se dieron cuenta de su partida (v. 10).

El mismo Pedro pensó que su experiencia con el ángel era una visión; sólo después de que el ángel lo condujo a la ciudad se dio cuenta de que había sido liberado de la cárcel por segunda vez (v. 11). Aquellos que celebraron la muerte de Jacobo se darían cuenta de que Pedro había sido rescatado del mismo destino.

Participación de los alumnos

❷ ¿Cree usted que la Iglesia oró por Jacobo, tal como lo hizo por Pedro? ¿Por qué sí o por qué no?

❷ ¿Cómo podemos recordar que al hacer frente a nuestros desafíos—tanto grandes como pequeños— debemos llevarlos al Señor en oración?

☐ **Regocijo y juicio**   Hechos 12:12–23

Diga: En la historia de la iglesia primitiva, Dios realizó tanto milagros de liberación como milagros de juicio. Pedro fue rescatado de la cárcel dos veces y probablemente de la muerte por la espada de Herodes. Sin embargo, el rey Herodes pronto aprendería que Dios no permitiría que se lo despojara de Su gloria. (Use el siguiente texto para profundizar los puntos que quiere destacar.)

Pedro fue inmediatamente a casa de María, cuyo hijo, Juan Marcos, acompañaría más tarde a Saulo y Bernabé en el ministerio (Hechos 12:12; véase 13:4,5). María, hermana de Bernabé (véase Colosenses 4:10), al parecer era rica; su casa era lo suficientemente grande para servir como lugar de reunión de muchos creyentes. Además, el hecho de que no se mencione al padre de Juan Marcos sugiere que María era viuda.

Rode, una sirvienta, respondió al llamado a la puerta de Pedro (Hechos 12:13). El que reconociera la voz de Pedro sugiere que ella también era miembro de la iglesia. Sorprendentemente, su alegre informe fue recibido con incredulidad (vv. 14,15). La declaración de los discípulos de que Rode había visto al ángel de Pedro reflejaba la creencia popular judía de que cada persona tenía un ángel guardián que podía hacerse visible, y se parecía al individuo.

Cuando finalmente entro a la casa, Pedro testificó de su rescate (vv. 16,17). Aunque sucedió a través de un ángel, Pedro dio a Dios la gloria por su rescate. Quería que esta experiencia reforzara la fe de toda la iglesia, y dijo a los reunidos que contaran las buenas nuevas a los demás.

Herodes, su perseguidor, hizo ejecutar a los guardias de la prisión por su presunta falla en retener a Pedro (vv. 18,19). Más tarde, Herodes fue a Cesarea. Allí, representantes de Tiro y Sidón lo buscaron para promover relaciones pacíficas (v. 20). Aunque Herodes estaba enojado con estas ciudades, no hay indicios de que estuvieran en guerra con él. Sin embargo, su gran población y sus tierras limitadas hacían necesario que Tiro y Sidón obtuvieran alimentos del exterior.

El día que se reunió con ellos, Herodes se puso una prenda que según el historiador Josefo estaba hecha de plata y reflejaba la luz del sol de una manera sorprendente (v. 21). Sus oyentes respondieron a su discurso refiriéndose a su voz la voz de un dios (v. 22). Herodes, aunque deseaba ser visto como un judío devoto, ignoraba la verdad de que Dios no comparte Su gloria con nadie más (Isaías 42:8). El juicio de Dios sobre Herodes fue instantáneo y completo (Hechos 12:23).

Participación de los alumnos

❷ María abrió su casa como un lugar de reunión para la iglesia. ¿Qué recursos tiene que Dios pueda usar en la obra del ministerio?

❷ Compare a Pedro, glorificando a Dios, con Herodes, quien fácilmente aceptó la gloria para sí mismo. ¿Qué pasó con cada uno?

Parte 3–Los creyentes gentiles ayudan a los creyentes judíos

☐ **Hambruna profetizada** **Hechos 11:27,28**

Diga: A veces, Dios revela los acontecimientos futuros a su pueblo. Lo hace para que se prepare y no los tome por sorpresa cuando ocurran. En este caso, un profeta hizo un anuncio que permitió a una parte de la iglesia brindar ayuda fraternal a otra. (Use el siguiente texto para profundizar los puntos que quiere destacar.)

Durante el año en que Bernabé y Saulo pasaron enseñando a los nuevos creyentes en Antioquía, unos profetas que llegaron de Jerusalén se les unieron (Hechos 11:27). El término «profeta» a lo largo de las Escrituras se usa para las personas que hablaban por Dios. Su propósito era declarar lo que Dios les había revelado, ya fuera respecto al futuro o su verdad con respecto al presente. Los profetas, junto con otros que equipan y edifican a la Iglesia, han sido dados al cuerpo de Cristo por Cristo mismo (véase Efesios 4:11–13). La profecía en sí es un don espiritual que debe ejercerse en beneficio de la Iglesia conforme el Espíritu de Dios da el poder (véanse Romanos 12:6; 1 Corintios 12:7–11).

Un profeta llamado Agabo, por inspiración del Espíritu Santo, anunció una gran hambruna que afectaría a todo el mundo romano (Hechos 11:28). Lucas, el autor de Hechos, señaló que esta profecía se cumplió durante el reinado de Claudio César (41–54 d.C.). El historiador Josefo registró que Judea sufrió una hambruna durante el reinado de Claudio en la que hubo muchas muertes.

Participación de los alumnos

- ❓ ¿Cómo puede una iglesia dar cabida al ministerio de la profecía, ya sea por medio de profetas o por otros miembros del cuerpo de Cristo?

- ❓ Lea 1 Corintios 14:29 y 1 Juan 4:1. ¿Por qué es vital probar las profecías?

☐ **Se proporciona una ayuda**   **Hechos 11:29,30; 12:24,25**

Diga: Los cristianos gentiles de Antioquía habían recibido el evangelio—una bendición espiritual—de los cristianos judíos que habían viajado allí desde Jerusalén. Era propio, entonces, que esta vez fueran ellos quienes estuvieran dispuestos a ayudarlos con una ofrenda—una bendición material—en un momento de gran necesidad. (Use el siguiente texto para profundizar los puntos que quiere destacar.)

Los creyentes de Antioquía tardaron poco en responder al mensaje que les comunicó Agabo. El registro de sus ofrendas, «cada uno conforme a lo que tenía» (Hechos 11:29), ilustra un principio importante enseñado por el mismo Jesús. Al comparar la dádiva de los ricos con la dádiva de una viuda pobre—como habían aprendido de manera práctica los primeros discípulos—Jesús dijo que la viuda había dado más que todos los ricos juntos (Lucas 21:1–4). De la misma manera, Dios ve la dádiva de cada creyente y es el único calificado para juzgar el nivel de sacrificio que cada uno ha hecho por Él.

Hechos 11:30 registra que los cristianos de Antioquía hicieron llegar sus ofrendas a sus hermanos en la fe enviándolas con Bernabé y Saulo a los ancianos de la iglesia en Jerusalén. La participación de líderes cristianos maduros en este acto de bondad ayudó a asegurar la integridad de su ministerio de benevolencia (véase 2 Corintios 8:20,21).

📖🖊 **Folleto – Recurso 3: Principios al ofrendar**
Distribuya la hoja de información y dé a los alumnos tiempo para leerla. Pregunte cómo estos principios bíblicos deberían afectar la actitud de los creyentes al ofrendar, y cómo nos liberan de una mentalidad de cumplimiento del deber a una de servicio gozoso cuando damos al Señor y a los demás.

Lucas registró que después de la muerte de Herodes—quien no dio gloria a Dios cuando la gente dijo «voz de Dios, y no de hombre» (Hechos 12:22)—la palabra del Dios verdadero «crecía y se multiplicaba» (v. 24). El amor de Dios también se difundió, prueba de esto fue la generosa ofrenda de los cristianos de Antioquía para los creyentes de Judea. Después de entregar la ofrenda que se les había confiado, Saulo y Bernabé regresaron a Antioquía, con Juan Marcos, sobrino de Bernabé (v. 25).

Participación de los alumnos

- ❓ Si solo Dios puede juzgar la calidad de su ofrenda, ¿cómo debería el saber eso afectar su manera de dar?

- ❷ ¿Qué podría suceder si el dinero en una iglesia se maneja con falta de pureza e integridad?

- ❷ ¿Cómo pueden los creyentes y las iglesias que se ayudan entre sí materialmente servir como testigos al mundo?

¿Qué nos dice Dios?

Diga: Los creyentes que quieren crecer en su fe en Cristo no pueden pasar por alto la responsabilidad de anunciar al mundo entero el mensaje salvador de la vida, muerte y resurrección de Jesucristo. Cada persona que ha aceptado a Cristo fue alcanzada por alguien que obedeció el mandato de ir a todo el mundo y predicar el evangelio a toda criatura (véase Marcos 16:15). A veces, esto implica derribar las barreras de la cultura, e incluso el prejuicio, para llegar a otros que no son como nosotros. Los creyentes deben examinar las razones por las que evitan extender el amor y la verdad de Jesucristo más allá de las fronteras culturales, y deben pedir a Dios que los ayude a superar estos obstáculos para que otros lleguen a Él. Aquellos que se someten a Dios de esta manera encontrarán que Aquel que les da poder estará con ellos en cada paso del camino al cumplir el mandato evangelístico.

Una enseñanza para la vida

🖥 El ministerio en acción

- ■ Examine la sensación de incomodidad que puede indicar una mala actitud o prejuicio, y confíe que Dios lo ayudará a superarlos.
- ■ Ore que Dios le dé el poder de testificar a quienes encuentre en su vida diaria esta semana.
- ■ Busque oportunidades para cruzar barreras culturales con el amor y la verdad de Jesucristo.

Lecturas bíblicas diarias

- Ⓛ Todas las naciones son bendecidas a través de Abraham.
  Génesis 12:1–3

- Ⓜ El Mesías, Salvador de los gentiles.
  Isaías 42:1–7

- Ⓜ Jonás, evangelista a los gentiles.
  Jonás 3:1–10

- Ⓙ Enseñando a todas las naciones.
  Mateo 28:16–20

- Ⓥ Los gentiles son justificados por la fe.
  Gálatas 3:6–9

- Ⓢ Los gentiles en la familia de Dios.
  Efesios 2:11–20

La adoración en los Salmos

Hace unos años, uno de los temas más polémicos en muchas iglesias era el estilo de adoración que se usaba. Algunas personas preferían los antiguos himnos de la Iglesia, mientras que otras querían cantar coros de alabanza. Aun otros preferían la música gospel. Algunos querían órgano, piano y orquesta, mientras que a otros les gustaban las guitarras, la batería y los teclados electrónicos. Pero Dios no está interesado en nuestro estilo de adoración ni en los instrumentos que usamos. Él está, no obstante, profundamente interesado en el enfoque de nuestra adoración—¡y en que adoremos!

Las lecciones en esta unidad examinan cuándo, cómo y a quién adoramos. La Biblia nos proporciona un libro completo de himnos y cantos que nos ayudan a expresar nuestra adoración al Único que merece nuestra adoración. Usaremos una selección de estos salmos como ayuda.

En la lección 22, comenzamos con la adoración, aun en tiempos difíciles. Para algunas personas, es más fácil adorar cuando los tiempos son buenos, mientras que otras recurren a Dios sólo en tiempos de prueba (generalmente con peticiones, no con adoración). Pero Dios quiere que lo adoremos en medio de nuestras dificultades.

La lección 23 nos invita a alabar a Dios por su incomparable grandeza. Él es todopoderoso y no hay nadie como Él. Descubrir quién es Él nos animará a adorarlo con gozo. En la lección 24, vemos a Dios como el Rey soberano del universo. Pero Él también está activo en la vida de cada ser humano, siempre atento a nosotros y proveyendo para nuestras necesidades. Esto debería motivarnos a glorificarlo en todo lo que hacemos.

En la lección 25, exploramos la gracia y la compasión de Dios a nivel personal. A través de su gracia, Él nos ofrece a cada uno de nosotros una puerta abierta a una relación personal con Él. Reconocer su gran gracia para con nosotros debería motivarnos a exaltarlo en alabanza todos los días.

Finalmente, somos invitados a magnificar a nuestro incomparable Señor. Él es diferente a cualquier dios porque nadie ni nada se le puede comparar. ¡Qué bendición, entonces, que Dios nos invite a vivir en comunión con Él!

31 de julio, 2022

LECCIÓN

22

Adorar en tiempos de prueba

Texto para el estudio

Salmos 56:1–13; 61:1–8; 124:1–8

Verdad central

La alabanza a Dios puede alentarnos en cualquier situación.

🖵 Versículo clave
Salmo 56:12

Sobre mí, oh Dios, están tus votos; te tributaré alabanzas.

Metas de la enseñanza

- Los alumnos reconocerán la realidad de las pruebas, aun en la vida del pueblo de Dios.

- Los alumnos describirán lo que el libro de los Salmos enseña acerca de por qué podemos adorar a Dios en medio de las dificultades.

- Los alumnos apreciarán el valor de la alabanza como un medio de reorientar su enfoque hacia Dios cuando se sientan agobiados o abrumados.

Introducción al estudio

Diga: Nadie es inmune a las pruebas y las luchas. No hay dinero, poder o influencia que asegure la «vida perfecta». En lugar de negar las pruebas, entonces, debemos encontrar formas de atravesarlas con éxito. Afortunadamente, los cristianos tienen un abundante suministro de fortaleza, paz, y provisiones que pueden recibir de Dios.

Actividad inicial—Enfrentando la tormenta

Pregunte: *¿Cuál es la prueba más difícil que ha enfrentado, y cómo superó esa prueba?* Anime a los alumnos a dar su testimonio. Tenga en cuenta que podrían mencionar la ayuda de seres queridos y la ayuda del Señor.

Diga: El estudio de hoy examina tres salmos importantes que nos recuerdan cómo la adoración puede ayudarnos a atravesar los momentos difíciles. Podría sorprenderse de pensar en la adoración de esta manera, sin embargo, estos salmos nos muestran que la adoración reorienta nuestro enfoque de nuestras propias crisis—por más graves que sean—hacia Aquel que nos ayuda a través de las dificultades. (Use el siguiente texto para profundizar los puntos que quiere destacar.)

En el Antiguo Testamento, la raíz de la palabra adoración es «inclinarse», una referencia a dar el debido honor y reconocimiento a un individuo (casi siempre a Dios). Cuando se aplica a Dios, la palabra se refiere a acciones externas que reflejan actitudes y valores internos. Por eso, si bien esta palabra solo aparece siete veces en los salmos, la adoración a Dios está presente a lo largo de este libro, y se ve en respuestas tales como la confianza,

Introducción

56:3. En el día que temo, yo en ti confío.

4. En Dios alabaré su palabra; en Dios he confiado; no temeré; ¿qué puede hacerme el hombre?

5. Todos los días ellos pervierten mi causa; contra mí son todos sus pensamientos para mal.

6. Se reúnen, se esconden, miran atentamente mis pasos, como quienes acechan a mi alma.

7. Pésalos según su iniquidad, oh Dios, y derriba en tu furor a los pueblos.

8. Mis huidas tú has contado; pon mis lágrimas en tu redoma; ¿No están ellas en tu libro?

9. Serán luego vueltos atrás mis enemigos, el día en que yo clamare; esto sé, que Dios está por mí.

13. Porque has librado mi alma de la muerte, y mis pies de caída, para que ande delante de Dios en la luz de los que viven.

61:1. Oye, oh Dios, mi clamor; a mi oración atiende.

2. Desde el cabo de la tierra clamaré a ti, cuando mi corazón desmayare. Llévame a la roca que es más alta que yo,

3. Porque tú has sido mi refugio, y torre fuerte delante del enemigo.

4. Yo habitaré en tu tabernáculo para siempre; estaré seguro bajo la cubierta de tus alas. Selah

5. Porque tú, oh Dios, has oído mis votos; me has dado la heredad de los que temen tu nombre.

8. Así cantaré tu nombre para siempre, pagando mis votos cada día.

124:1. A no haber estado Jehová por nosotros, diga ahora Israel;

2. A no haber estado Jehová por nosotros, cuando se levantaron contra nosotros los hombres,

3. Vivos nos habrían tragado entonces, cuando se encendió su furor contra nosotros.

4. Entonces nos habrían inundado las aguas; sobre nuestra alma hubiera pasado el torrente;

5. Hubieran entonces pasado sobre nuestra alma las aguas impetuosas.

6. Bendito sea Jehová, que no nos dio por presa a los dientes de ellos.

7. Nuestra alma escapó cual ave del lazo de los cazadores; se rompió el lazo, y escapamos nosotros.

8. Nuestro socorro está en el nombre de Jehová, que hizo el cielo y la tierra.

(Nota: La lectura en la clase incluye solo una selección de los versículos del trasfondo de la lección.)

alabanza, gloria y honra dirigidas hacia Dios. A medida que avanzamos en esta unidad, observe las muchas maneras en que podemos expresar a Dios nuestra adoración sincera. Hoy comenzamos este recorrido examinando la adoración en los tiempos de prueba.

Parte 1—Confíe en Dios cuando tenga miedo

☐ **Cuando estamos bajo ataque**   Salmo 56:1–7

Diga: El mundo actual manifiesta una animosidad real hacia Dios y su pueblo. Como resultado, encontramos que nuestras creencias están bajo ataque de diversas formas. El Salmo 56 ofrece la seguridad de que podemos confiar en Dios en esos momentos. (Use el siguiente texto para profundizar los puntos que quiere destacar.)

El peligro de los enemigos, y el miedo resultante, es un tema común en el libro de los Salmos. A menudo, estos enemigos son gobernantes y ejércitos extranjeros. Sin embargo, en salmos como el Salmo 56, la amenaza es individual. Como resultado, el miedo y el peligro pueden ser más sutiles, pero igualmente reales. Los comentaristas señalan que los ataques mencionados aquí a menudo provienen de personas que no ven con seriedad al Señor o su Ley, y esto se refleja en la manera en que hablan y tratan al pueblo de Dios. Tan reales como los ataques de una fuerza invasora, están dirigidos a nuestra fe en Dios. Nuestros atacantes pueden presentar peligros reales, ya sean físicos o que atenten contra nuestra reputación, bienestar emocional o incluso nuestra fe.

Este salmo de David registra el clamor de su corazón cuando huyó a Gat mientras Saul lo perseguía. Allí, se sintió amenazado por el rey de Gat y huyó nuevamente (véase 1 Samuel 21:10 a 22:1). Y así, encontramos a David suplicando a Dios por misericordia, temeroso de los audaces ataques de sus enemigos (Salmo 56:1–3). Cabe señalar que el término que se traduce como «hombre» (v. 1) no es la palabra habitual para hombre. El término que se usa aquí generalmente enfatiza el aspecto débil y mortal de la raza humana. (Nótese su uso en Isaías 13:7; 24:6). En resumen, el salmista nos recuerda que, aunque reales, sus enemigos eran débiles en comparación con el Dios todopoderoso.

No es de extrañar, entonces, que David proclame su confianza en el Señor; no necesita temer lo que la carne humana pueda hacerle (Salmo 56:4). Los simples mortales no son rivales para Dios. Esto no quiere decir que la batalla no sea real. Los enemigos de David tergiversaron sus palabras y buscaron oportunidades para causarle problemas y hacerle daño (vv. 5–7). Sin embargo, se aferró firmemente a la confianza de que Dios no permitiría que se salieran con la suya mediante sus malvados planes, sino que les impondría consecuencias reales por su maldad.

David incluyó el peligro del daño físico en su lamento. Si bien es posible que no enfrentemos este tipo de peligro, sabemos lo que significa que nuestras palabras sean tergiversadas y nuestras creencias atacadas por aquellos que rechazan el poder y la autoridad de nuestro Dios. Cuando vienen los ataques y surge el miedo, podemos descansar sabiendo que Dios es más grande que cualquier enemigo.

Participación de los alumnos

❷ ¿Cuáles son algunas formas específicas en que los creyentes son atacados hoy?

❷ ¿Cómo nos ayuda a soportar esos ataques la confianza en Dios que expresa el Salmo 56?

| 🖥 ☐ **El Señor es más grande que nuestros temores** | **Salmo 56:8–13** |

Diga: A veces, las circunstancias de la vida provocan un miedo que puede sofocar nuestra esperanza, apagar nuestra alegría y causar dolor y lágrimas reales a nuestra vida. En tiempos de ataque, las palabras del Salmo 56 nos recuerdan que Dios es más grande que todos nuestros temores. (Use el siguiente texto para profundizar los puntos que quiere destacar.)

Salmo 56:8 proporciona hermosas imágenes e ilustraciones de la extraordinaria compasión de nuestro Señor. David pide a Dios que recuerde sus pesares y las lágrimas que ha derramado. Esto, por supuesto, no era para que Dios pudiera reabrir las heridas que David había soportado en el pasado. Más bien, esa remembranza testificaría del fiel cuidado de Dios durante los momentos difíciles de la vida.

En este punto, el salmo se convierte en una especie de celebración de la confianza en Dios, del reconocimiento de que Dios es más grande que cualquier enemigo de David:

«Serán luego vueltos atrás mis enemigos, el día en que yo clamare; esto sé, que Dios está por mí» (v. 9). La proclamación de David nos recuerda la exaltación de Pablo, en Romanos 8:31–39: nada puede separarnos del amor de Dios, porque si Él está por nosotros, nada puede levantarse exitosamente contra nosotros. Tal seguridad (ya sea de David o de Pablo) tiene sus raíces en las promesas de Dios: promesas en las que se puede confiar. Salmo 56:10,11 es bastante similar a los versículos 3 y 4, y sirve como una especie de estribillo poético para lo que está contenido en los pasajes entre este par de declaraciones. David reconoció que sus enemigos eran reales. Si hubiera tenido que arreglárselas solo, habría una razón genuina para su temor. Sin duda se habría sentido abrumado por sus enemigos y la maldad de ellos. Pero confiaba en que Dios intervendría. Esa confianza le aseguró que ningún mortal podría quitarle las promesas de Dios.

A partir de ahí, David concluye su salmo aceptando la responsabilidad de responder adecuadamente al Dios amoroso y digno de confianza al que servía (vv. 12,13). David prometió solemnemente seguir fielmente los mandamientos de Dios. Sin embargo, es fundamental que veamos el compromiso de David en el contexto de lo que sucedió antes. Obedecería con una actitud de sincera alabanza. Esta es la naturaleza de lo que significa andar con Dios. La vida como su seguidor no es una fría transacción de servicio por protección. Es una relación construida sobre el reconocimiento de quién es Dios, la gratitud por todo lo que ha hecho y el gozo de andar en su presencia cada día. Una vida así puede vivirse gloriosamente libre de todo temor.

Folleto – Recurso 1: La perspectiva adecuada
Distribuya la hoja de trabajo y divida la clase en grupos pequeños para responder las preguntas. Cuando terminen, comenten sus respuestas en clase.

Participación de los alumnos

- ❓ ¿Por qué es importante reconocer que las batallas espirituales no pueden ganarse sin la intervención del Señor?
- ❓ ¿Cómo podemos responder a Dios por su amorosa intervención?

Parte 2–Alabe a Dios cuando se sienta abrumado

☐ **El Señor es nuestro refugio**   Salmo 61:1–4

Diga: El rey David, el escritor de este salmo, ciertamente enfrentó momentos en los que tuvo razones para sentirse abrumado, desde huir para salvar su vida antes de su coronación hasta hacer frente a terribles enemigos como rey. Cuando nos encontramos en situaciones abrumadoras, podemos aprender del ejemplo de David. (Use el siguiente texto para profundizar los puntos que quiere destacar.)

David comenzó el Salmo 61 con una declaración que puede llegar al corazón de todo seguidor de Dios: «Oye, oh Dios, mi clamor; a mi oración atiende. Desde el cabo de la tierra clamaré a ti» (vv. 1,2). Él proyecta una sensación de desesperación acentuada por la frase «desde el cabo de la tierra». Esto se refiere a lugares que están lejos de su entorno conocido. Para un rey como David, esto podría interpretarse como la acción de liderar sus tropas en una batalla militar en tierra desconocida. Para otros seguidores de Dios, puede ser más personal y menos visible. Lo desconocido viene acompañado de la incertidumbre, e incluso la ansiedad, conforme uno lucha por entender las batallas que enfrenta. El creyente de hoy enfrenta toda clase de incertidumbre, ya sea financiera, relacional o cultural que derivan de la agitación política y social. En estos entornos desconocidos, el corazón del creyente clama instintivamente a Dios.

Estos clamores están bien fundados y arraigados en las bendiciones pasadas de Dios: «Porque tú has sido mi refugio, y torre fuerte delante del enemigo» (v. 3). David a menudo había disfrutado de la seguridad del refugio de Dios en medio de la tormenta de la vida. Dios lo había protegido de las intenciones asesinas de Saúl, y le había proporcionado grandes victorias militares. Entonces, es importante resaltar que la torre fuerte del versículo 3 es inalcanzable para cualquier ser humano, incluido el mismo David. Aun este gran rey sabía que sólo Dios podía protegerlo. No es de extrañar, entonces, que orara por vivir para siempre en el santuario de Dios, «tu tabernáculo» (v. 4), donde el pueblo escogido se encontraba con Dios. David anhelaba descansar a salvo en la presencia de Dios.

En los momentos abrumadores de la vida podríamos sentirnos tentados a adoptar la batalla como propia—a confiar en nuestros propios instintos y fortaleza con el fin de planear y alcanzar nuestra victoria. Hacemos bien en aprender de David. La batalla pertenece al Señor. Él quiere que busquemos el refugio que sólo Él puede darnos. En vez de llenar nuestro corazón con pensamientos que fomentan la ansiedad y el temor, podemos llenar nuestro corazón con alabanzas.

Participación de los alumnos
❷ ¿Cuáles son algunos problemas comunes que generalmente abruman al creyente?
❷ ¿Cómo responde cuando la vida lo abruma, y cómo podría responder mejor aún?

📖 ▢ **Alabaremos a Dios con cantos y obras**   **Salmo 61:5–8**

Diga: La palabra alabanza generalmente evoca cantos alegres o palabras personales de adoración al Señor en nuestros momentos de devoción. El Salmo 61 nos recuerda que la alabanza implica más que eso. Incluye las palabras que usamos y un estilo de vida que afirman y se regocijan en nuestro andar con Dios. (Use el siguiente texto para profundizar los puntos que quiere destacar.)

Salmo 61:5, «Porque tú, oh Dios, has oído mis votos…», es una continuación natural del versículo 3: «Porque tú has sido mi refugio…». Las misericordias de Dios no existen en un vacío. Más bien, se manifiestan en una relación entre Dios y su pueblo. Si bien «votos» puede parecer un término intimidante, básicamente se refiere a un compromiso con Dios. Aquí, David no se refiere livianamente a tales compromisos; mas bien, honró a Dios. Esta sana comunión con Dios ratificó a David la seguridad de que se le había dado la herencia del Señor, «una herencia reservada para los que temen tu nombre».

Los versículos 6 y 7 son especialmente importantes para los cristianos de hoy, porque anuncian el reinado eterno del Mesías que surgiría del linaje de David. Las promesas de preservación de Dios tienen sus raíces en la esperanza tan preciada que tenemos en Cristo.

Y así, lo que comenzó como un clamor sentido desde un lugar solitario y distante al comienzo del salmo se convirtió en un momento íntimo con Dios en el santuario de su presencia. A pesar de las abrumadoras circunstancias que David enfrentó, las maravillosas promesas de Dios se mantuvieron inamovibles. El futuro estaba seguro. Dios preservaría al rey David y su linaje, cumpliendo finalmente su amor inagotable por la humanidad a través de Cristo.

El versículo 8 da un realce apropiado a este salmo, ya que describe la adoración a través de la voz y la acción: «Así cantaré tu nombre para siempre, pagando mis votos cada día». Una relación continua con Dios es una relación de alabanza a Él. David ofreció alabanza a Dios con oración y cantos. Sin embargo, al hacerlo, también vivió una vida de compromiso con Dios que reflejaba tal alabanza. Cumplió sus compromisos con Dios como un acto de alabanza, reconociendo que Dios siempre estaba cerca de él. La presencia de Dios y sus promesas nunca se apartarían de David.

Asimismo, la vida cristiana de hoy es una vida de alabanza al Señor. Esta alabanza se ofrece con palabras y canciones, y se muestra con la fidelidad al compromiso que hemos hecho con Dios como hijos suyos. Ambas formas de alabanza en ciertas ocasiones podrían ser un desafío. A veces, las palabras no nacen con facilidad cuando la vida es dura. Pero en esos momentos podemos reflexionar en las promesas fieles de Dios. Del mismo modo, vivir para Él puede ser un desafío ante la tentación de pecar, o incluso el temor de lo que nos pueda suceder por servirle. Entonces, una vez más, podemos tener paz y sentirnos seguros al saber que el Señor está cerca y que es fiel a sus promesas.

Folleto – Recurso 2: Un poema en cinquena: Alabanza

Distribuya la hoja de trabajo del poema en cinquena «Alabanza». Invite a los alumnos a completar la hoja, y luego presenten los poemas a la clase. Use sus composiciones como punto de partida para una discusión sobre el tema de cómo los cristianos podríamos definir la alabanza.

Participación de los alumnos

- ❷ ¿Cuáles son algunas de sus canciones favoritas para alabar al Señor, y por qué significan tanto para usted?
- ❷ ¿Cómo muestra su alabanza al Señor cada día?

Parte 3–Confíe en Dios cuando enfrente oposición

☐ ¿Qué habría ocurrido si el Señor no hubiera sido nuestro aliado?   Salmo 124:1–5

Diga: El Salmo124 presenta un importante recordatorio para todo seguidor de Dios que enfrenta oposición: la victoria y la derrota dependen únicamente de si el Señor está o no de nuestro lado. Al estudiar este salmo, se nos recuerda que la victoria no tiene que ver con nosotros; tiene que ver con la Persona en quién confiamos en tiempos de necesidad. (Use el siguiente texto para profundizar los puntos que quiere destacar.)

El Salmo 124 es un canto de ascensión. Es decir, este salmo era cantado por el pueblo de Dios mientras atravesaban Jerusalén y subían o ascendían hacia el templo para adorar. (Los quince salmos de ascensión son los capítulos 120 a 134.) El pueblo pasaba por el Valle de Cedrón, ascendía hacia los escalones del templo y luego subía esos escalones hasta la entrada del templo. Estos salmos, que suelen ser bastante alegres, ensalzan y exaltan al

Señor, reconociendo su poder, su gracia y su misericordia—un preludio apropiado para un tiempo de alabanza colectiva en Su presencia.

> **Folleto – Recurso 3: Cuatro salmos de ascensión**
> Distribuya la hoja de trabajo «Cuatro salmos de ascensión». Complétenla en clase, y comenten cómo estos salmos ayudan a preparar el corazón de los creyentes para la adoración y la alabanza.

Se cree que el Salmo 124 fue escrito al regresar del exilio babilónico, un hecho que enriquece su significado y hermosa poesía. El pueblo de Dios estaba muy consciente de los horrores que un enemigo malvado podía infligirles. Ellos, o sus antepasados inmediatos, habían presenciado personalmente lo que sucede cuando Dios no está de su lado. El Salmo 124:1, 2, entonces, es una pregunta de retórica con una respuesta aterradora. Sabían sin lugar a duda que todo estaría perdido si Dios no estaba de su lado.

Note las vívidas imágenes de los versículos 3 a 5. Contienen dos analogías que comparan los peligros comunes que enfrentaba el pueblo de Dios que vivía en Israel con los peligros de sus enemigos. La primera analogía habla de los animales salvajes que acechaban a una persona que deambulaba sola. Cuando el río Jordán se desbordaba durante la temporada de lluvias (véase Jeremías 12:5), los animales salvajes, especialmente los leones, se aventuraban desde sus terrenos de caza habituales en busca de alimento. Si no fuera por el Señor, el pueblo de Dios se habría convertido en la presa indefensa de animales voraces. La segunda analogía se refiere a las inundaciones repentinas provocadas por las lluvias estacionales en las montañas. Las poderosas inundaciones podían arrastrar a la gente y ahogarla. De modo que el salmista estaba diciendo que sus vidas estaban siendo abrumadas por sus enemigos, de manera similar a ser inundadas por las furiosas aguas de un diluvio. Nosotros también enfrentamos peligros en nuestro mundo. Los enemigos de la fe se oponen a nosotros en formas que podrían afectar nuestras relaciones, nuestra posición en una comunidad e incluso nuestro sustento. Como el salmista, debemos preguntarnos en esos momentos: «¿Qué ocurriría si el Señor no estuviera de mi lado?» Tal pregunta puede obligarnos a confiar en Él y recordarnos que, como Él está con nosotros, ¡no tenemos nada que temer!

Participación de los alumnos
❷ ¿Cuáles son algunas formas de oposición que enfrentan los cristianos hoy, y qué nos sucedería si Dios no estuviera de nuestro lado?
❷ ¿Cómo puede sentirse seguro de que Dios verdaderamente está de su lado?

🖳 ☐ **Alabemos a Dios por preservarnos**   **Salmo 124:6–8**

Diga: El tono cambia dramáticamente en el Salmo 124:6. Este canto se vuelve alegre, festivo y lleno de esperanza. Podemos imaginarnos al pueblo de Dios acercándose al templo, celebrando y relatando cómo Dios los preservó de los ataques de sus enemigos y los liberó de sus adversarios. (Use el siguiente texto para profundizar los puntos que quiere destacar.)

Dios no era simplemente una fuerza pasiva e impersonal para su pueblo. Estaba profundamente envuelto en la vida de ellos para ayudarlos y bendecirlos. Ellos sabían que sus enemigos podrían haberlos despedazado y destruido. Pero Dios intervino, y por eso ofrecieron una exuberante alabanza (Salmo 124:6).

El pueblo de Dios reconoció que sus enemigos tenían la capacidad de engañarlos artificiosamente. Sin la ayuda del Señor, podrían encontrarse en una trampa, presa de un astuto cazador. Pero el Señor había roto esa trampa, proporcionando una razón para alabar al Señor.

El versículo 8 concluye de manera gloriosa este salmo, en marcado contraste con la apertura en el versículo 1. Si bien el pueblo de Dios no podía derrotar a sus enemigos por sí solo, tenía la ayuda del Señor, «que hizo el cielo y la tierra». Ninguna prueba es más grande que el Creador todopoderoso. Entonces, aunque las pruebas de la vida son reales, palidecen en comparación con Aquel que nos hizo y que es digno de toda nuestra alabanza.

Participación de los alumnos

- ❷ ¿Cuáles son algunas razones específicas para alabar a Dios hoy?
- ❷ ¿Cómo nos ayuda a soportar las pruebas el recordar que Dios es el Creador del cielo y la tierra?

¿Qué nos dice Dios?

Diga: Ser hijo de Dios no siempre nos libra de las pruebas, pero nuestra posición en Cristo nos da la paz y la confianza de saber que Dios está con nosotros. De modo que, si está enfrentando una prueba hoy, dedique tiempo a alabar a Dios—no como una manera de negar la prueba, sino para reconocer que Dios está con usted y lo sustenta.

Una enseñanza para la vida

🖥 El ministerio en acción

- ■ Piense en alguien que está enfrentando una prueba. Esta semana ore por él o ella y ofrezca su ayuda si es posible.
- ■ Si está enfrentando una prueba, pida a alguien que lo acompañe en oración durante la semana.
- ■ Dedique un tiempo a adorar colectivamente, y continúe en ese espíritu a lo largo de la semana.

Lecturas bíblicas diarias

- **L** Dios, en medio de las dificultades. 2 Crónicas 15:1–9
- **M** Orando en la tribulación. Nehemías 9:32–38
- **M** Un refugio en tiempos difíciles. Salmo 9:7–14
- **J** «Mirad que nadie os engañe» Mateo 24:4–14
- **V** Consuelo en las tribulaciones. 2 Corintios 1:3–10
- **S** En apuros, mas no desesperados. 2 Corintios 4:5–9

7 de agosto, 2022

LECCIÓN

23

Alabar al Dios todopoderoso

Texto para el estudio
Salmos 50:1–23; 147:1–20

Verdad central
Cante alabanzas a Dios por su incomparable grandeza.

🖥 **Versículo clave**
Salmo 147:1 (ntv)

¡Alabado sea el Señor! ¡Qué bueno es cantar alabanzas a nuestro Dios! ¡Qué agradable y apropiado!

Metas de la enseñanza

- Los alumnos confesarán y adorarán a Dios por su justicia y autosuficiencia.

- Los alumnos reconocerán la soberanía de Dios al convocarnos a rendir cuentas en cualquier momento.

- Los alumnos desarrollarán una relación de amor y pasión con Dios en vez de un ritual.

Introducción al estudio

Diga: Toda cultura civilizada tiene leyes que se espera que sus ciudadanos obedezcan. Dios dio a conocer sus leyes muy claramente cuando estableció la nación de Israel. Al estudiar el Salmo 50 hoy, le pedimos a Dios que abra nuestro corazón y nuestra mente para escuchar lo que Él quiere decirnos respecto al estado actual de nuestra adoración. ¿Estamos agradando al Señor? *(Muestre el video para la lección 23, disponible en VidaNueva.com/ Adulto.)*

Actividad inicial—La citación

Pregunte: *¿Alguna vez lo han citado a algún tribunal? ¿Quién tiene la última palabra en un tribunal? ¿Cuáles son algunos de los sentimientos que se generan dentro de esas cuatro paredes?* Los ejemplos pueden incluir que el juez o el jurado tiene la última palabra, y los sentimientos pueden incluir ira, miedo, frustración, alivio, ansiedad, etc.

Diga: Aun en un sistema de justicia humano e imperfecto, el juez ejerce el poder de pronunciar el veredicto final. (Podría ilustrar mostrando un mazo o una foto de uno.) ¿Cuánto más cierto es esto cuando se trata de Dios, quien es el juez supremo? (Use el siguiente texto para profundizar los puntos que quiere destacar.)

La adoración es una parte vital de la vida de cada creyente y una parte integral de la iglesia. Hoy no tenemos sacrificios de animales. Sin embargo, la adoración en la iglesia puede tomar muchas formas, tales como cantar, dar la ofrenda, servir, etc. La forma en que adoramos y la

50:1. El Dios de dioses, Jehová, ha hablado, y convocado la tierra, desde el nacimiento del sol hasta donde se pone.

3. Vendrá nuestro Dios, y no callará; fuego consumirá delante de él, y tempestad poderosa le rodeará.

4. Convocará a los cielos de arriba, y a la tierra, para juzgar a su pueblo.

5. Juntadme mis santos, los que hicieron conmigo pacto con sacrificio.

6. Y los cielos declararán su justicia, porque Dios es el juez. Selah

16. Pero al malo dijo Dios: ¿Qué tienes tú que hablar de mis leyes, y que tomar mi pacto en tu boca?

17. Pues tú aborreces la corrección, y echas a tu espalda mis palabras.

21. Estas cosas hiciste, y yo he callado; pensabas que de cierto sería yo como tú; pero te reprenderé, y las pondré delante de tus ojos.

22. Entended ahora esto, los que os olvidáis de Dios, no sea que os despedace, y no haya quien os libre.

23. El que sacrifica alabanza me honrará; y al que ordenare su camino, le mostraré la salvación de Dios.

50:9. No tomaré de tu casa becerros, ni machos cabríos de tus apriscos.

10. Porque mía es toda bestia del bosque, y los millares de animales en los collados.

11. Conozco a todas las aves de los montes, y todo lo que se mueve en los campos me pertenece.

12. Si yo tuviese hambre, no te lo diría a ti; porque mío es el mundo y su plenitud.

147:1. Alabad a JAH, porque es bueno cantar salmos a nuestro Dios; porque suave y hermosa es la alabanza.

3. El sana a los quebrantados de corazón, y venda sus heridas.

5. Grande es el Señor nuestro, y de mucho poder; y su entendimiento es infinito.

6. Jehová exalta a los humildes, y humilla a los impíos hasta la tierra.

7. Cantad a Jehová con alabanza, cantad con arpa a nuestro Dios.

11. Se complace Jehová en los que le temen, y en los que esperan en su misericordia.

(Nota: La lectura en la clase incluye solo una selección de los versículos del trasfondo de la lección.)

condición de nuestro corazón son clave. Es prudente que examinemos con regularidad este aspecto de nuestra vida espiritual. ¿Cómo mantenemos la adoración apasionada en lugar de simplemente algo que marcar en nuestra lista de «cosas por hacer»?.

El Salmo 50 es una historia musical sobre Dios emitiendo una citación judicial para todas las personas. Él convoca tanto al cielo como a la tierra como testigos. Nadie está exento de la convocatoria a comparecer. En la canción, Dios mismo se dirige a todos aquellos que dicen ser seguidores de Jehová, así como a aquellos que lo rechazan.

Parte 1—Escuchen y obedezcan al Juez perfecto

☐ **Citación a comparecer**   **Salmo 50:1–6**

Diga: Las ascuas de un fuego se apagan a menos que sean atendidas. Los cuchillos y las herramientas pierden su filo y eficacia si nos se los afila. En el Salmo 50, una vez más Dios le recuerda a su pueblo (y a nosotros) que los sacrificios no son para Él. Mas bien, son recordatorios para nosotros de que la salvación nuestra costó Su vida. En esta escena del tribunal, Dios habla de cómo permanecer fervientes en la adoración, lo que nos permite ser «agudos» y eficaces para Él. (Use el siguiente texto para profundizar los puntos que quiere destacar.)

El Salmo 50 es uno de los doce cánticos atribuidos a Asaf. Aquí se observa el antiguo uso de un procedimiento legal para denotar la gravedad de un asunto. La convocatoria (citación) se ha enviado y el escenario está listo. Dios es presentado en la sala del tribunal con fuego y tempestad. Viene a juzgar. Su poder y fuerza se manifiestan en su entrada.

Aquellos que afirman estar en un acuerdo de pacto con sacrificio son los primeros llamados. Se les informa que los sacrificios no se deben a que Dios necesite ser alimentado, atendido o aplacado. Los dioses del mundo antiguo requerían ese tipo de sacrificios, pero no el Dios vivo. Comentaremos su declaración a este grupo de adoradores en la próxima parte de nuestra lección.

Participación de los alumnos

❷ ¿Por qué el ser humano necesita jueces?

❷ En base a esta Escritura, compare y contraste el «tribunal» de Dios con los tribunales humanos.

💻 ☐ Los malvados son reprendidos   Salmo 50:16–23

Diga: En estos versículos, Dios le está hablando a Israel, su pueblo elegido. Sin embargo, los llama «malos». Son su pueblo del pacto. Ellos conocen sus leyes y han experimentado sus milagros, pero todavía no lo complacen. Describe su desobediencia y los llama a que se arrepientan. (Use el siguiente texto para profundizar los puntos que quiere destacar.)

Ahora, pasamos a otro grupo al que se dirigió en la sala del tribunal del salmo 50: los malvados o los que rechazan las leyes y el pacto de Dios. Incluso, estas podrían ser personas que asisten a la iglesia y que afirman ser temerosos de Dios. Sin embargo, no reflejan para nada al amor de Dios ni su corazón misericordioso. En cambio, son descritos de la siguiente manera. Ellos:

1. citan la Escritura, pero no la viven (v. 16).
2. aborrecen la disciplina de Dios, y desechan sus palabras (v. 17).
3. ven un mal comportamiento y no sólo lo aprueban, sino que participan en él (v. 18).
4. usan su lengua para hacer daño aun a sus seres más cercanos en vez de controlarla (vv. 19,20).

Jesús habla de este tipo de personas en Mateo 7:21–23. Vendrán diciendo: «¡Señor, Señor»!. Pero Jesús declarará que nunca los conoció. Enfriarse o volverse ineficaz espiritualmente es más fácil de lo que queremos reconocer. Por ejemplo, ¿con qué frecuencia la oración antes de comer se convierte en una recitación de palabras memorizadas, un mero ritual? ¿Con qué frecuencia el Espíritu Santo nos ha pedido gentilmente que hablemos u oremos por alguien y nos hemos hecho los sordos? ¿Y qué del momento en que continuamos con una conversación negativa sobre alguien, aun después de recibir una señal de advertencia del Espíritu Santo? Todos podemos dar fe de crecimiento espiritual estancado en un área en que nos hemos negado a escuchar o disciplinarnos para crecer. Se necesita diligencia para mantener una relación de cualquier tipo. ¿Por qué actuamos como si nuestra relación con Dios ocurrirá sin ningún esfuerzo de nuestra parte?

La represión de Dios es que su pueblo ha perdido de vista la relación que define específicamente el pacto que hicieron con Él. Ellos, y nosotros, perdemos de vista el hecho de que el precio de la redención es una vida. Dios no necesita el sacrificio. Nosotros sí. Dios no necesita la iglesia. Nosotros sí. Dios no necesita la oración. Nosotros sí. Cuando adoramos como si le estuviéramos dando a Dios algo que Él necesita, estamos cumpliendo un ritual. Cuando adoramos a Dios sabiendo que necesitamos esta relación para tener salvación, verdadera paz y verdadero gozo, entonces tenemos un entendimiento correcto.

Dios baja el mazo, pero en vez de pronunciar una sentencia, hace una advertencia severa: ¡Recuerde a Dios y sus caminos, o lo hará pedazos sin que nadie lo rescate (Salmo 50:22)! La llave al corazón de Dios y a una buena relación con Él es ofrecer un sacrificio de alabanza (v. 23). Este es el antídoto para el ritualismo y el puente a una gran relación con el Dios Todopoderoso.

Folleto – Recurso 1: Adoración relacional o adoración ritual
Distribuya la hoja de trabajo y divida la clase en grupos pequeños de dos o tres personas. Asigne cada sección a uno de los grupos, y deles unos minutos para leer los versículos y escribir una respuesta. Luego pida que por lo menos un grupo de cada sección comparta sus reflexiones con la clase.

Participación de los alumnos

❷ ¿En qué sentido nos comportamos como niños cuando confundimos a veces la gran paciencia de Dios con aprobación o debilidad?

❷ ¿En qué se parece nuestro comportamiento al de los malvados a quienes se refiere este pasaje?

Parte 2–Supliquen al Dios autosuficiente

☐ **Escuchen el mensaje de Dios**   **Salmo 50:7,8**

Diga: ¿Cuántas veces ha pasado por una ventanilla de autoservicio y ha recibido el pedido equivocado? ¿Alguna vez ha hecho su pedido a través del altavoz automático, se lo han repetido varias veces y aun así recibe lo que no ordenó? ¿Alguna vez finalmente se ha rendido y ha ido en persona a hacer el pedido? Dios seguramente sintió una frustración como esta cuando se dirigió a Israel en estos versículos. (Use el siguiente texto para profundizar los puntos que quiere destacar.)

Dios abre esta parte de la escena de la sala del tribunal dirigiéndose a su pueblo con la orden de que escuchen (Salmo 50:7). Si no examinan su propio comportamiento, entonces Él lo hará. Ellos representan al Señor ante las naciones vecinas. Llevan su Nombre. Podemos ver este mismo razonamiento en nuestra cultura actual cuando una personas es despedida de su trabajo porque su comportamiento no se alinea con la imagen de la empresa. De la misma manera, representamos a Dios en nuestro mundo. Nuestra vida debe reflejar su carácter. El famoso corredor olímpico y medallista de oro Eric Liddell lo expresó de esta manera: «Todos somos misioneros. Dondequiera que vayamos, o acercamos a las personas a Cristo o las alejamos de Cristo».

Dios le recuerda a su pueblo que su pacto de sacrificio fue con Él. Su silencio no era un elogio por su conducta. Era, y sigue siendo, la oportunidad de que hagamos uso del libre albedrío para elegir la justicia. Dios llama a los suyos a rendir cuentas del voto que hicieron de honrarlo y obedecerle. El cargo mayor contra ellos es el delito de guardar la ley al pie de la letra, e ignorar al Legislador.

Lo mismo puede decirse de cualquiera de nosotros cuando participamos en las formalidades de la adoración o hacemos «iglesia» sin involucrar nuestra mente o nuestro corazón. En otras palabras, salimos del templo, concluimos nuestro tiempo de oración o lectura de la Biblia sin huella alguna de nuestro Creador. En realidad, nunca nos «conectamos».

Participación de los alumnos

❷ ¿Qué métodos usa Dios hoy para llamar a su pueblo a escuchar lo que está por decir?

❷ ¿Qué cargos cree que Dios presentaría o no presentaría contra su pueblo si se dirigiera a ellos como se dirigió a Israel en este pasaje?

🖳 ☐ **Lo que Dios desea de su pueblo**   **Salmo 50:9–15**

Diga: Como creador y sustentador de todo, no hay nada que Dios necesite de nosotros, pero nosotros lo necesitamos profundamente a Él. Lo que Él quiere de nosotros es exactamente la razón por la que nos creó—para tener comunión con Él y glorificarlo. Nuestro comportamiento exterior no tiene sentido si ese no refleja un corazón que está en una recta relación con Él. (Use el siguiente texto para profundizar los puntos que quiere destacar.)

El sacrificio era un símbolo del pacto de Israel. Un anillo de bodas es un símbolo de un pacto entre marido y mujer; sin embargo, muchos usan el anillo aunque viven fuera de la fidelidad que simboliza. Israel fue infiel al pacto que Dios había hecho con ellos. El sacrificio debía realizarse con la mentalidad de que «debido a mi pecado, el sacrificado debería haber sido yo». Dios revela su conocimiento de la condición del corazón de Israel. Ellos ofrecían los sacrificios como un ritual en vez de un acto de adoración por la liberación del pecado. Lo mismo se aplicaría a cualquiera que, aunque lleva un anillo de bodas, vive como si este no tuviera significado alguno.

Dios pronuncia su sentencia. Decreta que los sacrificios no tienen valor a menos que sean hechos con un corazón agradecido (Salmo 50:14). El rey David conocía esta verdad sobre los acuerdos de pacto con Dios. Dijo, en 2 Samuel 24:24, que no ofrecería un sacrificio que no le costara nada. Dietrich Bonhoeffer habló de la «gracia barata» en *El costo del discipulado*. Tratar nuestra relación con Dios como algo de poca sustancia y sin valor es una afrenta a Dios, quien nos creó a su imagen y nos abrió un camino para escapar de la condenación eterna.

La buena noticia es que, aunque el amor de Dios requiere justicia, ¡Él también es nuestro Libertador (Salmo 50:15)! El sacrificio en el pacto significa que Dios nos ve a través de ese sacrificio y somos juzgados conforme a Su justicia (de Cristo). El precio del pecado debe de pagarse. Dios mismo está dispuesto a pagar el precio, pero al menos debemos reconocer el costo y aceptar el regalo. No es bueno tomar a la ligera ese sacrificio. ¿Cómo podemos compartir esta emocionante noticia con otros si la descuidamos o la negamos?

Folleto – Recurso 2: ¿Qué tan bueno es usted para escuchar y obedecer?

Esta hoja de trabajo es diferente. En vez de distribuirla a los alumnos, dé una hoja de papel y un bolígrafo, lápiz o crayón a cada alumno. Lea las instrucciones en voz alta. Luego, puede mostrar el dibujo desde el frente del salón o repartir copias a cada alumno para que puedan ver qué tan bien escucharon y siguieron las instrucciones.

Participación de los alumnos

❓ Dios no necesita nada, pero ¿qué quiere de nosotros?

❓ Nombre algunas tradiciones y rituales de la iglesia. ¿En qué se diferencian estos de las doctrinas de la iglesia?

❓ ¿Qué elementos estarían en su lista de autoevaluación para calificar espiritualmente lo que usted dice y lo que realmente hace?

Parte 3–Cantemos alabanzas al Señor

☐ **Dios merece nuestra alabanza**   Salmo 147:1–6

Diga: El escritor anónimo del Salmo 147 comienza con un llamado a alabar al Señor. ¿Puede enumerar las tres razones que menciona el autor para esta invitación? (La alabanza es buena, suave y hermosa.) Nuestras expresiones de alabanza a Dios son clave para una relación correcta con Él. (Use el siguiente texto para profundizar los puntos que quiere destacar.)

Si ha estado cerca de un niño pequeño durante algún periodo de tiempo, probablemente conozca su propensión a hacer la pregunta «¿por qué?» reiteradamente. Muy a menudo nos comportamos como niños pequeños con Dios. Insistimos en saber el por qué antes de escuchar y obedecer.

Dios a menudo comienza con el por qué, pues quiere que sepamos la razón de que debemos confiar y obedecer. ¿Por qué debemos cantar, alabar y dar gracias? Porque somos nosotros los que nos beneficiamos. Somos nosotros los que somos bendecidos y crecemos espiritualmente. ¿Cómo opera esa bendición? A menos que estemos enfocados en Él, tendemos a ser muy miopes en nuestro pensamiento y perspectiva. Pero cuando nos enfocamos en Dios y en su reino, nuestra situación y los acontecimientos en la tierra se ubican en la perspectiva adecuada. El Dios que edifica a Jerusalén—que reúne a los exiliados en su tierra, que sana a los quebrantados de corazón y venda sus heridas—es el mismo Dios que cuenta las estrellas y las llama por su nombre. Él nos ama de tal manera, que dio a su Hijo para que muriera por nosotros. ¡Por eso le cantamos alabanzas!

Participación de los alumnos

❓ ¿Qué razones tiene usted para cantar alabanzas al Señor?

❓ ¿De qué manera la alabanza a Dios ayuda a la persona que alaba?

🖥 ☐ **Cantemos alabanzas a Él**   **Salmo 147:7–11**

Diga: Aprender sobre el llamado a la alabanza en los salmos es sólo un ejercicio intelectual si no lo ponemos en práctica. Dios desea que vocalicemos nuestra alabanza a Él, no sólo con un gesto de aprobación mental. Así como los padres añoran oír un «te amo» de sus hijos, y los cónyuges necesitan oírlo el uno del otro, Dios añora oír nuestras expresiones de amor y gratitud a Él. (Use el siguiente texto para profundizar los puntos que quiere destacar.)

El Dios que administra las galaxias y llama a las estrellas por su nombre asombrosamente vuelve su atención a los detalles de nuestra vida. Su comprensión y atención llega al detalle de contar los cabellos en nuestra cabeza (Lucas 12:7). La añoranza de todo ser humano es ser comprendido. Dios nos comprende y con todo nos ama inmensamente. La Escritura nos dice constantemente esta verdad, sin embargo, muchos todavía ven a Dios como el «alguacil de los cielos», aquel que está vigilando cada movimiento nuestro para llamarnos la atención y castigarnos. Algunos incluso ven a Dios como distante y fuera de su alcance. Juan 4:23 nos dice que Dios está buscando activamente personas que lo adoren «en espíritu y en verdad». Dios desea una relación con nosotros. Él nos ama de tal manera, que envió a su único Hijo para salvar la brecha causada por el pecado.

Nuestras alabanzas y ofrendas de acción de gracias pueden tener un poder extraordinario. Pablo y Silas vivieron esta verdad en Hechos 16:16–34. Oraron y cantaron desde el calabozo interior de una cárcel de Filipos. Dios se movió, no solo para rescatarlos, sino para traer a otros a Él. También vemos esta verdad en 2 Crónicas 20:20–27 cuando el rey Josafat envió cantores para liderar la batalla. El misterio de la alabanza excede las habilidades de la mente lógica. Por lo tanto, debemos confiar y obedecer cuando se trata de ofrecer sacrificios de alabanza y acción de gracias.

Este salmo probablemente fue escrito como parte de la dedicación de los muros reconstruidos de Jerusalén bajo el liderazgo de Nehemías. Este pueblo de Dios exiliado estaba aprendiendo a renovar y restaurar su fe. Dondequiera que usted esté ahora, puede hacer lo mismo. Empiece a alabar y a dar gracias. Podría ser difícil. Por eso se le llama sacrificio. ¡Pero hágalo! Será bendecido y beneficiado.

 Folleto – Recurso 3: Los conceptos básicos de la gratitud
Distribuya la hoja de trabajo y sugiera que los alumnos la lleven a casa y la usen durante su tiempo personal con Dios para reflexionar en lo que Dios les provee.

Participación de los alumnos

❷ Nombre al menos tres cosas que puede hacer para traer gozo al corazón de Dios.

❷ ¿Cómo podemos desatar el poder de la alabanza y la acción de gracias en la tierra, especialmente en lo que respecta a librar batallas espirituales?

¿Qué nos dice Dios?

Diga: Tanto en el Antiguo Testamento como en el Nuevo Testamento, Dios usó historias, drama, milagros, parábolas, poesía, canciones y todo tipo de comunicación para mostrarnos lo mucho que Él se preocupa por nosotros y nos comprende. En el Salmo 50, Dios usó la sala de un tribunal para decirle a su pueblo que se arrepintiera y obrara con rectitud. En el Salmo 147, usó la salida y la puesta del sol, las mareas diarias y las estrellas que iluminan en la oscuridad de la noche para hablar de su amor y preocupación. ¿Estamos dispuestos a escuchar su llamado a la liberación y a compartir ese llamado con quienes nos rodean? Los días de advertencia llegarán a su fin. Cada vez está más cerca el día de la convocatoria. ¿Estaremos listos? ¿Habrá amisgos y familiares nuestros que estarán también listos? Mientras espera, ¿alabará al Señor por todos sus favores y bendiciones que recibimos cuando vivimos una vida de gratitud?

Una enseñanza para la vida

🖥 El ministerio en acción

■ Identifique y corrija cualquier patrón espiritual de adoración que enfatice el rito en vez del fervor y la relación con Dios.

■ Desarrolle una estrategia para que los demás lo identifiquen como una persona llena de gratitud.

■ Ofrézcase a orar con y por una persona negativa, que esté experimentando dolor, sufrimiento o quebranto.

Lecturas bíblicas diarias

Ⓛ Una promesa del Dios omnipotente. Éxodo 6:1–8

Ⓜ La sombra del Omnipotente. Salmo 91:1–10

Ⓜ Preguntas del Omnipotente. Job 40:1–10

Ⓙ Hijos e hijas del Todopoderoso. 2 Corintios 6:14 a 7:1

Ⓥ Trono del Señor Dios Todopoderoso. Apocalipsis 4:1-8

Ⓢ El Señor Dios todopoderoso y el Cordero. Apocalipsis 21:22-27

14 de agosto, 2022

LECCIÓN
24

Glorificar al Rey soberano

Texto para el estudio
Salmos 115:1–18; 65:1–13

Verdad central
Glorifique al Dios viviente, que está soberanamente activo en los asuntos de la humanidad.

📖 **Versículo clave**
Salmo 115:1

No a nosotros, oh Jehová, no a nosotros, sino a tu nombre da gloria, por tu misericordia, por tu verdad.

Metas de la enseñanza

- El alumno contemplará la preocupación activa de Dios por nosotros y apreciará cuán minucioso es el cuidado que Él brinda.
- El alumno identificará la superioridad de Dios sobre todos los ídolos o creencias o ambiciones del mundo que compiten con Él.
- El alumno agradecerá a Dios como corresponde y, al hacerlo, fortalecerá su fe y su confianza en Dios.

Diga: Los Salmos 65 y 115 describen dos aspectos diferentes de la vida. En el Salmo 65, David se regocija en Dios por la respuesta a sus oraciones y el perdón de los pecados. Alaba a Dios por su poder y sus bendiciones. El Salmo 115 describe a quienes enfrentan adversidad. Ellos saben que Dios es soberano y mora en el cielo, pero la evidencia física no está allí. El salmista comunica esperanza y anima al pueblo a confiar en Dios y alabarlo aun en circunstancias difíciles. Ambos salmos nos recuerdan que en toda circunstancia debemos glorificar a Dios, nuestro Rey soberano.

Actividad inicial—Respuestas comunes
Pregunte: ¿Cuál es una respuesta común a Dios cuando las cosas en la vida van bien? ¿Cuál es una respuesta común cuando las personas enfrentan adversidad? Si bien ambas respuestas deberían ser iguales, a menudo no lo son.

Diga: La vida no siempre es justa. Nos regocijamos en Dios cuando las cosas van bien. Sin embargo, cuando la adversidad golpea, a menudo nos descorazonamos y nos preguntamos: ¿Dónde está Dios? Es posible que enfrentemos a aquellos que han rechazado a Dios y nos han ridiculizado por nuestra fe. Hacen preguntas difíciles y para las cuales posiblemente no tenemos respuesta. Pero la Palabra de Dios y la firmeza de nuestra relación con Dios nos ayudarán en toda circunstancia. Estos salmos nos ayudan a mantenernos enfocados tanto en los buenos tiempos como en los tiempos de adversidad. (Use el siguiente texto para profundizar los puntos que quiere destacar.)

115:1. No a nosotros, oh Jehová, no a nosotros, sino a tu nombre da gloria, por tu misericordia, por tu verdad.

2. ¿Por qué han de decir las gentes: ¿Dónde está ahora su Dios?

3. Nuestro Dios está en los cielos; todo lo que quiso ha hecho.

4. Los ídolos de ellos son plata y oro, obra de manos de hombres.

5. Tienen boca, mas no hablan; tienen ojos, mas no ven;

6. Orejas tienen, mas no oyen; tienen narices, mas no huelen;

7. Manos tienen, mas no palpan; tienen pies, mas no andan; no hablan con su garganta.

8. Semejantes a ellos son los que los hacen, y cualquiera que confía en ellos.

9. Oh Israel, confía en Jehová; Él es tu ayuda y tu escudo.

10. Casa de Aarón, confiad en Jehová; Él es vuestra ayuda y vuestro escudo.

11. Los que teméis a Jehová, confiad en Jehová; Él es vuestra ayuda y vuestro escudo.

12. Jehová se acordó de nosotros; nos bendecirá; bendecirá a la casa de Israel; bendecirá a la casa de Aarón.

13. Bendecirá a los que temen a Jehová, a pequeños y a grandes.

15. Benditos vosotros de Jehová, que hizo los cielos y la tierra.

65:1. Tuya es la alabanza en Sion, oh Dios, y a ti se pagarán los votos.

2. Tú oyes la oración; a ti vendrá toda carne.

3. Las iniquidades prevalecen contra mí; mas nuestras rebeliones tú las perdonarás.

9. Visitas la tierra, y la riegas; en gran manera la enriqueces; con el río de Dios, lleno de aguas, preparas el grano de ellos, cuando así la dispones.

10. Haces que se empapen sus surcos, haces descender sus canales; la ablandas con lluvias, bendices sus renuevos.

11. Tú coronas el año con tus bienes, y tus nubes destilan grosura.

12. Destilan sobre los pastizales del desierto, y los collados se ciñen de alegría.

13. Se visten de manadas los llanos, y los valles se cubren de grano; dan voces de júbilo, y aun cantan.

(Nota: La lectura en la clase incluye solo una selección de los versículos del trasfondo de la lección.)

A menudo quienes nos rodean observan cómo respondemos a los acontecimientos de la vida. Quieren ver si nuestra relación con Dios es real y si Él nos ayudará a enfrentar las difíciles circunstancias de la vida. Cuando imitamos a Cristo en nuestra respuesta a la adversidad damos un testimonio de la fidelidad a quienes nos rodean.

Parte 1—Glorifiquen al Dios viviente

☐ **Nuestro amoroso Dios**   Salmo 115:1,2

Diga: ¿Cómo enfrenta la adversidad? ¿Confía en Dios o duda de Él? ¿Se preocupa más por usted mismo y sus necesidades o se preocupa por honrar a Dios en su adversidad? El salmista sabía que tenía que honrar a Dios. ¿Pero cómo honrar en los momentos difíciles a un Dios que se supone tiene un amor inagotable y debe ser fiel a su pueblo? (Use el siguiente texto para profundizar los puntos que quiere destacar.)

El pueblo de Israel estaba experimentando una adversidad. El salmista no nos dice cuál era esa adversidad, pero el pueblo reconocía que de alguna manera eso afectaba la imagen de

Dios en cuanto a su capacidad de proteger y proveer para su pueblo. Por lo tanto, oraron: «No a nosotros, oh Señor, no a nosotros» (Salmo 115:1). No pedían a Dios que los librara de su adversidad por el bien de ellos o para aliviar su angustia; estaban pidiendo a Dios que hiciera algo para restaurar el honor y la gloria a Su nombre. Dios le había prometido a Moisés su «amor inagotable y fidelidad» (Éxodo 34:6). Aparentemente Dios no estaba cumpliendo su compromiso con su pueblo.

La adversidad de Israel y la aparente incapacidad o falta de deseo de Dios de ayudar a su pueblo suscitó una respuesta sarcástica de las naciones vecinas de Israel (Salmo 115:2). Estas naciones conocían el gran poder de Dios. Habían oído cómo Dios había liberado a los israelitas de Egipto (véanse Josué 3:9–11; 6:1; 5:1). Quizá algunas de estas naciones habían experimentado la derrota a manos de los israelitas. El comentario sarcástico de las naciones en el Salmo 115:2 no solo afecta la imagen del pueblo de Dios y su relación con Él, sino también la imagen de su capacidad para ayudar y defender a su pueblo.

El pueblo de Dios le estaba preguntando a Dios: «¿Por qué dejas que estas naciones te deshonren?» No podían entender por qué Dios no respondía a las burlas de esta gente impía y no se defendía.

Cuando experimentamos adversidad, podríamos preguntarnos: *¿Dónde está Dios en nuestra adversidad?* Aquellos que saben que creemos en el poder de Dios para salvar y librar pueden cuestionar la integridad y la capacidad de Dios para ayudar.

Participación de los alumnos

❷ ¿Qué ejemplos puede dar que demuestran el carácter amoroso y generoso de Dios, ya sea de su propia vida o de lo que ha visto a Dios hacer en la vida de otra persona?

❷ ¿Por qué es bueno para nosotros que Dios haga su voluntad?

❷ ¿Por qué es importante que el trono de Dios no esté en la tierra, sino en los cielos?

📖 ☐ **La futilidad de los ídolos**   **Salmo 115:3–8**

Diga: La gente a veces ridiculiza a los cristianos por su fe en Dios. Hacen preguntas como: «¿Quién creó a Dios?» «Si usted no puede ver a Dios, ¿cómo sabe que Él es real?» Afirman que la religión (el cristianismo) es para gente débil. Sin embargo, todo el mundo confía en algo—riquezas, relaciones, posesiones materiales, incluso en uno mismo. Pero todas estas cosas pueden desmoronarse y se desmoronarán. Podemos confiar en el Dios que vive en los cielos porque «hace lo que le place» (Salmo 115:3, NTV). (Use el siguiente texto para profundizar los puntos que quiere destacar.)

El Salmo 115:3–8 presenta un gran contraste entre el Dios de Israel y los ídolos de los paganos. Los paganos podían ver sus ídolos; no podían ver al Dios de Israel. El salmista respondió estruendosamente en defensa al proclamar la soberanía de Dios. Nuestro Señor no es un Dios impersonal e inamovible. Tiene un corazón de amor que se mueve a la acción en favor de Sus hijos. El Dios invisible es todopoderoso. Está en el cielo y «hace lo que le place» (v. 3, NTV). No puede ser manipulado. Incluso cuando pudiéramos pensar que está reteniendo la ayuda a su pueblo, Él no es impotente para ayudar.

Los ídolos de los paganos son hechos por el hombre, a diferencia del Dios invisible que creó los cielos y la tierra. Estos ídolos son inútiles. Tienen características humanas–boca, ojos, oídos, manos, pies y garganta. Pero a diferencia de sus homólogos humanos, estas partes no funcionan de manera significativa (vv. 4–8; véase también Isaías 44:9–20). El Dios del cielo oye, ve y habla (Salmos 34:17; 33:13; 85:8).

Los enemigos de Dios lo habían ridiculizado y habían intimidado a quienes lo seguían. Los que hacen ídolos y confían en ellos son como sus ídolos e igual de necios (Salmo 115:8). Mientras que los paganos insinuaban que el Dios de Israel era impotente o no estaba dispuesto a ayudar, neciamente creían que los ídolos hechos por el hombre podían ayudarlos.

El apóstol Pablo explicó la futilidad y la desaparición final de aquellos que adoran ídolos (Romanos 1:22–32). Rechazar a Dios lleva a uno más y más al pecado.

Vivimos en una época en que la gente a menudo nos ridiculiza por creer en Dios. Afirman que Dios es una muleta para los débiles. La Biblia, sin embargo, declara que Dios es el Creador del cielo y la tierra. Él es Señor soberano sobre toda la creación. Como tal, podemos confiar en Él, incluso en la adversidad.

Participación de los alumnos

❷ ¿Cuáles son algunas cosas que la gente adora hoy que son tan impotentes e incapaces de responder como los ídolos antiguos?

❷ ¿Cómo lo ayudan estos versículos sobre Dios a verlo de una manera personal?

Folleto – Recurso 1: ¡Dios puede!
Distribuya la hoja de trabajo, y asigne los versículos a diferentes personas para que los busquen y los lean en voz alta. Pida a la clase que los emparejen con las declaraciones que dicen lo que los ídolos no pueden hacer pero que Dios sí puede.

Parte 2–Glorifiquen al Señor que atiende cada detalle

☐ **Dios es nuestro ayudador y escudo**   **Salmo 115:9–11**

Diga: Si bien confiar en cualquier cosa y no en Dios es una necedad, confiar en Dios nos proporciona ayuda y protección. El llamado del salmista a confiar en el Señor se dirige a todas las personas. Aun hoy, su llamado llega hasta los confines de la tierra. Y debemos responder a ese llamado. (Use el siguiente texto para profundizar los puntos que quiere destacar.)

El salmista reanuda su descripción de los ídolos y de quienes los adoran con un llamado a confiar en Dios (Salmo 115:9–11). Cuán diferente es la adoración a Dios de la adoración a los ídolos. El llamado del salmista se dirigió a tres grupos: (1) Toda la nación debía confiar en Dios. Dios los había llamado a ser su pueblo especial (Deuteronomio 26:17–19). No debían de abandonarlo. (2) Los sacerdotes—los líderes espirituales—debían confiar en Dios. A veces, los sacerdotes eran infieles a su llamado y la nación sufría (Ezequiel 22:26; Malaquías 2:7–9). (3) «Todos los que temen al Señor» (Salmo 115:11, NTV)—que incluso incluiría a aquellos por fuera del pacto de Israel— debían de confiar en Dios.

Tres veces el salmista proporcionó la razón por la cual la gente debe de confiar en Dios: «Él es tu ayuda y tu escudo» (Salmo 115:9–11). Los ídolos mencionados en el Salmo 115:4–7 no podían ayudar a nadie. No tenían vida. Pero el Dios viviente ayudará a todos los que confíen en Él.

Dios sería su «escudo» para protegerlos de sus enemigos. El pueblo de Israel enfrentó el Mar Rojo cuando el faraón y su ejército iban tras ellos, pero Dios no los abandonó. Este era un recordatorio constante para ellos de Dios y de su fidelidad. Podían confiar en Él.

La promesa de Dios de ayuda y protección se combina con el mandato a confiar en Él. Como creyentes, debemos confiar en Dios cuando el camino parece difícil. No podemos confiar en riquezas inciertas (Proverbios 11:28; 1 Timoteo 6:17). No podemos confiar en los gobiernos. Solo podemos confiar en el Dios que habita en el cielo.

Folleto – Recurso 2: Dios es mi ayudador y mi escudo
Distribuya la hoja de trabajo y dé a los alumnos unos minutos para completarla.

Uno a la vez, pida a los alumnos que lean un elemento en su hoja de trabajo que sea único (no repita elementos). Después, pida a todos que reciten la segunda línea en el nuevo salmo. Continúe con cada alumno hasta que todos los elementos únicos se hayan declarado, y luego dirija un tiempo de adoración y acción de gracias.

Participación de los alumnos

❷ Nombren una o dos situaciones en su vida en que Dios ha sido su Ayudador y su Escudo.

❷ Analicen el papel de la confianza en la vida del creyente, ¿cómo ha crecido su confianza, o cómo necesita crecer?

Dios bendice a quienes le temen   Salmo 115:12–18

Diga: Dios es fiel, aun cuando no lo vemos obrar. Dios derramará su bendición sobre aquellos que lo aman. Nuestra responsabilidad es permanecer firmes en nuestro amor por Él y alabarlo, incluso en las épocas difíciles de la vida. (Use el siguiente texto para profundizar los puntos que quiere destacar.)

El salmista comenzó el Salmo 115 con el lamento de que Dios aparentemente había abandonado a Israel. Sin embargo, concluyó este salmo con palabras de aliento. Dios de hecho se ha acordado de su pueblo (vv. 12,13, NTV). Así como el salmista nombró tres grupos de personas en los versículos 9–11, aquí también nombró tres grupos: «el pueblo de Israel», «los sacerdotes» y «los que temen al Señor, tanto a los grandes como a los humildes». Dios no hace ninguna distinción entre laicos, sacerdotes y marginados sociales. Todos los que depositan su confianza en Él son su pueblo y reciben sus bendiciones.

Aunque el pueblo de Dios pueda experimentar adversidades, Dios no los olvida. Ellos son su pueblo del pacto y «Se ha acordado de su misericordia y de su verdad para con la casa de Israel» (Salmo 98:3). Prometió bendecirlos librándolos de sus aflicciones y cumpliendo sus promesas a ellos.

Salmo 115:14-18 es una oración pidiendo la bendición de Dios. Las bendiciones de Dios son para todas las generaciones (v. 14). Como Creador, Dios tiene el poder y la capacidad de bendecir a su pueblo. Él gobierna soberanamente sobre todo lo que creó (v. 16). Aunque Dios está en el cielo (v. 3), todavía se preocupa por las personas en la tierra. Él ha asignado a la humanidad el gobierno y el cuidado de la tierra (véase Génesis 1:28; 2:15). Todo lo que hacemos es para servir y honrar a Dios.

En el Salmo 115:14–18, el salmista ora una bendición sobre el pueblo de Dios. En los versículos 17 y 18, la gente tiene la oportunidad y la responsabilidad de bendecir a Dios mediante la alabanza. Aun en la adversidad, el salmista enseñó que Dios es su ayudador y escudo; aunque todavía no los haya librado, todavía pueden alabarlo.

La alabanza es una parte importante de nuestro andar con Cristo. Necesitamos aprender a alabar a Dios aun en los tiempos difíciles. Aunque no lo veamos obrar, Él es todavía Dios. Por esto, Él es digno de nuestra alabanza.

Participación de los alumnos

❷ ¿Qué impacto tiene la bendición del Señor en la vida de nuestros hijos, y en la vida de los hijos de los israelitas? ¿Cómo explicamos nuestra responsabilidad de enseñar a las generaciones futuras a temer al Señor, tengamos o no hijos?

❷ ¿En qué se diferencia el «temor del Señor» del temor a las enfermedades o a ser lastimados?

Parte 3–Glorifiquen al asombroso Proveedor

☐ **Dios provee para nuestras necesidades espirituales**   Salmo 65:1–8

Diga: El pueblo de Israel a menudo reconoció la provisión de Dios. Muchos de los salmos los animaban a reconocer la provisión de Dios mediante la adoración. También nosotros debemos reconocer las provisiones de Dios. Él provee tanto espiritual como físicamente. Por eso, debemos adorarlo por su abundante provisión. (Use el siguiente texto para profundizar los puntos que quiere destacar.)

El pueblo de Israel había venido a Jerusalén (Sion) para adorar a Dios en su templo (Salmo 65:1). Dios había respondido a sus oraciones y se comprometieron a cumplir sus «votos». Sus «votos» eran sus promesas de adorar a Dios por quién Él es y por su provisión (véase Salmos 56:12; 61:8; 66:13–15). Si bien el pueblo de Dios reconoce la majestad y el poder de Dios, la adoración se extiende más allá de la nación. «Todos nosotros» (Salmo 65:2, NTV) o «toda carne» se refiere a «toda la humanidad».

Una de las razones de que los israelitas venían a Jerusalén era para ofrecer sacrificios por el perdón. Habían experimentado la abrumadora culpa del pecado (v. 3, NTV; véase 32:1–7). Dios es fiel para perdonar, a pesar de su pecado. Debido a que encontraron el perdón, podían adorar con gozo al «[habitar] en tus santos atrios» (Salmo 65:4). De la misma manera, cuando habitamos en el perdón y la presencia de Dios, experimentamos su gozo y lo adoramos.

Dios también proporciona esperanza y salvación (vv. 5–8). Dios es nuestro «Salvador». Él ha mostrado su majestuoso poder a través de «imponentes obras» (NTV). Podemos ver el gran poder de Dios en la creación (v. 6). El «estruendo de los mares» no representaba ninguna amenaza porque Dios los había creado (v. 7). La historia de Israel está llena de relatos en los que Dios liberó a su pueblo de sus enemigos y de la adversidad, y proveyó para ellos en tiempos de hambruna. Dios «[silenció] el grito de las naciones» (v. 7, NTV).

Sin embargo, el gran poder de Dios no era sólo para Israel; también lo fue para las otras naciones (v. 8). Israel debía ser un testimonio de la fidelidad de Dios y debía proclamar su fidelidad a otras naciones para que ellos también experimentaran la salvación y la provisión de Dios.

Para Israel, Dios era «la esperanza de todos los que habitan en la tierra» (v. 5, NTV). De la misma manera, Jesús es la esperanza de nuestro mundo. A través de Él encontramos el perdón de los pecados y nos maravillamos de su gran poder a favor nuestro. Como el salmista, con gozo lo alabamos y proclamamos su nombre a todas las naciones.

Participación de los alumnos

❷ ¿De qué manera edifica su fe el saber que Dios responde las oraciones? Comparta con su clase algunas respuestas a su oración para ayudar a fortalecer la fe de otros.

❷ ¿Por qué es importante que Dios perdone el pecado?

🖳 ☐ Dios provee para nuestras necesidades físicas   Salmo 65:9–13

Diga: El salmista sabía lo que era vivir en la presencia de Dios. También sabía lo que significaba experimentar la abundante bendición de Dios. Esta fue la razón de que el salmista llamó a su pueblo a adorar a Dios. Nuestro Señor quiere derramar su bendición sobre nosotros también. Pero más que esto, quiere que todas las personas conozcan la realidad de su gracia y bendición salvadoras. Es a través del perdón de Dios y sus bendiciones que podemos hablar a otros sobre Jesús. (Use el siguiente texto para profundizar los puntos que quiere destacar.)

El antiguo Israel era en gran parte una sociedad agrícola. Aprendieron a confiar en Dios y en su provisión para el cuidado de la tierra (Salmo 65:9). Todo lo que leemos en este salmo describe la abundancia que viene de Dios. Los ríos están llenos de agua y hacen que la tierra sea rica y fértil (v. 9). Mientras preparaban los campos, podían depender de Dios para que les suministrara el agua para cultivar sus cosechas. El agua que cae sobre los campos ablanda la tierra arada (v. 10). La lluvia temprana da un buen comienzo a las cosechas y la lluvia tardía permite que las cosechas maduren y produzcan fruto en abundancia (v. 11). En el desierto, donde la hierba a menudo escaseaba, la lluvia convierte el sequedal en pastizales (v. 12) para suministrar alimento a las ovejas (v 13). El salmista describe a la tierra como regocijándose por la abundante bendición de Dios sobre ella.

El abundante derramamiento de los cuidados y la provisión de Dios es una señal de su gran misericordia a través del perdón de los pecados. Si bien Israel era el pueblo especial de Dios que fue elegido para recibir su bendición, el mensaje de este salmo va más allá de Israel a todos los moradores de este mundo (v. 2). Dios quiere que «toda carne» experimente su gracia salvadora a través de Cristo. Quiere restaurar a toda la humanidad a Su propósito original para el cual creó este mundo. Nuestra responsabilidad es comunicar a los demás el mensaje de la gracia salvadora de Dios, el perdón de los pecados y las bendiciones que Dios quiere derramar sobre quienes le sirven (Mateo 28:19,20).

Participación de los alumnos

❷ ¿Qué sentimos al pensar que el agua, algo esencial para la vida, es una bendición de Dios para todos los seres humanos?

❷ Las bendiciones mencionadas en este salmo terminan en voces y cantos de júbilo. ¿Qué canción de adoración contemporánea, o himno tradicional, también le recuerda la bendición de las provisiones básicas de Dios?

¿Qué nos dice Dios?

Diga: A diferencia de los dioses del mundo, nuestro Dios está vivo y activo en nuestra vida. Él, quien es Señor sobre todas las cosas, nos conoce y se preocupa por nosotros. Él provee para nuestras necesidades espirituales y físicas, y quiere que vivamos en una relación con Él.

Una enseñanza para la vida

🖳 El ministerio en acción

- Busque maneras de alejar sus pensamientos de las cosas que pueden convertirse en ídolos y vuelva su atención a Dios.
- Escriba cada día en una libreta expresiones de gratitud, respecto a tres bendiciones o provisiones de Dios.
- Muestre generosidad a tres personas que no conoce para celebrar la generosidad de Dios hacia usted y su familia. (Por ejemplo: pagar la compra de víveres de quien está tras usted en la fila.)

Lecturas bíblicas diarias

- **L** Glorificar y alabar al Señor.
  Salmo 22:23–31
- **M** Un rey glorifica a Dios.
  Daniel 4:28–37
- **M** Un rey deshonra a Dios.
  Daniel 5:22–31
- **J** Jesús el Señor es glorificado.
  Lucas 4:14–22
- **V** Negativa a glorificar a Dios.
  Romanos 1:21–25
- **S** Glorificar a Dios con nuestro cuerpo.
  1 Corintios 6:16–20

21 de agosto, 2022

LECCIÓN

25

Aclamar a nuestro misericordioso Dios

Texto para el estudio
Salmos 111:1–10; 112:1–10; 113:1–9

Verdad central
Dios es misericordioso y compasivo.

🖥 Versículo clave
Salmo 111:4
Ha hecho memorables sus maravillas; clemente y misericordioso es Jehová.

Metas de la enseñanza

- Los alumnos comprenderán mejor lo que enseñan las Escrituras respecto a la gloria y majestad de Dios, y cómo eso impacta su adoración.
- Los alumnos comprenderán el concepto bíblico de «el temor del Señor» y responderán con un compromiso de humilde reverencia a Él.
- Los alumnos harán de la exaltación a Dios una parte central de su adoración, tanto en el ámbito individual como colectivo en la iglesia.

Introducción al estudio

Diga: Por el auge de las redes sociales y la polarización de nuestra cultura, en el mundo que nos rodea hemos descuidado virtudes como la gracia y la compasión. Sin embargo, como cristianos, esta falta de compasión a nuestro alrededor puede ser la oportunidad de decirle al mundo cuán maravilloso es nuestro Dios. Puede preparar el ambiente para que proclamemos que Dios posee las cualidades que más necesitamos hoy: gracia y compasión.

Actividad inicial—Su mayor cualidad
Pregunte: *Al observar a cada persona en esta clase, ¿qué virtud o cualidad positiva del carácter observa en cada uno?* Dé la oportunidad a los alumnos de reconocer a otros alumnos por su principal cualidad. Quizá pueda pedir que cada uno mencione algo positivo sobre quien tiene a su derecha.

Diga: Cada persona es conocida por algo. Y entre amigos, ese «algo» seguramente es un rasgo positivo. Como cristianos, reconocemos que Dios tiene una serie de atributos. Uno de los principales es su gracia. La gracia de Dios es un enfoque común de nuestra alabanza. Al estudiar los Salmos 111 a 113, celebramos Su gracia, y además somos desafiados a ofrecer gracia a los demás. (Use el siguiente texto para profundizar los puntos que quiere destacar.)

El enfoque principal de la vida cristiana es adorar a Dios y ciertamente tenemos muchas razones de hacerlo. Él nos creó y quiere que tengamos comunión con Él. Nos

111:1. Alabaré a Jehová con todo el corazón en la compañía y congregación de los rectos.

2. Grandes son las obras de Jehová, buscadas de todos los que las quieren.

3. Gloria y hermosura es su obra, y su justicia permanece para siempre.

9. Redención ha enviado a su pueblo; para siempre ha ordenado su pacto; santo y temible es su nombre.

10. El principio de la sabiduría es el temor de Jehová; buen entendimiento tienen todos los que practican sus mandamientos; Su loor permanece para siempre.

112:1. Bienaventurado el hombre que teme a Jehová, y en sus mandamientos se deleita en gran manera.

4. Resplandeció en las tinieblas luz a los rectos; es clemente, misericordioso y justo.

5. El hombre de bien tiene misericordia, y presta; gobierna sus asuntos con juicio,

6. Por lo cual no resbalará jamás; en memoria eterna será el justo.

7. No tendrá temor de malas noticias; su corazón está firme, confiado en Jehová.

8. Asegurado está su corazón; no temerá, hasta que vea en sus enemigos su deseo.

9. Reparte, da a los pobres; su justicia permanece para siempre; su poder será exaltado en gloria.

113:1. Alabad, siervos de Jehová, alabad el nombre de Jehová.

2. Sea el nombre de Jehová bendito desde ahora y para siempre.

3. Desde el nacimiento del sol hasta donde se one, sea alabado el nombre de Jehová.

4. Excelso sobre todas las naciones es Jehová, sobre los cielos su gloria.

5. ¿Quién como Jehová nuestro Dios, que se sienta en las alturas,

6. Que se humilla a mirar en el cielo y en la tierra?

7. El levanta del polvo al pobre, y al menesteroso alza del muladar,

8. Para hacerlos sentar con los príncipes, con los príncipes de su pueblo.

9. El hace habitar en familia a la estéril, que se goza en ser madre de hijos. Aleluya.

(Nota: La lectura en la clase incluye solo una selección de los versículos del trasfondo de la lección.)

---

ha redimido del pecado, está con nosotros cada día y nos promete la eternidad en su presencia. Todas estas bendiciones derivan de su gracia, que tiene como fundamento su amor. Nos ha dado más de lo que podemos imaginar, y ciertamente más de lo que merecemos.

Parte 1—Razones para la adoración de todo corazón

☐ **Las obras de Dios son asombrosas**   **Salmo 111:1–4**

Diga: Hay un hecho que permanece constante a lo largo de las Escrituras: Dios hace maravillas. Con mucha frecuencia, Él hace cosas a favor de su pueblo. El Salmo 111 capta esta realidad, y nos recuerda quiénes somos como pueblo de Dios y por qué tenemos motivos para alabarlo. (Use el siguiente texto para profundizar los puntos que quiere destacar.)

Al considerar el Salmo 111, tenga en cuenta que este salmo se recitaba en las celebraciones una vez que el pueblo de Judá regresó del exilio en Babilonia. Estas palabras eran significativas para el pueblo de Dios. Habían sufrido el aguijón del exilio—las trágicas consecuencias del pecado persistente—y luego experimentaron el gran gozo de la liberación y el regreso a la Tierra Prometida.

El salmo comienza con acción de gracias dirigida al Señor (v. 1). Este versículo describe lo que es adorar y dar gracias de manera colectiva. Los versos que siguen describen la motivación para la alabanza que tiene el pueblo de Dios al congregarse: Alaban al Señor por sus grandiosas obras.

El versículo 1 también proporciona una descripción importante del pueblo de Dios: son «la congregación de los rectos». Los «rectos» honran a Dios con su vida. Andan en obediencia a sus mandamientos. Esto nos recuerda que nuestra alabanza debe ir acompañada de amor y una vida piadosa. Asimismo, esta congregación que alaba está formada por aquellos que aman y siguen a Aquel a quien dirigen esa alabanza. El salmista probablemente recordó a generaciones de sus antepasados que se habían identificado ante las demás naciones como pueblo de Dios, y habían realizado las acciones de la alabanza, pero que rechazaron a Dios con su vida, y terminaron en juicio.

Después de definir el carácter de los adoradores, el salmista se centra en el contenido de la alabanza. Las obras de Dios son asombrosas y dignas de proclamar (v. 2). ¿Por qué son asombrosas? Porque dan testimonio de Su grandeza en la creación, el sustento y la soberanía sobre todo el universo. Conforme nosotros, Su pueblo, consideramos todo lo que Él ha hecho al crearnos, salvarnos y ayudarnos, podemos ser movidos a niveles aun más elevados de alabanza.

El salmista les recuerda a sus lectores en el versículo 3: «Todo lo que él hace revela su gloria y majestad; su justicia nunca falla» (NTV). Dios es justo y bueno; Su justicia es constante. Por eso siempre podemos confiar en Él. Nuestro Señor nunca se retracta de su Palabra y nunca deja de hacer lo que promete. Él es fiel a su carácter justo.

No es sorprendente, entonces, que a la congregación de los piadosos Él les haga recordar Sus obras. Nosotros también vemos las grandes cosas que Él hace cada día. Reconocemos su amor obrando en nosotros. Observamos su misericordia cambiando vidas que parecían inalterables. Leemos las promesas de su Palabra y sabemos que nuestra esperanza es real. Verdaderamente, las obras de Dios son asombrosas, porque vemos a nuestro omnipotente Dios obrando de manera grandiosa y también sutil.

Participación de los alumnos

❷ Describa algo asombroso que Dios ha hecho en su vida.

❷ ¿En qué sentido vivir de acuerdo a los mandatos de Dios es una acción de alabanza?

⬚ **Todo lo que Dios hace es justo y bueno**   **Salmo 111:5–10**

Diga: Los cristianos de hoy a menudo luchan en un mundo que quiere redefinir a Dios para que encaje en lo que hombres y mujeres pecaminosos quieren que Él sea. La raíz de su búsqueda impía es la suposición de que el único Dios verdadero no es bueno, y quizás es injusto. El salmo 111 nos recuerda cómo es Dios en realidad. (Use el siguiente texto para profundizar los puntos que quiere destacar.)

En el Salmo 111:5, el escritor se centró en las promesas del pacto de Dios a su pueblo, que se desarrollaron a través de la Ley. Primero, el salmista recordó el deseo de Dios de atender las necesidades de su pueblo. De hecho, la atención que debían dar a los que padecían hambre y necesidad era un mandato indiscutible del Señor (véanse Levítico 19:9–10; Deuteronomio 15:7–11). Era parte de su identidad como pueblo de Dios (véase Isaías 58:6–10).

También vemos la fidelidad de Dios a las promesas de su pacto en la expansión de la nación de Israel (Salmo 111:6). Dios le prometió a Abraham que se convertiría en una gran nación y que bendeciría a todas las naciones de la tierra (Génesis 12:1–3). Esta promesa se hizo realidad en la historia de Israel. Incluso siguió siendo cierta cuando el pueblo de Dios lo abandonó y fue al exilio. Fracasaron en su deber de vivir como es digno de un Dios justo y bueno.

Sin embargo, el Señor nunca ha dejado de ser bueno y justo (Salmo 111:7, NTV). Su Palabra ciertamente se cumplirá y, por lo tanto, siempre debe ser obedecida «fielmente y con integridad» (v. 8, NTV). Este fue un desafío para el pueblo de Dios en todo el Antiguo Testamento, y sigue siendo un desafío para el pueblo de Dios hoy. Con demasiada frecuencia, el mundo pone en duda los mandamientos de Dios, alegando que son anticuados o intolerantes, irrelevantes para la situación humana actual. Tales afirmaciones acusan a Dios de ser injusto y cuestionan su bondad. Como pueblo suyo, debemos permanecer fieles a la convicción de que los caminos de Dios son siempre justos y buenos.

El salmista declara la realidad de que Dios ha redimido a su pueblo (v. 9). Este versículo podría ser la piedra angular de este salmo. La redención siempre ha sido central al trato de Dios con la humanidad. En el Antiguo Testamento, sacó a su pueblo de Egipto, lo rescató de enemigos, plagas y pruebas. Luego los sacó del exilio babilónico.

Debido a que tememos al Señor, tenemos un fundamento sólido del cual obtener «verdadera sabiduría» (v. 10, NTV). Cuán apropiado es, entonces, declarar con el salmista que Dios es bueno y justo en todos sus caminos. Digamos con el salmista: «¡Alábenlo para siempre!» (NTV).

Folleto – Recurso 1: Salmo 111 y Romanos 5
Completen la hoja de trabajo en grupos, enfocándose en cómo el Salmo 111 puede ayudarnos a comprender el mensaje de salvación y nueva vida a través de Cristo. Pida que algunos de los grupos compartan sus conclusiones con la clase.

Participación de los alumnos

❷ ¿Cómo respondería a alguien que dice que la Biblia presenta a un Dios injusto o malo?

❷ ¿De qué nos ha redimido Dios a través del sacrificio y la resurrección de Cristo?

Parte 2–Vivan una vida llena de gracia

☐ **Teman al Señor**   **Salmo 112:1**

Diga: El Salmo 112 es una contraparte natural del Salmo 111. El Salmo 112 comienza declarando el gozo de servir a Dios. Le recuerda al pueblo de Dios que deben reflejar claramente las maravillosas cualidades de Dios—la gracia y la justicia—en su vida. (Use el siguiente texto para profundizar los puntos que quiere destacar.)

El gozo y el temor generalmente no se encuentran juntos, sin embargo, el Salmo 112 comienza declarando que quienes temen al Señor son felices en gran manera. Al analizar este salmo, entendemos por qué temer al Señor nos produce gran gozo.

El versículo 1 sienta las bases y proporciona la perspectiva adecuada para este salmo tan práctico y alentador. No obstante, para comprender esto, debemos entender el significado de temer a Dios. Temer a Dios significa venerarlo y respetar debidamente su posición exaltada y soberana. La Escritura es clara en cuanto a que, si bien Dios es ciertamente nuestro Amigo, no es nuestro igual. Es digno de exigir y recibir el mayor honor y reverencia que un ser humano pueda dar.

Folleto – Recurso 2: El temor del Señor

Distribuya la hoja de información «El temor del Señor». Comenten la información, incluyendo las escrituras mencionadas, a manera de entender mejor lo que significa temer al Señor y por qué temer a Dios es importante.

La segunda mitad del versículo 1 parece bastante natural y apropiada, entonces, al declarar que el pueblo de Dios «en sus mandamientos se deleita en gran manera». La obediencia no es una pesadez o una carga cuando reconocemos todo lo que Dios realmente es: Señor, Dios omnipotente, poderoso Salvador y Redentor, y Padre amoroso que quiere tener una relación con sus hijos. A partir de esa relación, el pueblo de Dios disfruta de las maravillosas promesas llenas de gracia que se describen en el resto del salmo.

Participación de los alumnos

❓ ¿Cómo definiría el término «temor del Señor» a alguien que lucha por comprender lo que significa?

❓ ¿Cómo podríamos mostrar que nos «deleitamos» en obedecer al Señor, en lugar de ver la obediencia como un trabajo pesado?

🖥 ☐ Deléitense en vivir en el temor de Dios   Salmo 112:2–10

Diga: Una vez que se establece el temor de Dios como el fundamento de una vida llena de gracia, el salmista declaró el impacto práctico de tal vida. Dos hechos son evidentes: (1) El pueblo de Dios no es inmune a las pruebas; y (2) El pueblo de Dios puede servirle con gozo, independientemente de las circunstancias de la vida. (Use el siguiente texto para profundizar los puntos que quiere destacar.)

Al iniciar nuestra lectura del Salmo 112, rápidamente encontramos tres aspectos prácticos y eternos: (1) enseña la importancia de una vida piadosa como reflejo de Aquel a quien servimos; (2) muestra de manera realista las experiencias cotidianas de la vida y las interacciones humanas; (3) le recuerda al lector que una fe firme es la clave para superar los momentos difíciles y las adversidades.

Las mujeres y los hombres piadosos tienen la responsabilidad de dejar un legado espiritual (v. 2). Si bien esto es cierto de los padres y abuelos, todos los que influyen en la vida de los niños tienen la oportunidad de guiarlos en los caminos del Señor.

En el versículo 3, el salmista explicó que las bendiciones de Dios se reflejan en la vida de quien teme a Dios. Aquí el enfoque no es en las bendiciones materiales. «Bienes y riquezas» a menudo se usan en un sentido no material (Proverbios 8:18–19; 13:7). Las «buenas acciones» (Salmo 112:3, NTV) describen cómo el pueblo de Dios ha ordenado su vida de acuerdo con la Palabra de Dios. Esta bendición perdura conforme la familia siga los pasos de la persona piadosa.

Posiblemente las circunstancias no sean siempre favorables para los piadosos. Podrían experimentar «tinieblas» (v. 4). Pero la luz que brilla en la oscuridad les ofrece esperanza. Pueden discernir la verdad espiritual—la voluntad divina. En lugar de retroceder en la adversidad, la esperanza que viene de Dios hace que el piadoso sea «clemente, misericordioso y justo». Quien teme a Dios reconoce la necesidad de otros y busca como satisfacerla.

Quienes temen a Dios reconocen la bendición divina en su vida y, a su vez, bendicen a otros. Son honrados en su trato con los demás (v. 5). El hecho de que «no las [vence] el mal» (v. 6, NTV), puede significar que no se vengan de quienes les hacen mal. Si alguien les hace daño, actúan de manera justa hacia esa persona. También puede significar que los que temen a Dios encuentran seguridad en Él. Perseveran en las adversidades de la vida. Su firmeza en tiempos difíciles es un testimonio de la presencia y la fortaleza de Dios en ellos. La gente notará esta enteres como un ejemplo de lo que significa servir fielmente a Dios. Incluso cuando llegan las «malas noticias» (por ejemplo, dificultades, adversidades), son firmes y «confían plenamente en que el Señor los cuidará» (v. 7, NTV) y «pueden enfrentar triunfantes a sus enemigos» (v. 8, NTV).

El versículo 9 es similar al versículo 4 en que aquel que teme a Dios reconoce cuando las personas están necesitadas, y él o ella responden adecuadamente. Esta cualidad es siempre importante, porque siempre habrá necesidad a nuestro alrededor. ¿Cómo responderemos? El salmista dice que compartir generosamente es la respuesta adecuada.

Quizá el mayor contraste entre el que teme a Dios y el no creyente sale a la luz en el versículo 10. Cuando un inconverso ve a un creyente que procede de manera piadosa, la respuesta a menudo es enojo, quizá motivado por la envidia, culpa o simple animosidad hacia el pueblo de Dios. Tal respuesta no debería sorprender a quien teme a Dios. Más bien, podemos encontrar consuelo al saber que Dios nos bendecirá por la eternidad. Trágicamente el no creyente que persiste en la incredulidad tiene un futuro de tristeza y juicio.

Participación de los alumnos

❷ ¿Cómo responde con más frecuencia cuando ve a alguien necesitado, y cómo se compara esa respuesta con las palabras del salmista?

❷ ¿Cuál es la mejor respuesta cuando un no creyente expresa animosidad hacia usted porque vive activamente su fe?

Parte 3—Exaltemos a Aquel que nos levanta

☐ El Señor es exaltado   Salmo 113:1–4

Diga: En las Escrituras, la palabra alabanza conlleva un sentido de celebración y gozo. También habla de hacer alarde de alguien y resaltar su esplendor. Hacemos bien en tener esto en cuenta al examinar el Salmo 113, un salmo centrado en exaltar a nuestro Señor más allá de cualquier cosa o de cualquier otra persona. (Use el siguiente texto para profundizar los puntos que quiere destacar.)

El Salmo 113 convoca al pueblo de Dios a alabar con un llamado a «[alabar] el nombre de Jehová» (v. 1). Como suele ser el caso en las Escrituras, el «nombre» del Señor es una referencia a su carácter, reputación y atributos. Señala la totalidad de su ser. Cuando el adorador exalta el nombre del Señor, él o ella se enfoca en su carácter, bondad y poder soberano sobre toda su creación.

«Bendito» en el versículo 2 representa la acción de inclinarse. El nombre del Señor es bendecido cuando nos postramos en adoración y en humilde sumisión a Él. Tal sumisión comienza cuando lo seguimos por primera vez y continúa a lo largo de nuestra vida. El honor, la exaltación y la sumisión que ofrecemos a Dios debe ser un estilo de vida. Debe caracterizar cada parte de nuestra vida.

En el versículo 4, el salmista describió por qué el Señor debe ser alabado. Cada nación de Canaán tenía su propio dios. Había muchos dioses locales a los que las naciones vecinas confiaban su bienestar. Al decir que Dios es exaltado por encima de las naciones, el salmista señaló que solo se puede confiar en el único Dios verdadero. Las otras naciones buscaban poder y seguridad en lugares indignos. Solo el Señor es digno de alabanza.

Participación de los alumnos

❷ ¿En qué «otros dioses» confía la gente hoy, y por qué?

❷ ¿Cuáles son algunas formas prácticas de mostrar sumisión a Dios?

Dios provee para nuestras necesidades físicas   Salmo 113:5–9

Diga: En el corazón de la adoración está la convicción de que nuestro Dios es único, no sólo uno de varios dioses que merecen adoración. Él solo es digno de alabanza. En un mundo que a menudo rechaza las creencias absolutas acerca de Dios, debemos aferrarnos a esta convicción. (Use el siguiente texto para profundizar los puntos que quiere destacar.)

El salmista hizo una pregunta retórica: «¿Quién como Jehová nuestro Dios?» (Salmo 113:5). La respuesta obvia es nadie. Él es único e insuperable. Como Creador del cielo y la tierra, nada en su creación se compara a Él. Esto es lo que se conoce como la «trascendencia de Dios», lo cual significa que Él está muy por encima de la creación en posición y gloria.

Sin embargo, el salmista proclamó la «inmanencia de Dios», una referencia a su cercanía a nosotros. Él «se inclina» (v. 6, NTV) o «se humilla» por nosotros, para levantar a los pobres y necesitados, temporal y espiritualmente. Luego los exalta, llevándolos del polvo al pináculo (véase 1 Samuel 2:8).

Salmo 113:5–9 proporciona una imagen de la obra de compasión y humillación de Dios por nosotros, como se ve en Cristo. Si bien lo alabamos por inclinarse para ayudarnos día a día, nuestra máxima alabanza puede enfocarse en la más grande realidad espiritual: el Todopoderoso, Dios creador, Rey de reyes, ha hecho lo que no pudimos. hacer—Él abrió el camino para que lo conozcamos. ¡Bendito sea el nombre de nuestro Señor!

Participación de los alumnos

❷ ¿Por qué es importante para un cristiano comprender tanto la trascendencia como la inmanencia de Dios?

❷ ¿Cuáles son algunas formas en que Dios «lo ha levantado» del polvo al pináculo?

¿Qué nos dice Dios?

Diga: La gracia de Dios claramente está activa en la vida de su pueblo. Su estado altamente exaltado nos recuerda que Él está por encima de cualquier circunstancia. Tiene un plan para nuestra vida. Por lo tanto, nunca debemos descuidar la adoración a Dios, incluso en los momentos difíciles de la vida.

Una enseñanza para la vida

El ministerio en acción

- Busque a un amigo que esté pasando dificultades esta semana, y anímelo en el Señor.
- Dé de sí mismo en una forma tangible esta semana a través de su tiempo, finanzas u otros recursos para ayudar a alguien que lo necesite.
- Aparte un tiempo específico cada día de esta semana para alabar a Dios, dándole gloria como su Señor exaltado. Use los Salmos 111 a 113 como guía en su alabanza.

Lecturas bíblicas diarias

L Recordar las obras de gracia de Dios.
Salmo 77:4–15

M Dios da gracia al humilde.
Proverbios 3:31–35

M Dios mostró su gracia a Nínive.
Jonás 4:1–11

J Recibir la abundante gracia de Dios.
Romanos 5:14–21

V Dios nos llama por su gracia.
Efesios 3:1–12

S Acerquémonos al trono de la gracia.
Hebreos 4:14–16

Magnificar a nuestro incomparable Señor

Texto para el estudio
Salmos 86:1-17; 146:1-10

Verdad central
No hay dios como el Señor Dios.

📖 Versículo clave
Salmo 86:5
Porque tú, Señor, eres bueno y perdonador, y grande en misericordia para con todos los que te invocan.

Metas de la enseñanza

- Los alumnos deben reconocer la unicidad de Dios sobre todos los poderes de este mundo.
- Los alumnos deben comprender lo que los Salmos enseñan sobre el carácter de Dios y alabarlo como un acto de confianza en su carácter.
- Los alumnos deben alabar a Dios por Su amor y misericordia hacia todas las personas, y luego demostrar Su amor a otros.

Introducción al estudio

Diga: Algunos de los pasajes bíblicos más citados se refieren a los creyentes como extranjeros en este mundo (véase Filipenses 3:20; 1 Pedro 2:11). La adoración en sus diversas formas sirve para ilustrar esto, conforme el pueblo de Dios expresa una lealtad sincera a Él. A medida que engrandecemos al Señor en palabras y hechos, otros pueden ver claramente nuestro compromiso con Él por encima de cualquier cosa en este mundo.

Actividad inicial—Un gran aficionado

Pregunte: *¿A quién conoce que sea un gran admirador de un equipo deportivo universitario o profesional? ¿Cómo muestran su entusiasmo?* Si bien los deportes y equipos específicos varían, los deportes son un pasatiempo importante en todas partes del mundo. Los eventos deportivos pueden unir a las personas. La emoción compartida es parte del gran atractivo de los deportes.

Diga: El atractivo de los deportes puede resultar exagerado para quien no es aficionado a los deportes. Los aficionados ávidos a menudo mantienen una lealtad extrema y una confianza inquebrantable en que su equipo o jugador sobresaldrá. Generalmente están bastante dispuestos a dar a conocer su lealtad. Esta puede ser la razón de que los deportes se utilizan para ilustrar las verdades espirituales en el mundo moderno.

En esta unidad, hemos explorado muchas facetas de lo que significa adorar al Señor. Corresponde concluir con un enfoque en magnificar al Señor—elevar nuestra lealtad a Él por encima de todas las personas y de todo lo

86:1. Inclina, oh Jehová, tu oído, y escúchame, porque estoy afligido y menesteroso.

2. Guarda mi alma, porque soy piadoso; salva tú, oh Dios mío, a tu siervo que en ti confía.

3. Ten misericordia de mí, oh Jehová; porque a ti clamo todo el día.

5. Porque tú, Señor, eres bueno y perdonador, y grande en misericordia para con todos los que te invocan.

8. Oh Señor, ninguno hay como tú entre los dioses, ni obras que igualen tus obras.

10. Porque tú eres grande, y hacedor de maravillas; sólo tú eres Dios.

11. Enséñame, oh Jehová, tu camino; caminaré yo en tu verdad; afirma mi corazón para que tema tu nombre.

12. Te alabaré, oh Jehová Dios mío, con todo mi corazón, y glorificaré tu nombre para siempre.

13. Porque tu misericordia es grande para conmigo, y has librado mi alma de las profundidades del Seol.

16. Mírame, y ten misericordia de mí; da tu poder a tu siervo, y guarda al hijo de tu sierva.

17. Haz conmigo señal para bien, y véanla los que me aborrecen, y sean avergonzados; porque tú, Jehová, me ayudaste y me consolaste.

146:1. Alaba, oh alma mía, a Jehová.

2. Alabaré a Jehová en mi vida; cantaré salmos a mi Dios mientras viva.

3. No confiéis en los príncipes, ni en hijo de hombre, porque no hay en él salvación.

4. Pues sale su aliento, y vuelve a la tierra; en ese mismo día perecen sus pensamientos.

5. Bienaventurado aquel cuyo ayudador es el Dios de Jacob, cuya esperanza está en Jehová su Dios,

6. El cual hizo los cielos y la tierra, el mar, y todo lo que en ellos hay; que guarda verdad para siempre,

7. Que hace justicia a los agraviados, que da pan a los hambrientos. Jehová liberta a los cautivos;

8. Jehová abre los ojos a los ciegos; Jehová levanta a los caídos; Jehová ama a los justos.

9. Jehová guarda a los extranjeros; al huérfano y a la viuda sostiene, y el camino de los impíos trastorna.

10. Reinará Jehová para siempre; tu Dios, oh Sion, de generación en generación. Aleluya.

(Nota: La lectura en la clase incluye solo una selección de los versículos del trasfondo de la lección.)

---

demás en nuestra vida. En los Salmos 86 y 146, encontramos un énfasis en la misericordia seguido de una declaración de que Él reinará para siempre. Que nuestro gozo por estas realidades fluya libremente de nuestra vida, tanto en nuestra adoración como en nuestra declaración del Señor al mundo que nos rodea.

Parte 1—Tenga comunión con el Dios incomparable

☐ **Invoque al Señor** 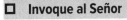 Salmo 86:1–7

Diga: El Salmo 86, como muchos de los demás salmos de adoración que hemos considerado, combina una súplica a Dios con una oración para que Él enseñe sus caminos al salmista. Es un buen recordatorio de que, al proclamar la alabanza de nuestro Señor, lo hacemos con el deseo de tener una comunión más íntima con Él. (Use el siguiente texto para profundizar los puntos que quiere destacar.)

El Salmo 86 comienza con una oración similar a la que estudiamos en el Salmo 113:6, ya que se dice que Dios se «inclina» (NTV) para relacionarse con Su pueblo. Aquí el salmista suplica: «Inclina, oh Jehová, tu oído, y escúchame, porque estoy afligido y menesteroso» (v.1). Tal solicitud reconoce la exaltada posición de Dios, así como la desesperada necesidad del salmista de escucharlo. Esto es similar a cómo nos sentimos hoy cuando oramos.

El salmista aquí es David, una vez más en oración profunda ya que está bajo la amenaza de sus enemigos, pero sin dar detalles específicos (Salmo 86:2). Como resultado, algunos comentaristas señalan que esto puede servir como una especie de oración modelo para los creyentes de hoy. David apeló a su relación con Dios, señalando su confianza y devoción al Señor. Entonces, declara: «Tú eres mi Dios» (NTV). Tal declaración de confianza también habla de la humilde sumisión al cuidado y la voluntad de Dios. David está invocando al Señor, reconociendo que no puede salvarse a sí mismo. De hecho, se entrega totalmente—su bienestar, su futuro y su confianza—al Señor (vv. 3–4).

A pesar de que sus enemigos continuaban amenazándolo, David mantuvo su confianza en el carácter justo e inmutable y en la amorosa misericordia del Señor. El Señor grande y poderoso perdona a los que lo buscan (Salmo 86:5). La implicación, por supuesto, es que él se acercó con un corazón arrepentido (como lo hizo en el salmo 51). El amor del Señor es realmente inagotable; Él nunca escatimará en actos de gracia ni ignorará sus promesas.

Como resultado, David clamó al Señor con gran confianza en Él. Observe la declaración de David de que Dios «escuchará» y «estará atento» y, finalmente, «responderá» a su clamor de ayuda (Salmo 86:6,7). Note especialmente la sencilla expresión de fe que vemos en el versículo 7: «En el día de mi angustia te llamaré». David reconoció a Dios como su única fuente de ayuda, y afirmó que nada ni nadie sería capaz de ayudarlo.

Folleto – Recurso 1: Pasos para el verdadero arrepentimiento

Distribuya la hoja de trabajo y complétenla como clase. Enfóquese en las dos preguntas al final de la página. Considere leer Santiago 5:16 al abordar la segunda pregunta. Hable de lo que significa confesar nuestros pecados unos a otros, y por qué esto podría ser un aspecto saludable de nuestra adoración y comunión como cristianos.

Participación de los alumnos

❷ ¿Qué enemigo lo está amenazando hoy, y cuál es la mejor manera de responder?

❷ ¿Por qué es importante reconocer que Dios es su única fuente de ayuda?

Ninguno hay como Él entre los dioses   Salmo 86:8–10

Diga: En los tiempos del Antiguo Testamento, el pueblo de Dios vivía en medio de naciones que creían en muchos dioses. Incluso hoy en día, muchos resisten, o incluso resienten, la sugerencia de que hay solo un Dios verdadero y que todos los demás son dioses falsos. Nosotros, como Israel de antaño, debemos estar preparados para mantenernos firmes en la convicción de que no hay dios como nuestro Señor. (Use el siguiente texto para profundizar los puntos que quiere destacar.)

El Salmo 86:8–10 es una conclusión adecuada de los siete versículos anteriores. El sincero clamor de David pidiendo misericordia irradia confianza en el Señor. ¿Por qué podía confiar en la protección de Dios? ¿Cómo podía saber que el perdón era genuino? ¿Qué le hacía estar tan seguro de que Dios sería fiel en responderle? Él sabía todo esto porque ninguno hay como el Señor entre los dioses (v. 8). Entonces, ¿cómo podía saber esto? Porque podía ver las grandes obras del Señor: «¡nadie puede hacer lo que tú haces!» (NTV).

De ello se deduce, entonces, que todas las demás naciones, con sus dioses falsos, se inclinarían ante el Señor, alabarían su nombre y, por lo tanto, lo reconocerían como Señor de señores (v. 9). Al considerar este versículo desde la perspectiva de los creyentes del Nuevo Testamento, podemos ver varias implicaciones de lo que dijo David. En cierto sentido, notamos un tono ominoso, reconociendo que los inconversos que continúan en su pecado algún día reconocerán la verdad: Él es Señor y Juez. Sin embargo, también podríamos evocar la gran promesa del pacto con Abraham en Génesis 12:1–3, y así recordar que la gracia de Dios está destinada en el fondo a las naciones. Toda raza, nacionalidad y linaje puede clamar a Él, reconociéndolo como Creador, Señor y Autor de la salvación por medio de Cristo (véanse Romanos 14:11,12; Filipenses 2:10,11).

Si bien Salmo 86:10 confirma las declaraciones que el salmista ya ha hecho en este salmo, hay un punto adicional que mencionar. La frase «maravillas» («obras maravillosas», NTV) conlleva la idea de hechos milagrosos, actos divinos que van más allá de la razón y el entendimiento humanos. Aun hoy, los milagros dan testimonio de la realidad de nuestro Dios. Revelan a un Dios que es capaz de hacer incluso lo inimaginable a favor de su pueblo. Al declarar a nuestro Dios incomparable al mundo no creyente que nos rodea, podemos hacerlo sabiendo que Él hará grandes cosas, e incluso obras milagrosas, si ponemos nuestra confianza en Él.

Participación de los alumnos

❷ ¿Por qué cree que es difícil para muchos reconocer que Dios es quien las Escrituras dicen que es?

❷ Describa un momento en que haya visto u oído hablar de Dios haciendo milagros.

Parte 2–Aprenda del Dios misericordioso

☐ «Enséñame tu camino»   Salmo 86:11–13

Diga: Como hemos visto en varios salmos a lo largo de esta unidad, las palabras de alabanza a Dios a menudo se combinan con un deseo sincero de andar cerca de Dios, saber más sobre Él y vivir en relación con Él. El salmo 86:11–13 es un buen ejemplo. (Use el siguiente texto para profundizar los puntos que quiere destacar.)

Claramente, el compromiso de David con el Señor era más que un conocimiento intelectual o palabras vacías. Deseaba profundamente vivir lo que creía acerca del Señor, como se ve en su petición a Dios: «Enséñame, oh Jehová, tu camino; caminaré yo en tu verdad» (Salmo 86:11). Sin embargo, también reconoció que esa búsqueda plantearía un desafío. La última frase de este versículo dice: «Afirma mi corazón». Todo ser humano es propenso a vagar espiritualmente, no importa cuán profunda sea su pasión por el Señor. Este asunto, el problema de un corazón dividido, es el desafío al que nos enfrentamos todos los días. Es un reto dejar de lado los deseos humanos en favor de honrar y servir a nuestro Señor. Sin embargo, podemos consolarnos al saber que aun David, un hombre conforme al corazón de Dios (véase 1 Samuel 13:14; Hechos 13:22), enfrentó tal lucha. Y nosotros, como David, podemos tener victoria en medio de nuestra lucha continua, si seguimos aprendiendo y aferrándonos a las verdades de Dios.

David siguió en el Salmo 86:12 con un voto solemne al Señor: Alabaría al Señor con todo su corazón. «Corazón» es una referencia a los sentimientos, la voluntad, el intelecto y la comprensión de uno. En pocas palabras, David juró que sus afectos y deseos siempre estarían enfocados en el Señor. Además, le daría gloria a Dios «para siempre». Su alabanza no sería un evento de una sola vez. No fluctuaría con las circunstancias de la vida. No limitaría su alabanza a esos momentos en que podía ver claramente la mano de Dios obrando para bendecirlo. La alabanza de David sería incondicional.

David nos proporciona un buen ejemplo. La alabanza es más fácil de ofrecer en algunas ocasiones que en otras. De manera similar, hay momentos en que queremos expresar nuestra alabanza, pero reprimirnos en un área donde nuestra fe se ve desafiada. Debemos recordar la convicción que expresó David en el Salmo 86:13: El amor del Señor por nosotros es grande. Él nos ha rescatado de la muerte. Lo ha hecho a través de Cristo. ¡Alabado sea el nombre del Señor!

Participación de los alumnos

❷ ¿Qué puede hacer que la alabanza de una persona al Señor sea poco entusiasta?

❷ ¿Cómo puede un cristiano superar las barreras que le impiden alabar al Señor?

📺 ☐ **«Ten misericordia de mí»**   **Salmo 86:14–17**

Diga: A primera vista, el Salmo 86:14 parece que pudiera aplicarse sólo en circunstancias dramáticas y específicas. Pero, de hecho, todos tenemos enemigos, ya sean personas, organizaciones o circunstancias. Lo peor de todo es que las fuerzas que vienen contra nosotros a menudo no tienen en cuenta al Señor. Aprendamos de David: la Fuente de nuestra ayuda está aquí para nosotros hoy. (Use el siguiente texto para profundizar los puntos que quiere destacar.)

Si bien el Salmo 86:14 registra el clamor de David en medio de las amenazas de los enemigos, sirve como una oración eterna para todo el pueblo de Dios. El problema con estos enemigos es su rechazo de Dios: «No significas nada para ellos» (NTV). Tal rechazo es la raíz del mal en este mundo. Ya sea que las fuerzas opuestas sean personas malvadas o seres espirituales malvados, son violentas, faltas de compasión y arrogantes porque el pecado las gobierna. Mantener el enfoque en esto nos ayuda a recordar que las batallas de la vida son a menudo batallas espirituales.

David reconoce esto, lo que lo impulsa a centrarse completamente en el Señor. A diferencia de sus enemigos, que pueblan el mundo malvado y caído que lo rodea, Dios es compasivo, misericordioso, amoroso y paciente (v. 15, NTV). Las palabras de David nos hacen pensar en Éxodo 34:5–7. Este pasaje relata la segunda vez que Moisés recibió el pacto de Dios. Además, Dios proclamó estas palabras cuando dio la nueva copia del pacto, después de que el pueblo adoró el becerro de oro (véase Éxodo 32:1–14), poco después del milagroso Éxodo de Egipto. ¡Qué ejemplo tan poderoso de la paciencia, la misericordia, la compasión y el amor de Dios por su pueblo!

Entonces, qué gozo debió sentir David al reflexionar en los dones de misericordia y fortaleza de Dios (Salmo 86:16). Claramente, reconoció sus propios defectos y debilidades. Necesitaba fortaleza; necesitaba misericordia; necesitaba ser librado de sus enemigos. Eso podría decirse de todo seguidor de Dios. Y, felizmente, Dios responde.

Mientras esperaba la respuesta a sus oraciones, David pidió una señal (v. 17). Esto se refiere a alguna indicación de que Dios estaba obrando a su favor. En otras palabras, David le pidió a Dios que le mostrara que Él estaba obrando; no necesariamente se refiere a la respuesta real a sus oraciones. En efecto, era una solicitud de seguridad y consuelo divinos. Tal señal también podría indicar a los enemigos de David que Dios estaba obrando en su situación. Como resultado, habrían sido avergonzados; es decir, se demostraría que su rechazo imprudente y egoísta de Dios era equivocado.

Aún hoy, Dios nos recuerda que Él está a nuestro lado y obrando en nosotros. Esto nos brinda consuelo y también sirve como una señal para los inconversos que nos rodean, no solo para darles convicción de su pecado, sino también como una fuente de aliento. En 1 Pedro 3:15, Pedro le recordó a los creyentes que deben estar listos para responder a quienes preguntan sobre la esperanza que es evidente en nosotros. A medida que las personas que nos rodean, incluso los enemigos, ven la mano de Dios en nuestra vida, podemos responder con un mensaje de esperanza.

Participación de los alumnos

❷ ¿De qué manera saber que Dios es paciente y misericordioso impacta la manera en que oramos e interactuamos con los no creyentes?

❷ ¿Cuáles son algunas maneras en que Dios trae consuelo a su vida en medio de las situaciones difíciles?

Parte 3–Dios reina supremamente por siempre

☐ «Que todo lo que soy alabe al Señor»   Salmo 146:1,2 NTV

Diga: La Escritura nos enseña que «de la abundancia del corazón habla la boca» (Mateo 12:34,35). Por lo tanto, podemos concluir que hay un vínculo entre la adoración y el crecimiento espiritual: un cristiano en crecimiento hace de exaltar al Señor una parte central de la vida. El Salmo 146 refleja tal alabanza, declarando la gloria del Dios eterno. (Use el siguiente texto para profundizar los puntos que quiere destacar.)

El Salmo 146 es uno de los «Salmos de Aleluya», llamados así porque cada uno comienza con la palabra hebrea *halelu*, una palabra imperativa que significa «¡alabanza!». Los tres grupos de Salmos de Aleluya son 104–106; 111–113; 146–150. El último grupo de cinco salmos es una conclusión adecuada para el libro de los Salmos, ya que se enfocan en rendir exuberante alabanza al Señor.

El Salmo 146:1 comienza con una exclamación de alabanza sin reservas: «Que todo lo que soy alabe al Señor» (NTV). La adoración del salmista no sería entorpecida—o amplificada—simplemente por el estado de ánimo del día. Deseaba que todo su corazón estuviera continuamente ocupado en alabanza al único Dios verdadero.

Esa alabanza sería una búsqueda de toda la vida: «Alabaré al Señor mientras viva. Cantaré alabanzas a mi Dios con el último aliento» (v. 2, NTV). Esta declaración es importante por dos razones. Primero, apunta hacia el «último aliento» del salmista. La muerte es el enemigo supremo. Como creyentes del Nuevo Testamento, sabemos que la muerte es el último enemigo en ser destruido (véase 1 Corintios 15:20–28; tenga en cuenta que Cristo será el gran vencedor de la muerte). Al declarar alabanza a Dios hasta el último aliento, declaramos que confiaremos en Dios incluso ante este enemigo. Él es más grande aun que los horrores de la muerte (véase también 1 Corintios 15:54–56).

La declaración de alabanza durante toda la vida también es importante porque sienta las bases para el resto del salmo. En la sección que sigue, podemos observar cómo este salmo está siempre presente a través de muchos de nuestros pensamientos, preocupaciones y necesidades cotidianas de la vida. Verdaderamente, Dios responderá al clamor del creyente que resuena en la voz del salmista: Nuestro Señor camina a nuestro lado, cuidándonos todos y cada uno de los días de nuestra vida.

Participación de los alumnos

❷ ¿Cuáles son algunas de las formas en que nuestro estado de ánimo puede afectar nuestra adoración y alabanza? ¿Por qué es importante tener en cuenta que nuestros diferentes estados de ánimo no son necesariamente equivocados; a menudo sirven para guiar nuestra alabanza cuando permitimos la expresión de ellos?

❷ ¿Qué señales observa de que Dios camina con usted todos los días?

🖥️ ☐ **Ponga su confianza en Dios**   **Salmo 146:3–10**

Diga: El salmista reconoció que en la vida del seguidor de Dios siempre habrá elecciones. La más fundamental de estas, quizá, es dónde pondremos nuestra confianza. Para el mundo que nos rodea, esta confianza se basa en la seguridad financiera, el progreso profesional o incluso en asuntos políticos. Estas elecciones tienen sus raíces en el poder y los logros humanos. Pero para nosotros, nuestra confianza está en el Señor. El Salmo 146 es especialmente poderoso porque nos recuerda cómo nuestra confianza es recompensada de innumerables maneras. (Use el siguiente texto para profundizar los puntos que quiere destacar.)

Cuando estamos en la cima de nuestro desempeño y poder, todavía nos quedamos cortos. Todavía somos falibles. En últimas, aun las personas más exitosas vuelven a la tierra—esto es, al polvo, del cual Dios primero hizo a Adán. En contraste, los piadosos encuentran gozo, ayuda y esperanza en el Señor (v. 5). Esa esperanza está bien ubicada.

Al mirar los versículos 7 al 9, es importante notar que las necesidades específicas enumeradas tienen algo en común: cada categoría describe el tipo de persona que fue descuidada o incluso explotada en los tiempos bíblicos—tal como sucede a menudo en la actualidad. Y así, mientras la humanidad puede ignorarlos o aprovecharse de ellos, el

Creador los mira con compasión. En contraste, sin embargo, Dios «frustra los planes de los perversos», que hacen lo malo a los vulnerables que los rodean (v. 9, NTV). Es apropiado, entonces, que podamos unirnos con el salmista para concluir: «El Señor reinará por siempre . . . ¡Alabado sea el Señor!» (v. 10, NTV).

Participación de los alumnos

❷ ¿Cuáles son algunas de las maneras en que nos sentimos tentados a confiar en las personas y no en Dios?

❷ ¿Quiénes son algunos de los vulnerables entre nosotros hoy día y cómo podemos ayudarlos?

¿Qué nos dice Dios?

Diga: Dios ciertamente nos presenta una opción hoy: o alabarlo y rendirnos a su cuidado o confiar en nosotros mismos y en los demás. Nuestra mayor bendición sería que decidamos magnificar a nuestro incomparable Señor.

Una enseñanza para la vida

🖳 El ministerio en acción

- Encuentre una razón para alabar al Señor cada día de esta semana, y luego dedique tiempo a rendirle esa alabanza
- De alguna manera—por teléfono, texto, correo electrónico—comuníquese con alguien de la iglesia o de su familia que necesite una palabra de ánimo y oración.
- Como clase, organice una actividad para ayudar a alguien de la iglesia que se encuentre en un momento de necesidad.

Lecturas bíblicas diarias

L Mejor es confiar en Dios.
Salmo 118:5–9

M La confianza en Dios produce paz.
Isaías 26:1–9

M La confianza en Dios es bendición.
Jeremías 17:5–8

J Confianza en el Amado Salvador.
Mateo 12:18–21

V Confianza en el poder liberador de Dios.
2 Corintios 1:8–11

S Confianza en el Dios viviente.
1 Timoteo 4:6–10

El discipulado cristiano

CORRECTO/INCORRECTO: encierre en un círculo la letra que identifica su respuesta.

1. C I Los primeros discípulos que Jesús llamó eran colegas carpinteros. (Mateo 4:18–20)

2. C I Al principio de su ministerio, Jesús era impopular y tuvo pocos seguidores. (Marcos 3:7–19)

3. C I Jesús enseñó que no debemos dejar que los afanes de la vida nos desanimen para seguirlo. (Lucas 9:59–62)

4. C I Jesús nunca les dijo específicamente a sus discípulos que moriría y resucitaría. (Mateo 16:21–23)

5. C I Debemos considerarlo una bendición cuando somos perseguidos por la causa de Jesús. (Mateo 5:10–12)

6. C I Jesús nos llamó sal, en Mateo 5:13, porque gran parte de la sociedad consideraba que la sal no tenía valor en los tiempos bíblicos.

7. C I Jesús le dijo a sus discípulos que proclamaran el Reino primero a los judíos. (Mateo 10:5–8)

8. C I Aunque sufriremos por la fe, no seremos perseguidos en la medida en que Jesús fue perseguido. (Mateo 10:21–25)

9. C I El fruto del Espíritu es singular en vez de una lista de nueve frutos. (Gálatas 5:22)

10. C I Toda ser humano es hijo de Dios porque fue creado por Dios. (1 Juan 3:1–10)

SELECCIÓN MÚLTIPLE: encierre en un círculo la letra que identifica su respuesta.

1. Es digno de mención que Jesús llamara a Mateo, un recaudador de impuestos, como discípulo porque (Mateo 9:9)

    A. los recaudadores de impuestos, como hombres ricos, eran amados por su generosidad hacia los pobres y los sacerdotes del templo.

    B. los recaudadores de impuestos, como hombres educados, eran respetados por sus profundas enseñanzas de las Escrituras.

    C. los recaudadores de impuestos, como trabajadores de Roma, eran despreciados porque a menudo usaban su posición para explotar a sus compañeros judíos.

2. Jacobo y Juan fueron llamados a ser discípulos mientras trabajaban con su padre (Mateo 4:21,22)

    A. Zebedeo.   B. Zacarías.   C. Zabulón.

3. Cuando Jesús dijo que había traído espada a la tierra, en Mateo 10:34–36, Él quiso decir que

    A. los cristianos deben recurrir a cualquier medio necesario para promover el Reino.

    B. los cristianos deben seguir una norma inamovible de justicia a pesar de la rebelión que los rodea.

    C. los cristianos necesitan la ayuda de gobiernos humanos para proclamar el Reino.

4. En Mateo 16:24,25, Jesús dijo que, si alguno quería seguirlo, debía de tomar su

    A.   espada.   B.   cruz.   C.   vara.

5. El comienzo del Sermón del Monte (Mateo 5:3–10) a menudo se lo llama

    A.   las bienaventuranzas.
    B.   la gran comisión.
    C.   el mayor mandamiento.

6. Según Mateo 5:14–16, nosotros somos

    A.   la esperanza de los que sufren.
    B.   la luz del mundo.
    C.   la voz del Reino.

7. En la Gran Comisión, Jesús instruyó a sus discípulos que hicieran (Mateo 28:18–20)

    A.   conversos.   B.   seguidores.   C.   discípulos.

8. ¿Qué frase única, que hace referencia al Espíritu Santo, usó Jesús en Mateo 10:17–20 para darles seguridad cuando fueran perseguidos?

    A.   El «Espíritu de vuestro Padre» estaría con ellos.
    B.   El «Espíritu del Señor» estaría con ellos.
    C.   El «Espíritu de Dios» estaría con ellos.

9. Primera de Juan 4:7,8 declara que Dios es _____, por lo que es esencial que esta característica esté siempre presente en la vida de su pueblo.

    A.   paz   B.   amor   C.   poder

10. En 1 Juan 4:18, ¿qué es lo que echa fuera el temor del juicio?

    A.   las obras gozosas   B.   la verdad profunda   C.   el perfecto amor

RESPUESTAS:

Correcto/Incorrecto   1. I; 2. I; 3. C; 4. I; 5. C; 6. I; 7. C; 8. I; 9. C; 10. I

Selección múltiple   1. C; 2. A; 3. B; 4. B; 5. A; 6. B; 7. C; 8. A; 9. B; 10. C

Jeremías y Ezequiel

CORRECTO/INCORRECTO: encierre en un círculo la letra que identifica su respuesta.

1. C I Jeremías aceptó su llamado al ministerio profético de inmeediato y con entusiasmo. (1:6–10)

2. C I Jeremías necesitaba convertirse en una «ciudad fortificada» y una «columna de hierro» ante sus enemigos. (1:18–19)

3. C I En la tumba de Jesús después de su resurrección, María pensó que Jesús era un jardinero. (Juan 20:14–18)

4. C I Los sacerdotes de Judá se unieron a Jeremías para advertir al pueblo sobre sus pecados. (Jeremías 8:8-10)

5. C I Dios prometió establecer un nuevo pacto que era muy parecido al antiguo. (Jeremías 31:3)

6. C I Ezequiel era sacerdote y profeta que cunplió su ministerio profetico desde el exilio en Babilonia. (1:1–4)

7. C I Dios le advirtió a Ezequiel que no intentara convertirse en atalaya para los pecadores exiliados. (3:16-17)

8. C I Dios comparó a los líderes del pueblo de Dios con pastores negligentes que maltratan a las ovejas. (34:1–9)

9. C I Ezequiel tuvo una visión de un río que fluía desde el desierto hacia el interior del templo. (47:1–8)

10. C I Ezequiel termina con un triste mensaje de juicio, mientras que la presencia de Dios se aleja para siempre del templo. (Ezequiel 43)

SELECCIÓN MÚLTIPLE: encierre en un círculo la letra que identifica su respuesta.

1. En el momento del llamamiento de Jeremías, Dios le dio una visión de (1:11–16)
   A. un almendro y una olla hirviente.
   B. una olla hirviente y una carroza de cuatro caras.
   C. un almendro y un río que fluía del templo.

2. La visión de Jeremías anunció que los enemigos del pueblo de Dios vendrían del (1:13–16)
   A. sur.   B. este.   C. norte.

3. ¿Cuál discípulo rehusó creer que Jesús había resucitado hasta que tocara las heridas de Jesús? (Juan 20:24–28)
   A. Pedro   B. Tomás   C. Mateo

4. Jerusalén fue sitiada y cayó durante el reinado del rey (Jeremías 32:1,2)

   A. Josías.   B. Manasés.   C. Sedequías.

5. Jeremías simbólicamente profetizó la futura esperanza para el pueblo de Dios mediante (32:7–12)

   A. la compra de un terreno.
   B. el rompimiento de una vasija de barro.
   C. la siembra de un almendro.

6. En el libro de Ezequiel, el título «hijo de hombre» se usó con mayor frecuencia para enfatizar (2:1–6)

   A. la venida del Hijo de Dios, el Mesías.
   B. la humildad y humanidad de Ezequiel.
   C. la naturaleza caída de la nación en exilio.

7. La primera tarea para Ezequiel en su papel de atalaya del pueblo fue (3:24–27)

   A. confrontar al rey de Babilonia sobre el pecado del imperio.
   B. ir a los lugares altos de Babilonia y declarar la palabra del Señor.
   C. encerrarse en su casa.

8. Ezequiel declaró que los pecados del pueblo serían

   A. la responsabilidad de todo individuo en la nación.
   B. olvidados para todos los que abandonaran sus pecados.
   C. perdonados para todo el pueblo a través del sufrimiento del exilio.

9. En Ezequiel 40 a 48, Dios le dio a Ezequiel una maravillosa visión del futuro, cuando Él

   A. nuevamente morará con su pueblo, y su presencia llenará el templo restaurado.
   B. eliminará por completo toda noción de su divinidad habitando en cualquier tipo de templo.
   C. exaltará a su pueblo a posiciones de servicio e importancia en un nuevo templo que excederá grandemente cualquier cosa que ellos pudieran imaginar.

10. El río que fluía desde el templo en Ezequiel 47, finalmente desembocaba en

    A. el Mar Mediterráneo, o Mar Grande, anunciando la propagación de la Palabra de Dios a todas las naciones.
    B. el Mar Muerto, transformando la tierra desértica y el agua salobre en un lugar lleno de vida.
    C. la tierra de Babilonia, simbolizando la esperanza futura de vida en medio de la miseria del exilio.

RESPUESTAS:

Correcto/Incorrecto   1. I; 2. C; 3. C; 4. I; 5. I; 6. C; 7. I; 8. C; 9. I; 10. I

Selección múltiple   1. A; 2. C; 3. B; 4. C; 5. A; 6. B; 7. C; 8. B; 9. A; 10. B

Los Hechos
de los apóstoles (primera parte)

CORRECTO/INCORRECTO: encierre en un círculo la letra que identifica su respuesta.

1. C I El Espíritu Santo no estaba presente antes del Día de Pentecostés. (1:6–10)

2. C I Matías fue el apóstol que reemplazó a Judas. (Hechos 1:26)

3. C I Ananías y Safira fueron castigados porque se negaron a dar una ofrenda para los pobres. (Hechos 5:1,2)

4. C I El relato del ministerio de Esteban confirma que los creyentes que no son pastores también pueden ministrar en el poder del Espíritu. (Hechos 6:8)

5. C I Antes de su conversión, Pablo (Saulo) fue testigo del martirio de Esteban. (Hechos 8:1)

6. C I Después de la muerte de Esteban, la iglesia primitiva fue más cautelosa respecto a la predicación de la Palabra. (Hechos 8:4)

7. C I Después de la resurrección de Tabita (Dorcas), Pedro se quedó en Jope por un tiempo. (Hechos 9:43)

8. C I Pedro tuvo que cruzar barreras culturales cuando le predicó a Cornelio. (Hechos 10:30–36)

9. C I Los creyentes de Jerusalén acogieron de inmediato a Saulo (Pablo). (Hechos 9:26)

10. C I Pedro fue liberado de la prisión por un ángel. (Hechos 12:9,10)

SELECCIÓN MÚLTIPLE: encierre en un círculo la letra que identifica su respuesta.

1. ¿Qué hizo la iglesia primitiva para atender a los necesitados? (Hechos 2:44,45)
   A. Aquellos que tenían para sus necesidades compartían con aquellos que no lo tenían.
   B. Se creó una despensa común de recursos para que los necesitados pudieran comprar artículos de primera necesidad a un precio reducido.
   C. Los cristianos ricos se aseguraron de que los necesitados tuvieran empleo y un salario digno.

2. La mejor descripción del juicio de Ananías y Safira es que ilustra (Hechos 5:9)
   A. por qué las riquezas representan un peligro para los cristianos.
   B. la importancia de dar una buena impresión.
   C. el juicio de Dios por conspirar para poner a prueba al Espíritu del Señor.

3. Cuando los apóstoles fueron amenazados por el Sanedrín, respondieron (Hechos 5:41)
   A. ignorando desafiantemente a las autoridades, lo que resultó en más arrestos.
   B. con alegría porque consideraron un honor sufrir por el nombre de Jesús.
   C. con un enfoque menos ofensivo para la evangelización.

4. Cuando surgió el problema de la atención a las viudas en la iglesia de Jerusalén, los apóstoles

    A.   suspendieron su ministerio de distribución de alimentos.

    B.   recaudaron fondos para atender las necesidades de las viudas y así los líderes pudieron concentrarse en los asuntos espirituales.

    C.   nombraron diáconos que supervisaran la distribución de la ayuda a las viudas mientras ellos se concentraban en la oración y la enseñanza de la Palabra.

5. Felipe predicó el evangelio en (Hechos 8:5)

    A.   Italia.   B.   Samaria.   C.   Judea.

6. Pedro tuvo una visión de (Hechos 10:9–16)

    A.   una escala que conectaba la tierra con el cielo.

    B.   un hombre de Macedonia que pedía ayuda.

    C.   una sabana que descendía del cielo y e la que había muchos animales impuros.

7. ¿Qué aprendió Pedro de su visión y posterior visita a la casa de Cornelio? (Hechos 10:44–48)

    A.   El ofrecimiento que Dios hace de la salvación es para todo ser humano, incluso los gentiles.

    B.   Aunque Cornelio había perseguido a los cristianos, se había convertido en seguidor de Cristo.

    C.   Dios había capacitado a Pedro para predicar el evangelio en persona, a pesar de las consecuencias.

8. Jesús apareció a Saulo cuando iba a (Hechos 9:1,2)

    A.   Jerusalén.   B.   Damasco.   C.   Cesarea.

9. Un profeta llamado Agabo anunció que (Hechos 11:27–30)

    A.   la iglesia experimentaría un gran crecimiento.

    B.   el rey Herodes tendría una muerte dolorosa.

    C.   vendría una hambruna en toda la tierra habitada.

10. ¿Quién respondió por Saulo (Pablo) cuando llegó a Jerusalén? (Hechos 11:27–30)

    A.   Pedro.   B.   Bernabé   C.   Juan Marcos

RESPUESTAS:

Correcto/Incorrecto   1. I; 2. C; 3. I; 4. C; 5. C; 6. I; 7. C; 8. C; 9. I; 10. C

Selección múltiple   1. A; 2. C; 3. B; 4. C; 5. B; 6. C; 7. A; 8. B; 9. C; 10. B

La adoración en los Salmos

CORRECTO/INCORRECTO: encierre en un círculo la letra que identifica su respuesta.

1. C I David era un hombre según el corazón de Dios y nunca reconoció haber sentido temor. (Salmo 56:3)

2. C I Tanto la alabanza como la obediencia son formas de adoración. (Salmo 61:8)

3. C I El Salmo 50 presenta a Dios como juez en la eternidad. (Salmo 50:6)

4. C I Nuestra acción de gracias es una ofrenda a Dios. (Salmo 50:14)

5. C I Dios está limitado en lo que puede hacer. (Salmo 115:3)

6. C I El Salmo 65 declara que Dios responde a nuestras oraciones. (Salmo 65:2,5)

7. C I El Salmo 111:1 describe al pueblo de Dios como caprichoso y desobediente. (Hechos 9:43)

8. C I El Salmo 113 empieza y termina con la misma frase. (Hechos 10:30–36)

9. C I El Salmo 86 es una oración de David.

10. C I Dios espera que confiemos en aquellas personas que ocupan puestos importantes. (Salmo 146:3)

SELECCIÓN MÚLTIPLE: encierre en un círculo la letra que identifica su respuesta.

1. Cuando somos perseguidos y nos desanimamos, debemos tener la seguridad de que (Salmo 56:9)
   A. Dios está de nuestra parte.
   B. los responsables del problema somos nosotros mismos.
   C. otros tienen la culpa.

2. Cuando nos sentimos acorralados, Dios es nuestro Ayudador porque (Salmo 124:8)
   A. Él no ama a aquellos que nos persiguen.
   B. Él no toma en cuenta nuestra mala conducta.
   C. Él creó los cielos y la tierra.

3. Las acusaciones de Dios contra Israel fueron porque (Salmo 50:7–14)
   A. no presentaron suficientes holocaustos y sacrificios.
   B. Él quería que sus sacrificios fueran de acción de gracisa y de cumplimineto de votos.
   C. trataban mal a los pueblos vecinos.

4. El Salmo 147 celebra (Salmo 147:2)
   A. el triunfo de Israel sobre Jericó.
   B. el regreso del exilio y la reconstrucción de Jerusalén.
   C. la Pascua y el Éxodo de Egipto.

5. Según el Salmo 115, Dios ha dado _____ a la humanidad

   A. larga vida.   B. los cielos.   C. la tierra.

6. En el Salmo 65, Dios es visto como (Salmo 65:1–13)

   A. nuestro Proveedor.
   B. nuestro Juez.
   C. nuestro Amigo.

7. El temor del Señor es (Salmo 111:10)

   A. lo mismo que la salvación.
   B. la base de la sabiduría.
   C. lo contrario al amor.

8. El hombre que es misericordioso y justo (Salmo 112:5,6)

   A. no será vencido por el mal.
   B. no será presa fácil del engaño.
   C. está destinado a ser rico.

9. Dios está listo para (Salmo 86:5)

   A. juzgar.
   B. corregir.
   C. perdonar.

10. Según el Salmo 86:15, Dios es lento para

    A. enojarse.
    B. juzgar a los pecadores.
    C. perdonar a los pecadores.

RESPUESTAS:

Correcto/Incorrecto   1. I; 2. C; 3. C; 4. C; 5. I; 6. C; 7. I; 8. C; 9. C; 10. I

Selección múltiple   1. A; 2. C; 3. B; 4. B; 5. C; 6. A; 7. B; 8. A; 9. C; 10. A

El discipulado más allá del aula

por Dilla Dawson

Lo que se aprende en el aula el domingo por la mañana es sólo el comienzo del proceso de discipulado. El verdadero discipulado ocurre cuando lo que se aprende en el aula se vive el lunes, el jueves o algún otro día de la semana. Anime a sus alumnos a vivir su discipulado. Si su clase no ha participado regularmente en varios proyectos de servicio, comience con algo pequeño. Elija una o dos formas de llegar a su comunidad como clase.

A continuación se presentan varias ideas para vivir los principios de las Escrituras en su comunidad. Algunas son más importantes para las comunidades urbanas, mientras que otras son más adecuadas para las zonas rurales. Elija algo apropiado para su situación específica, y observe lo que Dios hará a través de su clase.

Algunas de estas actividades son más propicias para la participación de grupos grandes. Se trata de actividades de formación de equipos para toda la clase. Otras tareas son más adecuadas para trabajar en pares o individual. En esos casos, podría presentar la necesidad y solicitar voluntarios. A medida que sus alumnos adquieren la visión de ministrar en su comunidad, es probable que traigan necesidades a la clase. Asegúrese de darles la oportunidad de hacerlo.

Servir a los desamparados

Si vive en una ciudad, lo más probable es que haya un porcentaje considerable de personas sin hogar. Algunos de ellos tal vez van a refugios a pasar la noche o buscan algún lugar donde dormir, sin embargo, lo más seguro es que la mayoría no tiene un lugar para descansar por la noche.

En la ciudad hay iglesias grandes que abren espacios para que la gente duerma en las noches muy frías del invierno. Si su iglesia tiene un gimnasio u otro espacio grande, podría considerar abrirlo para que la gente duerma en las noches frías del invierno. Por supuesto, necesitaría voluntarios para atenderlo cuando se utilice para este fin. Si su iglesia no puede ofrecer un albergue, quizás las personas podrían ofrecerse como voluntarias para atender un refugio ya existente.

Muchas personas necesitadas dependen de los alimentos que suministran iglesias u otras organizaciones. Busque a algunos de estos proveedores de servicios y pregunte qué pueden hacer para ayudar. Considere la posibilidad de trabajar juntos como clase para preparar y servir una cena. La alegría de ayudar a los demás es contagiosa, y esta es una gran manera de mostrar el amor de Jesús a los menos afortunados.

Abastecer una despensa de alimentos

Pudiera ser que algunos miembros de su clase o vecinos de la iglesia estén en una situación de «inseguridad alimentaria». Durante un mes, organice con su clase una colecta de alimentos no perecederos que luego puedan donar a un hogar de la iglesia o a alguna despensa local. Para amenizarlo, este esfuerzo se podría organizar como una competición entre los grupos de estudio o en colaboración, asignando a cada grupo artículos específicos.

Patrocinar un día de servicio

Considerando los talentos en su clase, podría planificar un «día de servicio a la comunidad». Podría ofrecer cortes de cabello y peinado, o cambio de aceite en los vehículos. Si hay personal médico en su iglesia, podría ofrecer control de la presión sanguínea. Además podría ofrecer hamburguesas u otra merienda a sus invitados.

Ayudar con trabajos en el hogar

¿Hay personas mayores en la congregación a las que podrían bendecir con trabajos de jardinería, como recortar arbustos, quitar las hojas en otoño u otras tareas? La clase podría organizarse para proporcionar esta bendición a quienes la necesitan. Mantenga una lista de aquellos que quieran ayudar con pequeñas reparaciones en el hogar, como una cerradura rota u otra reparación sencilla del hogar que signifique un problema para una persona mayor o una madre soltera. Conecte a los necesitados con alguien que pueda ayudarlos.

Alimentos para las familias en crisis

Cuando una familia enfrente una crisis, como la enfermedad del padre o la madre, invite a los miembros de la clase a que se inscriban para proporcionar alimentos cada día. Establezca un horario de comidas y un menú para evitar la duplicación.

Atención a padres solteros

Ofrézcase para relevar en el cuidado de los niños a una pareja joven que necesita una «noche de cita». O ayude a una madre soltera que necesita una tarde para ir de compras sin los niños o mimarse con un nuevo corte de pelo o una manicura. Ofrézcase a cuidar a los niños durante unas horas para que pueda disfrutar de ese descanso tan necesario. Mejor aún: si tienen los medios, bendiga a esta persona con una ofrenda monetaria para que la utilice en esos gastos extra que nunca hace. Lleve un libro apropiado para leer a los niños, un juego o un rompecabezas para interactuar con ellos, y déjelo(s) allí cuando se vaya.

Proporcionar el «respiro» necesario

A menudo, las familias jóvenes están tan centradas en mantener lo básico de la vida que no invierten o no pueden invertir los fondos necesarios para pasar algunos momentos de diversión. Si conoce a una familia joven o a una pareja que se beneficiaría de un de fin de semana de esparcimiento, como clase podrían recoger una ofrenda para proporcionarles un fin de semana especial. Seguro que los ayudará a vivir una experiencia que jamás olvidarán.

Motive a su clase a mostrar el amor de Jesús fuera del aula,
fomentando una cultura de servicio.

Notas:

Mis alumnos